KB102623

자살의 해부학

자살의 해부학

1판 1쇄 발행 2016년 8월 20일
1판 2쇄 발행 2016년 12월 25일

지은이 포브스 윈슬로
옮긴이 유지훈
펴낸이 이윤규

펴낸곳 유아이북스
출판등록 2012년 4월 2일
주소 서울시 용산구 효창원로 64길 6
전화 (02) 704-2521
팩스 (02) 715-3536
이메일 uibooks@uibooks.co.kr

ISBN 978-89-98156-60-2 03180
값 15,000원

* 이 도서의 국립중앙도서관 출판시도서목록(CIP)은 서지정보유통지원시스템 홈페이지(http://seoji.nl.go.kr)와 국가
  자료공동목록시스템(http://www.nl.go.kr/kolisnet)에서 이용하실 수 있습니다. (CIP 제어번호 : CIP2016017433)

자살의
해부학

포브스 윈슬로 지음 ㅣ 유지훈 옮김

The Anatomy of
Suicide

유아이북스
Ultimate Information

THE ANATOMY OF SUICIDE
by FORBES BENIGNUS WINSLOW(1840)

[일러두기]

- 이 책의 내용은 기본적으로 원서를 따랐으나, 문장 구조나 형식 면에서 난해한 부분은 국내 독자들이 이해하기 쉽게 일부 수정되었음을 밝힙니다.
- 본문에 실린 성경의 번역문은 개역개정판과 공동번역판을 참조하였습니다.
- 이 책에 실린 자살 충동에 관한 치료법은 특수한 경우에 따른 참고 사항일 뿐, 자세한 내용은 전문의와 상담바랍니다.

다른 길은 없다. 고통스런 이 길 외에는.

우리는 어떻게 죽음에 이르며, 다시 흙으로 돌아갈까?

그대는 인생을 사모하지도, 증오하지도 말라.

다만, 최대한 잘 살아보라.

길든 짧든, 하늘이 살려둘 때까지.

- 존 밀턴(John Milton) -

왜 극단적인 선택을 하는가

몇 달 전, 웨스트민스터의학회에서 논문 한 편을 낭독한 적이 있었다. 《의학으로 살펴본 자살Suicide Medically considered》이라는 제목의 논문이었는데, 얼마 후 이 주제에 대해 열띤 논쟁이 벌어졌고, 유명 전문가도 의견을 개진하였다.

논란을 부른 나의 주장은 이러했다. 자살 충동은 질병의 원리를 따르고, 특히 뇌와 내장이 망가질 때 자살 충동이 일어나는 경우가 많다는 것이다.

우여곡절은 좀 있었지만 토론은 매우 만족스러웠다. 일찍이 염두에 두었던 소견이 설득력을 얻었기 때문이다. 당시 함께했던 전문의의 안목은 인격을 고양하고 권위를 부여하는 숭고한 철학에 뒤지지 않을 만큼 탁월했다.

나는 자살의 원인에 대해 충분히 설명하고자 이 책을 썼다. 선뜻 믿기진 않겠지만, 이 책은 '자살'이라는 주제를 영국 최초로 파헤친 저작이기도 하다. 자살은 그동안 소설과 드라마 소재로 심심치 않게 등장했지만, 병리학과 생리학 측면에서 이를 다룬 문헌은 없었다(법의학 논문에 게재된 것은 예외다).

자살은 의학자에게 매우 중요할 뿐 아니라, 일반인도 관심을 가질 법하다는 데에 이견이 없을 것이다. 자살을 기도하는 사람이 항상 불안해 보이는 것은 아니다. 대다수는 정신이 멀쩡할 때 스스로 목숨을 끊는다고 한다. 따라서 자살이라는 주제가 의학과 맥락이 달라 도덕철학자가 연구해야 마땅하다는 의견도 있다. 내가 이를 얼마나 설득력 있게 반박했을지 독자가 스스로 판단해 보라.

저자는 피넬P. Pinel을 비롯하여, 에스키롤J.E.D. Esquirol, 하슬럼J. Haslam, 버로우스G.M. Burrows, 코널리J. Conolly, 마요T. Mayo, 벡T. Romeyn Beck 등의 논문을 참조했다. 특히 《메디코쉬리르지컬 리뷰Medico-chirurgical Review》, 《메디컬 가제트the Medical Gazette》, 《랜싯the Lancet》, 《브리티시 앤 포린메디컬 리뷰British and Foreign Medical Review》에 실린 존슨J. Johnson 박사의 논문이 큰 도움이 되었다.

비록 미흡하지만, 영국 최초로 의학과 도덕철학 측면에서 자살을 조명했다는 데에 의의를 두고 싶다. 의학과 도덕철학은 중요한 만큼 연구하기 까다롭지만, 이 '자살 입문서'가 유능한 학자를 자극하여 좀 더 활발한 자살 관련 연구가 이루어졌으면 하는 바람이다.

런던에서
포브스 윈슬로

| 목 차 |

Part 2 자살의 징후

삶이 위태로울 때

혼란스런 마음이 불러온 것들

육체가 정신을 지배할 때

자살 충동 처방전

광기만이 비극의 결과인가?

Part 3 자살의 본색

법의학으로 본 자살 사건

자살 보고서

죽은 자가 보낸 신호

특이한 자살 사건

비난은 해결책이 아니다

Part

1

자
살
의

탄
생

스스로 죽는 사람들

　인간은 으레 원칙보다는 관습이나 본보기에 행동이 좌우되는 경우가 많다. 때문에 자살도 이러한 영향으로 정당화된 적이 더러 있었다. 구세대의 권위를 지나치게 숭상하다 보니 작금의 감정과 판단보다는 격언이나 무용담에 의존하게 된 것이다. 명예와 자유와 용기의 개념이 왜곡되고, 고대 영웅을 본받아야 한다는 막연한 의무감에 목숨을 버린 사람도 한둘이 아니었다. 영웅들은 실정법뿐 아니라 관습으로서 자살을 허용했고, 위대하고 용맹하다는 나라 역시 자살을 실천하도록 했으며, 지혜와 덕을 내세운 학파도 자살을 용기와 도량과 미덕의 증거라고 가르쳤다.

　그러나 과거의 사례나 본보기를 고집하는 것만큼 심각한 오류도 없다. 행동의 정당성이나 적법성을 정확히 따지자면 기준이 필요하겠지만, 그 기준에 대한 합의가 전혀 없다면 전례가 무슨 소용이 있겠는가? 고대의 자살 사례에서 얻은 결론을 현대사회에 적용한다는 자체가 말이 되지 않는다. 과거와는 달리 요즘은 기독교의 영향력이 적잖이 작용하고 있는데다, 죽음과 명예와 용기의 개념이 고대의 것과 여러모로 다르기 때문에 자살이라는 주제도 근거가 서로 같을 리가 없다. 역사를 거슬러 올라가 보면, 자살은 용기의 증거이며 피살은 불명예였다. 대중의 생각에 큰 파장을 일으킨 철학자들이 이러한 생각에 심취한 덕에, 자살이 종교의 일부를 구성하는 경우도 비일비재했다. 이것을 감안해 본다면, 천재성을 인정받거나 용맹을 떨치던 수많은 사람이 자살을 택했다는 게 과연 놀랄 만한 일일까?

고대에는 일반적으로 세 가지 근거로 자살을 선택했다. 심신의 고통을 피하고 싶거나, 자살이 명예를 증명해 주는 방법이라고 생각했거나, 다른 사람에게 본보기가 되고 싶었던 경우다.

굳이 꼽으라면 셋 중에 첫 번째 변명이 가장 그럴싸하다. 심신의 고통을 겪는 사람이라면 누구나 자살이라는 시험대에 오르게 마련이다. 즉, 그칠 기미가 보이지 않는 고통을 수년이나 더 감내할지, 아니면 단번에 고통에서 해방될지 선택의 기로에 놓이게 된다는 것이다. 죽음이 영원한 잠이나 행복의 세계로 가는 길이라고 배운 사람이라면 죽음을 택하는 경우가 상당히 많다. 놀랍겠지만 말이다!

자살은 과연 명예로운가?

기록을 보면, 적의 포로가 되지 않으려 스스로 목숨을 끊은 사람도 적지 않다! 이것과 관련해서는 카르타고의 하스드루발 장군의 아내가 유명한 사례로 꼽힌다. 한니발 원정 때 하스드루발 장군이 로마의 장군 스키피오에게 투항하자, 아내는 그가 자리를 뜬 틈을 타 (에쉬문) 신전에 군대를 몰아넣은 뒤 불을 지른다. 그러고는 호화스런 예복을 걸치고 두 자녀를 품에 안은 채 (당시 군대를 이끌고 신전을 포위하고 있던) 스키피오에게 이렇게 말했다고 한다.

오, 로마인이여. 전쟁의 법을 행하는 자는 오로지 당신뿐이오. 카르타고의 신과 그에 연합한 무리가 저 비열한 작자를 처단해 주길 바라오. 그(하스드루발)는 조국과 신과 아내와 자녀를 버리고 적에게 투항했으니, 모든 로마인이 보는 앞에서 치욕과 고통을 당하게 하시오!

현재 사이프러스 섬에 위치했던 파포스의 니코클레스 왕은 프톨레마이오스 왕이 진격해 오자 아내와 딸과 함께 목숨을 끊었고, 아테네의 저명한 웅변가 이소크라테스Isocrates는 마케도니아의 필립 왕에게 항복하기 전 굶는 방법으로 세상을 떠났다. 고대 그리스의 웅변가인 데모스테네스Demosthenes는 알렉산더의 사절인 안티파트로스가 아테네인에게 웅변가를 넘기라고 종용하자 종노릇과 치욕이 두려워 극약을 먹고 죽었다.

한편, 로마의 탄압을 받던 한니발Hannibal 장군도 수년간 적의 시야를 피하던 중 만약의 사태에 대비해 반지에 담아 둔 독약으로 자살을 택했으며, 폰투스의 미트리다테스 왕 또한 폼페이의 포로로 끌려가지 않기 위해 아내와 딸과 함께 극약으로 목숨을 끊었다.

크산투스Xanthus 주민의 집단 자살 사건도 눈에 띄는 사례로 꼽힌다. 그들은 정복자에게 순순히 투항하지 않고 집단 자살을 결단했다. 고대 로마의 정치가였던 브루투스Marcus Junius Brutus는 자신이 목도한 끔찍한 광경에 눈물을 참지 못했고, 불을 끄기 위해 크산투스에 병력을 보내기까지 했다. 아울러 목숨을 부지한 주민에게는 포상을 제안했으나, 크산투스 주민들은 이미 죽음에 혈안이 되어 희열의 탄성을 지르며 불길로 뛰어들었다. 심지어 구조를 위해 브루투스가 보낸 군인을 강제로 돌려보내기까지 했다고 한다.

로마의 장군이자 정치가였던 카토Marcus Porcius Cato Uticensis는 몇몇 저술가에게 아량을 베푸는 것으로 극찬 받던 인물이었다. 그러나 행동은 전혀 그렇지 않았다. 아량이라기보다는 자만과 소심의 소치였다. 로마에 대한 의무를 저버리고 자살을 택한 것만큼 비열한 짓이 없기 때문이다. 결국 그는 명성에 지울 수 없는 오명을 남기고 말았다. 정신에 문제가 있었다는 주장만이 그럴듯한 변명거리가 되지 않을까 싶다. 그는 폭군의 세력을 저지하고, 카탈리나 일파의 음모를 꺾고, 청렴결백하면서도 도덕적이었던 위인이 아니라, 불행의 늪에 속절없이 빠져들고, 두려움과 불안감으로 낙담하고, 복수의 칼을 갈거나 여차하면 목숨을 끊을 각오를 한, 나약한 카토에 불과했다.

　규모가 큰 교전이나 전쟁에서 이길 기미가 전혀 보이지 않을 때, 앞선 사례를 높이 평가한다면 너도나도 자살을 극찬할지도 모르겠다. 하지만 뻔한 결과만 불러올 뿐이다. 조국은 명석한 장군을 잃고, 백성은 숭고하고 노련한 후원자를 잃는 결과 말이다.

　소원을 이룰 수 없다면 차라리 스스로 목숨을 끊겠노라. 비록 율리우스 카이사르Julius Caesar가 정복자로서 마음이 넓고 관대하다는 것은 알지만, 그의 승리를 예찬하며 살 수는 없다. 자존심은 이미 상처를 입었고, 두려움은 마음의 침착성을 파괴했다. 게다가 육신은 역경으로 쇠약해지고 있으니, 카이사르의 지배를 받는 나라에 충성하지 않으련다. 내 가슴에 칼을 꽂아 자신에게 죄를 저지를 것이다. 여태껏 남에게도 그리한 적은 없었다. 과거의 애국적인 사실을 써온 저작자라면, 화려한 색채로 나의 마지막 결행을 그리며 불멸의 명예에 새로운 빛깔을 얹을 것이다.

카토가 남긴 이 말은 그의 머릿속에서 자살 충동을 일으킨 무언가에 대한 암시가 아닐까 싶다.

차분하고 신중했던 예년과 달리, 카토는 말년에 이성적인 판단 대신 경솔한 행동을 서슴지 않았다. 이는 카토의 광기어린 처사로 봄직하다. 조국에 대한 헌신보다는 율리우스 카이사르를 절대 돕지 않으려는 고집으로 보이기 때문이다. 그는 사람들에게 자신의 덕과 용기를 입증한 것이 아니라, 분노와 상심에 굴복했다는 인상을 심어 주었다. 당시 내전에 연루된 사람이 모두 그 같은 전철을 따랐다면 국가는 수많은 인재를 잃었을 것이다. 카토는 호라티우스Quintus Horatius Flaccus[1]에게 해서는 안 될 말을 했다.

조국을 위해 목숨을 바치는 것이 명예롭고 유쾌하다네dulce et décorum est pro patria mori.

백성을 위해서가 아니라, 카이사르와 그의 권력에 대한 분노와 증오를 해소할 요량으로 세상을 떠났기에 그러하다. 심신이 강건하고, 시민도 기강이 바로잡혀 있고, 부패가 만연하지 않을 때 카이사르가 공격해 왔다면, 그는 자살을 치욕스럽다며 경멸

---

1) 고대 로마의 시인(B.C.65~B.C.8). 풍자시, 서정시로 명성을 얻었다. -편집자주

했을 것이다. 어쩌면 조국에 드리운 먹구름을 제거할 기회를 호시탐탐 노렸을지도 모를 일이다.

불행이나 질병에 오랫동안 시달리다 보면 용기와 지혜가 떨어지는 경우가 더러 있다고 한다. 의사들은 이구동성으로 이 같은 사실을 증언하였다. 의욕이 충천하고 즐겁게 살던 사람도 불행한 사건이 연이어 벌어지면 낙담하게 마련이다. 아무리 용감하고 야심이 크더라도 좌절감과 소심해지는 마음을 피할 수 없다. 그러한 일을 겪으면 몸이 변한다. 혈기도 그렇고, 감정도 예전과 달라진다. 즉, 소심해진 것은 카토가 아니라, 참담하게 '무력해진 육신'이라는 이야기다. 그렇게 카토의 육신은 혈기 왕성한 정신을 잃었다. 예전에는 탁월한 애국심에 존재감이 부각되었지만 말이다.

프랑스의 시인 앙투안 라모트Antoine Houdar de La Motte는 카토의 죽음에 대해 아래와 같이 노래했다.

> 준엄한 카토는 더욱 평등한 정신과 함께
> 카이사르의 권력에 고개를 숙였고
> 로마와 함께 정복자에게 절했노라
> 그러나 거칠고 자긍심이 강한 정신은
> 기다릴 용기가 없었다
> 사면된 원수의 굴욕적인 운명을

아래는 프랑스의 사상가 볼테르Voltaire가 위 시에 대해 밝힌 소견이다.

카토의 정신은 항상 공정했고, 로마와 국법을 끝까지 사랑했기에, 폭군 앞에 웅크리지 않고 조국과 함께 목숨을 끊은 것이다. 그는 살아온 나날과 같은 모습으로 세상을 떠났다. 차마 무릎을 꿇을 수 없었던 것이다! 누구에게 말인가? (공공재산을 강제로 빼앗아 내전을 일으키고, 돈으로 노예를 부리려는 극악무도한) 로마의 원수가 아니겠는가? 헌데 그 원수가 사면되었다고 한다! 극작가인 라모트는 반란을 일으켰다가 대법원의 증서로 폐하의 사면을 받은 백성을 가리키는 것 같다. 카토가 나약해서 자살을 택했다는 주장은 어불성설이다. 정신이 강한 사람이 아니고는 자연의 강력한 본능을 넘어설 수 없기 때문이다. 간혹 광기에서 그런 힘이 비롯될 때도 더러 있으나, 광인은 결코 나약한 사람이 아니다.

카토의 정신 상태를 추정할 때는 극작가나 시인보다는 역사가와 철학자의 시각으로 윤곽을 잡아야 한다. 카토에 대한 이미지는 고대 그리스의 철학자 플루타르코스Ploutarchos보다는 영국의 시인 조지프 애디슨Joseph Addison의 기록에 근거를 두는 경우가 많다. 카토가 도덕이나 애국심 면에서 완벽한 위인 중 하나라는 점에는 이견이 없다. 그래서 그를 본보기로서 숭상하는 것이다. 예컨대, 로마의 역사가인 살루스티우스Gaius Sallustius Crispus

도 그를 예찬했다.

그의 영광은 아첨으로 커질 리도 없고, 비방으로 줄어들 리도 없다. 겉으로만 선한 척하지 않고 선한 존재가 되기로 한 그는 덕의 화신이며 기질은 인간보다는 신에 가깝다. 그는 달리 도리가 없기에 정당하게 처신해 왔고, 정당하지 않은 것은 타당하다고 생각지 않았다. 인간이 저지를 수 있는 모든 악에서 벗어났기에 시시각각 변하는 운명을 초월할 수 있었다.

카토의 삶이 존엄하기에 죽음에도 명예가 빛났다고 본 것이다. 저명한 위인이 자살에 내몰린 까닭을 알아보기 위해서는 숙적인 카이사르를 배제해선 안 될 것이다. 카토는 공사를 막론하고 카이사르와 대립해 왔다. 때문에 여동생 세르빌리아에 대한 카이사르의 애정은 로마에서 적잖이 화두가 되었다. 하루는 원로원에서 카탈리나의 음모설에 대한 논의가 진행되는 가운데, 카이사르가 한 통의 서신을 받았다. 카탈리나의 음모에 카이사르가 개입되었다는 점을 일찌감치 짐작했던 카토는 편지가 결정적인 증거가 되리라 믿었다. 이때 카이사르가 서신을 숨기려 하자, 카토는 그것을 자신에게 넘기라고 재촉한다. 하지만 서신이 카이사르에게 보낸 세르빌리아의 연애편지임이 밝혀지자, 카토는 격분한 나머지 편지를 집어던지며 카이사르를 난봉꾼이라고 비방한다. 이 사건은 두 사람의 대결에서 카이사르가 완승을 거두는 데에 일조하였고, 결국 카토의 자살을 부추기는 계기가 되었다.

카토는 로마의 자유와 법을 수호하거나 부정행위를 몰아내기 위해 자살을 선택한 것이 아니다. 그는 조국에 절망을 느끼자 스스로 목숨을 끊었다. 폭정이 두렵기도 했지만, 왕의 독단적인 지배 아래 오랜 세월을 살아야 한다는 수치심을 견딜 수 없었던 것이다. 켜켜이 쌓아 올린 세월이 순식간에 먼지가 되고 말았다. 그는 죽음과 노예 중 하나를 선택해야 했다. 탑소스Thapsus에서 승전한 카이사르가 카토를 목표로 진군한다는 소식을 들은 루키우스 카이사르Lucius Caesar는 카토를 위해 중재를 요청했다.

목숨을 부지할 거라면 스스로 찾아갈 것이나, 부정을 일삼는 폭군에게 신세를 질 마음은 추호도 없소이다. 게다가 합법적인 권한도 없이 누군가를 사면하려는 것은 부당한 처사요.

중재에 대해 카토는 이와 같이 답변했다고 한다. 그는 자살의 뜻을 굳게 지켰지만, 아들에게는 투항을 설득했고, (플루타르코스에 따르면, '카이사르를 싫어하기로 유명한 1인'이라는) 친구 스타틸리우스에게도 자결하지 말고 카이사르에게 항복할 것을 종용했다. 그러자 말다툼이 벌어졌다. 감정이 격해진 탓에 지인들은 혹시라도 그가 스스로 목숨을 끊진 않을까 염려했다. 이때 카토의 아들이 칼을 빼앗았다. 기록에 의하면, 카토는 아들에게 플라톤의 《파이돈 Phaedo》[2] 중 몇 구절을 읽어 주고는 칼을 요구했지만 거절당했다고 한다. 두세 번을 요구해도 돌려주지 않자 카토는 홧김에 하인을 구타했고, 그 과정에서 손을 다치고 말았다. 부상은 제 손으로 자결하기 어려울 만큼 심했다. 또, 그가 자살을 기도한 뒤에는 지인들이 환부에 붕대를 감아 주었다. 하지만 카토는 목숨을 끊어야겠다는 일념으로 환부를 손으로 찢었고, 그만 장이 쏟아지고 말았다. 목적은 그렇게 성취되었다.

애디슨은 카토의 자결을 긍정적으로 평가했다고 한다. 그러나 죽어가는 주인공의 대사로 판단하건대, 꼭 그렇지만은 않아 보인다.

> 죽을 지경이로다. 오, 언제라야 해방될 수 있으랴.
> 죄와 슬픔이 거하는, 이 허무한 세상에서!
> 생각해 본다. 하나의 빛줄기가 파고들 때 육신을 떠나는 영혼을.
> 오호라, 너무 서두른 것은 아닐까 두렵다!
> 오, 두루 살피는 힘이여.
> 인간의 마음을, 그리고 가슴 깊은 곳의 생각을 감찰하는 힘이여.
> 행여 불찰이 있어도 탓하진 마시오.

---

2) 기원전 4세기경에 나온 것으로 보이는 플라톤의 철학적 대화편(對話篇), 소크라테스의 죽음을 서술하는 것을 목적으로 영혼의 불멸과 이데아론을 전개하였다. ─옮긴이주

아무리 잘난 인간이라도 잘못을 저지르나, 당신은 선하니 말이오.

게다가 … (죽는다)

'영웅다운 자결'이라는 모순

고대 그리스에서 존엄성과 중요한 관습을 보전하기 위해 자발적으로 자살을 선택한 사례로는 카론다스Charóndas와 리쿠르구스Lycúrgus가 꼽힌다.

카론다스는 칼을 차고 국가 회의에 참석했다가 죽음을 맞았다. 어느 날, 그는 대회장에 급히 들어가다가 칼집을 벗어 두는 걸 깜빡하고 말았다. 일부 참가자들은 그가 법을 위반했다며 질타를 쏟아냈다. 가책을 느낀 그는 제 칼로 심장을 찔렀다. 존엄한 법을 위반하기도 했지만, 공평무사한 정의의 본보기가 되고자 목숨을 버렸다. 자신이 피를 흘리면 다른 사람도 법을 엄격히 지키리라는 믿음에서 그리한 것이다.

한편, 리쿠르구스는 스파르타에서 제정한 법을 개정이 필요 없는 영원불변의 제도로 만들 방안을 강구했다. 이를 위해 델피의 신탁에 귀를 기울여야 한다고 역설하고는, 스파르타의 판관과 주민 모두에게 '자신이 돌아오기 전에는' 무조건 법을 지키겠다는 맹세를 받아냈다. 얼마 후, 그는 델피의 신탁이 들려준 이 같은 답변을 스파르타에 서신으로 보냈다.

법이 탁월하여 이를 준수하는 사람은 누구나 행복하고 위대한 사람이 될 것이다.

하지만 그는 고향에 돌아가지 않았다. 맹세에서 면하는 사람이 하나라도 있으면 안 됐기 때문이다. 리쿠르구스는 결국 굶는 방법으로 세상을 떠났다. 플루타르코스는 리쿠르구스가 훌륭한 정치인이자 애국자라면 자신의 죽음을 국가에 유익하게 활용할 수 있어야 한다는 신념하에 자살을 결심했다고 봤다. 법전에 담긴 위대한 원칙, 즉 '절제'를 몸소 보여 주기 위해 리쿠르구스가 아사를 선택했다는 것이다.

아테네의 코드루스 왕의 죽음도 속세의 눈으로는 칭송할 만하다. 어느 날, 그는 나라의 장래를 알아보고자 신의 계시를 들었다. 계시에서는 왕이 적에게 첫 번째로 죽임을 당해야 나라가 번영한다고 말했다. 코드루스는 사병으로 가장하여 적진에 들어갔고, 맨 처음 마주친 사람과 일부러 말다툼을 벌였다. 그리고는 적의 손에 죽임을 당했다. 국가의 유익을 위해 자신의 목숨을 내놓은 것이다.

고대 그리스 아테네의 정치가 테미스토클레스Themistocles 역시 부와 명예가 보장되었음에도, 동포에게 진격하는 페르시아 군대를 지휘하지 않고 독약을 먹어 스스로 목숨을 끊었다고 한다.

오토 황제는 권력다툼 중 더 이상의 희생을 막기 위해 자결을 결심했다. 그의 군대가 승리가 거의 확실한 두 번째 교전에서 지휘를 당부했지만 아무런 소용이 없었다. 군대의 요청에 대한 오토 황제의 답변은 로마인의 영웅 정신을 보여 주는 대목으로 평가된다.

너희를 보호하기 위해 나 스스로 목숨을 버리는 영광을 얻게 하라. 남은 희망이 클수록 일찍 손을 떼는 것이 내가 더 영광을 누리는 길이다. 나의 죽음만이 로마의 피를 한 방울이라도 덜 흘리게 할 수 있고, 혼란한 제국에 평화와 안정을 되찾아줄 수 있다. 나는 조국의 평화와 안정을 위해서라면 얼마든지 목숨을 바칠 각오가 되어 있다.

자결을 선택한 유명한 장수로는 브루투스와 카시우스롱기누스Gaius Cassius Longinus가 꼽힌다. 필리피Philippi에서 카이사르와 치를 전투를 앞두고, 두 전사는 자결에 대해 진중한 이야기를 나눴다. 카시우스(카이우스롱기누스)는 곧 있을 전투에서 상황이 불리해지면 자결을 하는 게 어떤지 브루투스의 의견을 물었다. 그러자 브루투스는 앞서 스스로 세상을 떠난 카토를 비난하면서 한번 이것을 숙고해 본 적이 있다고 말했다. 자결은 신에 대한 불경

죄이자, 용기가 없다는 증거라는 것이 브루투스의 생각이었다. 그러나 그는 "하지만 위험에 봉착한다면 마음이 달라지겠지"라고 덧붙이고는, '3월 15일에는' 목숨을 포기하겠다는 결심을 털어놓았다. 자결에 대해 마음이 달라진 이유를 구체적으로 밝히지는 않았다.

세간에 널리 알려진 이 '필리피 전투'에서 브루투스와 카시우스에게는 전의가 떨어질 정도로 온통 불길한 일만 일어났다. 카이사르를 따라 브루투스가 개활지에서 군대의 정화 의식을 거행할 때도 카시우스에게 불운의 전조가 보였다고 한다. 이를테면, 제물을 바칠 때 쓰는 화관이 안쪽이 뒤집힌 채로 전달되었고, 금조각상을 나르던 자가 카시우스 앞에서 실족하여 조각상이 땅에 떨어지는가 하면, 맹금이 진영 위를 맴돌고 참호에서는 벌떼가 발견되었다는 것이다. 당시 에피쿠로스 철학(쾌락주의)을 신봉하던 카시우스는 이 모든 정황을 불운으로 단정했다. 결국 패전한 후에 해방 노예에게 자신을 죽이라고 명령하였고, 참수를 당해 세상을 떠나고 말았다.

한편, 플루타르코스는 브루투스가 냉정하게 최후를 맞았다고 기술했다. 브루투스는 동료와 석별의 정을 나누면서 조국의 안위를 걱정하고 운명에 분노할 뿐이라고 역설했다. 그리고 정복자보다 더 행복한 죽음을 맞이할 수 있다고 확신하였다. 물론 사람들에게는 목숨을 부지하라고 조언했다. 스트라토의 부축을 받으며 가던 그는 자신의 칼로 몸을 찔러 자결하였다. 역사가 디온 카시우스Dion Cassius는 브루투스가 최후의 순간에 냉정을 잃었다고 기록했다. 브루투스 죽기 직전에 남긴 말은 고대 그리스의 시인 에우리피데스Euripides가 자신의 책에서 인용한 글에도 잘 나타나 있다.

오, 형편없는 죽음의 신이여! 너는 허울뿐인 이름이로다! 널 대단한 존재로 생각했건만, 실은 운명의 종에 지나지 않았구나.

브루투스가 자결을 결심한 동기를 논한다면 필리피 전투 전에 유령을 보고 난 뒤, 심경에 어떤 변화가 있었는지 살펴봐야 한다. 브루투스는 본디 경계를 늦추지 않으며 포식을 삼가고 잠도 많지 않은 성격이었다. 낮이든 밤이든 일을 마치지 않으면 침실에 들어가는 법이 없었다. 전시에는 작전에 몰두했고, 저녁 식사 후에는 급한 일을 처리하느라 밤을 새곤 했다. 또, 사령관과 100인 대장이 명령을 전달받기 위해 삼경(새벽 1시부터 새벽 4시)에 자신을 찾아올 때까지 책을 읽었다고 한다.

아시아[3]를 떠나기 얼마 전에는 어두운 조명 아래 늦게까지 장막을 지키곤 했다. 군대가 잠을 청하고, 브루투스가 명상에 잠

---

3) Asia, 소아시아의 서부 해안 지방에 위치했던 로마의 현(縣)을 뜻한다. -편집자주

겨 있을 때, 장막 안으로 인기척이 느껴졌다. 그가 입구 쪽으로 몸을 돌리자 침상 곁에 서 있는 흉측한 유령이 눈에 들어왔다.

"당신은 누구요?"

브루투스가 의연한 태도로 물었다. 유령은 이렇게 말했다.

"브루투스! 나는 너를 쫓아다니는 악령이다. 조만간 필리피에서 다시 보게 될 것이다."

"그럼 거기서 만나리다."

브루투스는 차분히 대답했다. 이튿날 아침, 브루투스는 카시우스에게 목격담을 들려주었다. 카시우스는 예전에도 유령에 관해 브루투스와 논쟁을 벌인 적이 더러 있었다. 브루투스의 이야기를 들은 카시우스는 유령은 허깨비가 아니라 실체라며 자신의 생각을 늘어놓았다. 이로써 브루투스는 자신의 운명이 이미 결정되었다고 믿게 되었다. 갖가지 정황에 맞는 단 하나의 예감이 자결을 불러왔다는 점에는 의심할 여지가 없다.

안토니우스Marcus Antonius와 클레오파트라Cleopatra를 둘러싼 자결 사건도 유심히 살펴볼 필요가 있다. 필자의 목적은 유명한 두 인물의 역사를 세심히 들여다보는 것이 아니라, 최후의 순간에 관련한 정황을 참고하려는 데에 있다.

안토니우스에게 자결의 의지를 심어 준 것으로는 세 가지 정황이 꼽힌다. 첫째는 카이사르에게 패배했다는 사실이고, 둘째는 클레오파트라가 자신을 배신했다고 오해한 것이고, 셋째는 클레오파트라가 죽었으리라 확신한 것이다.

안토니우스가 패전하자 클레오파트라는 영묘로 피신하였다. 그러고는 모든 문에 빗장을 걸고 안토니우스에게는 자신이 죽었다고 전하라는 명령을 내린다. 안토니우스는 실의에 빠진 채 방에 들어가서는 쇠미늘 갑옷을 열고 집사 에로스에게 자신을 죽이라고 명령한다(사실 안토니우스는 예전부터 기회가 되면 에로스를 없앨 생각이었다). 칼을 뽑아든 에로스는 주인이 아니라, 자신의 몸에 칼을 꽂은 채 안토니우스의 발아래 쓰러진다. 안토니우스도 자신의 배를 찌르고 소파에 몸을 던지지만, 즉사할 만큼 심한 부상을 입지 않았다. 마침 클레오파트라의 시녀 디오메데스가 클레오파트라를 속히 만나달라고 부탁하고자 그를 찾아왔다. 그녀가 살아 있다는 소식에 안토니우스는 이루 말할 수 없이 기뻐했다. 그러고는 곧장 하인을 불러 그녀에게 가자고 주문했다.

영묘에 도착했지만 클레오파트라가 순순히 문을 열어 줄 기미가 보이지 않자, 그들은 안토니우스를 동아줄에 묶어 창에까지 끌어올렸다. 안토니우스는 클레오파트라에게 손을 뻗으며 한참을 매달려 있었다. 결국 클레오파트라는 사력을 다해 안토니우스를 방 안에 들였다. 클레오파트라는 안토니우스를 침대에 눕히고 곁을 서성이다가 극심한 번민에 사로잡힌 나머지, 그의 옷가지를 찢고 가슴을 마구 내리쳤다. 그렇게 안토니우스가 세상을 떠난 후, 카이사르가 자신을 잡으라고 보낸 갈루스 장군이 이미 영묘 앞까지 진입했다는 소식을 들은 클레오파트라는 몸에 지니고 있던 단검으로 자살을 기도했다.

그 후 카이사르가 자신을 시리아로 보내려 한다는 계획을 들은 클레오파트라는 안토니우스의 무덤에 가게 해달라고 당부했다. 그녀는 무덤에 찾아가 애가를 불렀다.

나를 숨겨 주오. 나를 숨겨 주오. 무덤 속에 당신과 함께. 당신이 나를 떠나고 난 뒤의 삶이 내게는 불행이었기 때문이오.

무덤에 꽃을 뿌리고 그에 입을 맞춘 후, 클레오파트라는 목욕물을 준비하라고 주문했다. 호화로운 저녁 식사를 마치자, 한 농부가 작은 바구니를 들고 영묘 입구에 나타났다. 무성한 잎사귀가 덮인 무화과 바구니가 영묘에 들어왔는데, 잎사귀 아래에는 독사가 숨어 있었다. 이를 알아챈 클레오파트라는 독사를 자신의 가슴에 댔다. 결국 그녀는 싸늘한 주검으로 발견되었다. 금침대에 다이아몬드가 박힌 아름다운 드레스를 입고 누운 채로.

고대사회의 걸출한 인물 중에는 페트로니우스Petronius Arbiter처럼 자결을 결심한 후에도 냉정했던 사람이 별로 없다. 다른 사람들은 자살행위가 부각될 만큼 죽을 때 경망한 행동을 보였다. 로마의 황제 네로Nero Claudius Caesar Drusus Germanicus와의 우정에 금이 가자 페트로니우스는 자결을 결심했는데, '풍류를 꿰는 판관

arbiter elegantiarum'라는 별칭을 얻었던 그는 언제든 호화스럽고 세련되게 죽겠다고 다짐하였다. 잔혹한 칙령에서 벗어날 수 없다는 사실을 누구보다 잘 알고 있던 그는 절정에 달했던 황제의 총애가 식자, 재미 삼아 자신의 정맥을 끊었다가 다시 잇곤 했다. 또한 (정맥을 끊고) 눈을 붙이거나, 주변을 어슬렁거리거나 혹은 지인과 대화하기도 했다. 물론 세네카나 소크라테스처럼 말솜씨가 그리 격이 높지는 않았다.

시인 루카누스Marcus Annaeus Lucanus 또한 죽음 앞에서 대단히 평온했다. 팔의 정맥을 끊자 많은 피가 몸 밖으로 빠져나갔는데, 이때 그는 팔다리의 기운이 떨어지는 것을 느꼈다고 한다. 그리고 임종이 다가오자 《파르살리아Pharsalia》의 몇 구절을 되뇌기 시작했다. 자신과 처지가 비슷한 인물을 묘사한 대목이었다. 그는 이를 반복하다가 세상을 떠났다.

로마의 황제였던 네르바Marcus Cocceius Nerva는 티베리우스 집권 당시 굶는 방법으로 목숨을 잃었다. 일설에 따르면, 그는 공무에 회의를 느껴 자결을 결심했다고 한다. 물론 명예에 오점을 남기지는 않았다.

폭군으로 유명했던 네로가 집권했을 당시, 많은 사람들이 스스로 목숨을 끊는 일이 비일비재했다. 그중 루키우스 베투스와 그의 장모 섹스티아, 그리고 그의 딸 폴루티아에 얽힌 사건이 특히 눈여겨볼 만하다. 루키우스는 전 재산을 종들에게 나눠 주고 나서, 소파 세 개만 빼고 모든 세간을 전부 치워달라고 당부했다. 그 후 장모와 딸을 데리고 방에 들어간 그는, 칼 하나로 자신과 두 사람의 정맥을 끊었다. 셋은 각자의 소파에 누워 조용히 죽음을 기다렸다. 그와 장모는 폴루티아에 시선을 고정했고, 폴루티아의 시선은 그와 장모를 배회했다. 이때 그들은 가장 진실한 기도를 드렸다. 목숨이 가장 먼저 끊어지게 해달라고. 그래서 임종을 맞는 나머지 두 사람의 곁을 빨리 떠나게 해달라고.

사르다나팔로스Sardanapalus[4]는 왕권이 위기에 처하자, 웅대하고 호사스런 죽음을 생각해 냈다. 사치와 방종을 일삼던 그의 삶과 맞아떨어지는 대목이다. 그는 궁전 안에 화장용 장작더미를 어마어마한 높이로 쌓아 두었다. 장작더미에는 각종 보화가 둘러져 있었는데, 그 가운데에 목재로 폭이 20미터가량 되는 방을 만들고, 방 안에 금으로 된 의자와 탁자를 두루 비치했다. 그리고 한 자리에는 정실부인이, 나머지 자리에는 첩이 앉도록 했다. 장작 주변에는 크고 두툼한 들보가 일정하게 둘러싸여 있었다. 울타리를 쳐둔 셈이다. 울타리 안에는 많은 양의 금은, 제의, 최고급 옷, 가구, 진귀한 보석, 호사스런 기구와 아울러 불에 타기 쉬운 물건과 장작이 쌓여 있었다. 모든 준비를 마치자 사르다나팔로스는 장작더미에 불이 붙었다. 그러고는 장작이 전소될 때

---

4) 아시리아의 마지막 왕, 유약한 성격으로 방탕하고 호사스런 삶을 살았다. —옮긴이주

까지 보름간 방탕하게 주색을 즐겼다. 이를 지켜보던 사람들은 불길을 동반한 거대한 연기구름에 놀라움을 금치 못했다. 소문에 따르면 왕이 거대한 장작더미 안에서 특별한 제사를 지냈다고는 하나, 분명한 것은 방탕한 왕세자가 나약했던 인생에 종지부를 찍었다는 것이다.

한편, 마르쿠스 쿠르티우스Marcus Curtius의 죽음을 두고는 논쟁이 팽팽하다. 플루타르코스는 그가 사고로 목숨을 잃었다고 본 반면, 프로킬리우스Procillius는 자결로 단정했다. 프로킬리우스에 따르면, 당시 지각의 틈이 벌어지는 경우가 더러 있었는데, 신탁에서는 국가의 안위를 위해서 도시에서 가장 용감한 사내가 그 틈새로 몸을 던져야 한다고 말했단다. 때문에 쿠르티우스는 말을 타고 가다 그 틈새로 투신했고, 땅은 즉시 입을 닫았다는 것이다. 그러나 리비우스Titus Livius와 디오니시우스Dionysius는 이것을 달리 풀이했다. 그들은 쿠르티우스를 사비니Sabini(고대 이탈리아 중부) 출신으로 소개했다. 처음에는 사비니 군대가 로마군을 격퇴했지만, 쿠르티우스가 참전했을 때는 로물루스Romulus의 군사력에 밀리고 말았다. 그러다가 쿠르티우스가 퇴각하던 중 호수에 빠졌는데, 그래서 그 호수의 이름이 그의 이름에서 유래되었다는 것이다. 이 호수는 포룸 로마눔Forum Romanum[5] 중심에 자리 잡고 있었는데, 때문에 쿠르티우스라는 이름이 로마 집정관 쿠르티우스에서 비롯되었다고 주장하는 저술가도 더러 있다. 벼락이

친 이후, 포룸 로마눔에 담을 건설하라고 명령한 집정관이 바로 쿠르티우스였기 때문이다.

시칠리아의 저명한 철학자이자 시인인 엠페도클레스Empedo-cles의 죽음도 예사롭지 않다. 그는 자신의 죽음을 철저히 숨겼다. 그리고 사람들에게 자신이 신이 되었다는 믿음을 심어 주기 위해 에트나 산 분화구에 투신하였다. 그가 자결했다는 사실은 분화구에서 샌들 하나가 하늘로 솟은 이후에 알려졌다.

고대사를 보면 정절과 명예를 더럽히지 않고도 죽음을 선택한 위인의 사례를 적잖이 읽을 수 있다. 백번 양보해서, 자결도 정당화될 수 있다면 이 같은 경우를 두고 하는 말일 것이다. 누가 마케도니아의 고매한 여인을 높이 평가하지 않겠는가? 그들은 로마 군주의 치욕스런 행각에 무릎 꿇지 않고 우물에 몸을 던졌다! 테오크세나는 필립 왕(첫 남편을 죽인 범인)이 보낸 사절단에게 추격당하자, 탈출선에 올라탄 사람들 앞에 독약이 든 상자와 단검을 두고 이렇게 말했다.

죽음은 복수의 수단이자 유일한 치료제이며, 폭군의 자만과 탄압과 탐욕을 피하는 묘안이기도 하니 내키는 대로 고르시오. 동포와 가족 여러분, 빨리 죽고 싶다면 칼을 잡고, 천천히 죽고 싶다면

---

5) 오늘날 포로 로마노(Foro romano)로 불리는 로마시대 광장으로, 현재 불가리아 플로브디프(Plovdiv)에 유적이 위치해 있다. -옮긴이주

잔을 비우시오!

어떤 이는 칼로, 어떤 이는 극약으로 목숨을 끊었고, 테오크세
나는 남편의 품에 안긴 채 바다에 투신했다.

요세푸스Flavius Josephus의 일화야말로 역사상 가장 숭고한 사
례가 아닐까 싶다. 그는 적에게 투항할 바에야 차라리 스스로 목
숨을 끊는 편이 낫다고 말하는 부하를 설득했다. 유대군을 통솔
하는 사령관이었던 요세푸스는 유다 왕국을 로마에 빼앗긴 후,
투항하기로 마음먹었다. 로마에 대한 환상을 본 까닭에 그러한
것이다. 하지만 그의 뜻이 알려지자 분개한 군인들이 하나둘씩
주위에 몰려들었다. 여기마저 빼앗기기 전에 사령관이 먼저 목숨
을 끊고, 사령관을 따라 저들도 죽게 해달라는 간청이 이어졌다.
그때 요세푸스가 입을 열었다.

오, 동포여, 왜 죽지 못해 안달하는가? 왜 떼려야 뗄 수 없는 영
혼과 육신을 멀어지게 하려는가? 전사戰死는 용맹한 일이나, 반드
시 적의 손에 죽어야 그러할 것이다. 자결은 우매한 짓이거늘, 그
것 때문에 나와 다툴 참인가? 자유를 얻기 위해 죽는 것은 용맹한
일이나, 그러려면 자유를 빼앗으려는 자들의 손에 죽고, 전장에서
죽어야 할 것이다. 죽어야 할 때 죽음을 피하려는 자가 바로 겁쟁
이가 아니겠는가? 설령 우리가 로마군과 대면한다고 치자. 그것이

두려운가? 죽을까 봐서? 그렇다면 자신에게는 왜 죽음을 강요하는가? 포로가 된다는 말도 있는데, 지금 자유를 누리고 있기는 한가? 자결은 생명체의 천성과 가장 동떨어진 범죄요, 창조주 하느님을 모독하는 행위다.

요세푸스는 사람들에게 스스로 목숨을 끊을 생각을 버리라고 종용했다. 하지만 그들은 요세푸스의 뜻을 돌이켜 보기는커녕, 더욱 화를 내며 대들기까지 했다. 사태가 더 심각해질까 두려워한 요세푸스는 대안을 내놓았다. 제비뽑기를 하자는 대안이었는데, 이를테면 첫 번째로 뽑힌 사람이 다음에 뽑힌 사람에게 죽고, 두 번째는 세 번째 뽑힌 사람에게 죽자는 것이었다. 그러면 제 손으로 죽는 사람은 없어진다. 물론 마지막에 남은 사람은 제외하고 말이다. 그들은 그렇게 제비를 뽑기 시작했다. 약속대로 첫 번째 뽑힌 사람은 두 번째 뽑힌 사람에게 기꺼이 목을 내밀었다. 그러다가 끝내 요세푸스와 병사 한 명만 남았다. 요세푸스는 제 손에 동포의 피를 묻히기 싫었고, 제비를 잘못 뽑아 죽임을 당하기도 싫었다. 그는 서로 목숨을 부지하자며 병사를 설득했다. 참극은 그렇게 종지부를 찍었고, 사령관 요세푸스는 로마의 황제 베스파시아누스Titus Flavius Sabinus Vespasianus에게 즉각 투항했다.

성경에서 그린 생명의 말로

성경에 기록된 최초의 자살 사건은 삼손과 관련돼 있다. 블레 셋에게 숱한 치욕을 받아 오면서 쌓인 분노가 절정에 달하자, 그 는 블레셋 귀족과 수많은 인파가 몰린 곳에서 기둥에 기대며 이 렇게 기도했다.

주 여호와여 구하옵나니, 나를 생각하옵소서. 하느님이여 구하 옵나니 이번만 나를 강하게 하여, 나의 두 눈을 뺀 블레셋 사람에 게 원수를 단번에 갚게 하옵소서.(사사기 16:28)

그러고는 기둥을 잡으며 말을 이어 갔다.

블레셋 사람과 함께 죽기를 원하노라. 힘을 다하여 몸을 굽히매 그 집이 곧 무너져 그 안에 있는 모든 방백들과 온 백성에게 덮이 니 삼손이 죽을 때에 죽인 자가 살았을 때에 죽인 자보다 더욱 많 았더라.(사사기 16:30)

성경에서는 삼손의 행동을 정당화하거나 비난하지 않았다. 다만 그의 생애를 통틀어 볼 때, 신이 그를 자신의 목적을 이루 기 위해 도구로서 이용하였다는 점을 알 수 있다. 즉, 신의 영광이 삼손에 의해 더럽혀지자, 삼손은 블레셋의 모진 수치를 당해야 했다. 그러다 삼손이 스스로를 희생함으로써 하느님의 (원수를 물리치는) 힘을 입증했다는 것이다. 따라서 삼손을 유대교와 신의 순교자로 봄직하다.

사울의 예도 적잖이 인용되어 왔다. 우선 성경에 기록된 내용을 살펴보자.

> 사울이 패전하매 활 쏘는 자가 따라잡으니 사울이 그 활 쏘는 자에게 중상을 입은지라. 그가 무기를 든 자에게 이르되 네 칼을 빼어 그것으로 나를 찌르라. 할례 받지 않은 자들이 와서 나를 찌르고 모욕할까 두려워하노라 하나, 무기를 든 자가 심히 두려워하여 감히 행하지 아니하는지라. 이에 사울이 자기의 칼을 뽑아서 그 위에 엎드러지매, 무기를 든 자가 사울이 죽음을 보고 자기도 자기 칼 위에 엎드러져 그와 함께 죽으니라.(새뮤얼상 31:3~5)

우선 유대인은 원수에게 끌려가지 않으려 자결한 사람을 두고는 정당하다고 본다는 점을 유념해야 한다. 그런 점에서 사울이 현장에서 자결했다면 찬사를 받았을 것이다. 하지만 그의 죽음에 대해서는 높이 평가할 여지가 전혀 없다. 유대인 군대가 블레셋에 패한 뒤에 퇴각을 명령했고, 치욕스럽게 도망치려 한데다, 적이 쏜 화살에 맞았을 때는 무기를 든 자에게 죽여 달라며 사정했으니 말이다.

아히도벨의 자결도 예외는 아니다. 존 던John Donne[6]의 말에 따르면, 아히도벨의 경우는 '변명의 여지가 없다'고 한다. 이하도벨은 당대 최고의 지략가로 손꼽혔으나, 다윗 왕을 배반한 압살롬 편에 선 인물이었다. 그는 자신의 조언을 물리치는 것이 신의 뜻이라고 생각한 압살롬에게 지략을 외면당하자, 분노와 실망감에 사로잡힌 나머지 스스로 목을 매 생을 마감했다. 아히도벨의 행동을 두고는 정당하다고 인정할 만한 것이 없다. 성경은 사실을 들려줄 뿐, '마키아벨리식 지략가Machiavellian counsellor'(존 던이 아히도벨에 붙인 별칭)의 처신이 정당했는가에 대한 판단은 우리의 몫이다.

존 던은 가룟 유다에 대해서도 언급했다. 자결의 정당한 사례로 예수를 배반한 자를 거론해야 하니 적절한 표현을 찾기 힘들었을 것이다. 유다를 순교자로 보는 작가도 더러 있다. 예컨대, 페틸리안Petilian은 "유다뿐 아니라, 죄를 통감하며 자결을 선택한 자는 순교자로 인정해야 한다. 비통의 죄를 스스로 심판한 것이기 때문이다"라고 역설했다. 이에 아우구스티누스Aurelius Augustinus는 "당신은 동아줄로 목숨을 잃은 반역자가 자신과 같은 처지의 사람을 위해 동아줄을 남겨 놨다고 하지 않았소? 하지만 우리

---

6) 영국의 시인(1572~1631). 형이상파의 대표적인 시인이자, 런던 세인트폴 성당의 참사원장을 지내기도 했다. 대중적인 시뿐 아니라 종교시, 논문, 그리고 7세기 중에 가장 뛰어났다고 꼽히는 설교로 유명하다. —옮긴이주

는 그와 무관한 사람들이요. 목을 매고 죽은 사람을 순교자로 인정할 순 없소"라고 반박했다.

마카베오서에 따르면, 유다 마카베오의 동생인 엘르아살도 스스로 목숨을 끊은 것으로 보인다. 그의 죽음은 찬사 받을 만했다. 안티오쿠스를 죽이기 위해 자신을 희생하였으니, 국익을 위한 자발적인 희생으로 간주되어야 마땅하기 때문이다.

한편, 라지스의 죽음은 간담을 서늘하게 하지만, '미치광이의 난동은 이렇다'라는 사례로 인용될 수 있을 듯싶다. 라지스가 니가노르의 적과 결투를 벌이다가 성에 불이 났을 때를 기록은 아래와 같이 증언한다.

병사들은 성문을 쳐부수고 들어가 모든 문에 불을 지르고 라지스가 있던 탑을 점령하라는 명령을 받았다. 이렇게 포위된 라지스는 자기 칼로 배를 찔렀다. 악당의 손에 넘어가 폭행을 당하고, 자기의 고귀한 생애에 오점을 찍느니 차라리 깨끗하게 죽어 버리겠다고 생각한 것이다. 하지만 너무 서두르다가 급소를 찌르지 못했다. 마침 사방에 난 문으로 쏟아져 들어오는 적을 보고 라지스는 용감하게 성벽으로 올라가 밑에 있는 군중 머리 위로 사나이답게 몸을 던졌다. 이때 그는 군중이 재빨리 비켜서서 생긴 빈 공간의 복판에 떨어지고 말았다. 그러나 라지스는 죽지 않고 분노가 불처럼 일어 벌떡 일어섰다. 피가 콸콸 솟고 상처가 중한데도 군중을 헤치고 달려가서는 우뚝 솟은 바위 위에 올라섰다. 그의 피가

다 쏟아져 나왔을 때에 라지스는 창자를 뽑아내어 양손에 움켜쥐고 군중에게 내던지며 생명과 영혼의 주인이신 하느님께 자기 창자를 다시 돌려주십사고 호소했다. 그는 이렇게 죽어 갔다.(마카베오하 14:42~46)

자살을 옹호한 철학자들

고대사에서 놀랄 만한 자살 사건을 떠올리다 보면 당시 저명했던 철학자의 생각을 은연중에 거론하게 된다. 아마도 이들 때문에 생명을 경시하는 풍조가 생겼을 것이다.

스토아철학자, 즉 제논Zenon ho Elea의 제자가 세상에 심은 교리로 인해 자살이라는 범죄가 증가했다. 스토아학파의 현인은 조국이나 동포를 위해서라면 언제든 죽을 각오가 되어 있었다. 죽음을 악으로 생각지 않고, 악을 경멸하기에 언제든 목숨을 끊을 수 있었던 것이다.

고대 그리스의 철학가 디오게네스 라에르티오스Diogenes Laertios는 스토아철학을 풀이하면서 이렇게 역설했다.

(스토아철학의) 현인은 혹독한 고통을 느끼거나, 감각이 마비되거나 혹은 질병으로 위독해지면 과감히 목숨을 끊는다.

고통은 악이 아니라고 가르친 학파가 종종 자살을 기도했다니 선뜻 이해하기 쉽지 않다. 이 같은 원칙을 맹렬히 비난하더라도 고대사에서 명망이 높은 인물, 즉 지혜와 학식과 엄격한 윤리적 잣대로 유명한 위인의 대다수가 스토아학파에 속했다는 사실은 인정하지 않을 수 없다. 예컨대, 스토아학파였던 카토 역시 스토아철학이 지향하는 바를 몸소 실천했다.

고대 철학자 중 자살 변호에 앞장선 사람으로는 세네카Lucius Annaeus Seneca가 꼽힌다.

삶이 즐거운가? 그렇다면 계속 살라. 그렇지 않다면? 자신의 근원으로 돌아가라. 큰 상처를 입을 필요도 없이, 한 번만 찌르면 자유를 얻을 것이다. 어쩔 수 없이 살아야 한다지만 그건 잘못된 짓이다. 어쩔 수 없다는 건 어불성설이다. 신의 배려로 인간은 억지로 살아야 할 필요가 없어졌다.

'현명한' 세네카라는 사람의 생각이 이러하다. 하지만 정작 그도 시련을 앞두고는 자결할 용기를 내지 못했다.

중병으로 몸이 쇠약해져서 종종 자결을 생각했다. 하지만 그럴 때마다 자상한 아버지가 눈에 밟혔다. 스스로 결연히 죽음을 맞을 수 있을지가 아니라, 아버지가 아들의 죽음을 감당할 수 있을지가 마음에 걸렸다.

세네카가 스토아학파의 교리를, 본질적 사랑과 합리적 판단에 양보한 사례는 이뿐만이 아니다.

한편, 에픽테토스Epiktētos 또한 자살을 변호한 철학자로 유명하다. 그러나 그는 스토아학파이기는 하지만 제논의 교리를 맹목적으로 따르지 않았다. 에픽테토스는 인간이라면 목숨을 끊기 전에 대부분의 고통을 감내해야 할 의무가 있다고 주장했다.

살기가 싫다면 떠나도 좋다. 문은 열려 있으니 어서 떠나라! 그러나 겁에 질려 줄행랑을 칠 정도가 아니라면 몸소 부딪쳐 보라. 그럼 극복하게 될 것이다.

그는 자신만의 원칙을 고집했는데, 그런 점에서는 세네카보다 우월했다. 세네카는 유복한 집안에서 태어난 반면, 에픽테토스는 노예 출신이었기에 살아오면서 숱한 역경을 견뎌야 했다. 세네카는 간통 혐의로 로마에서 추방되었고, 에픽테토스는 학식과 철학을 겸비한 자라는 이유로 추방되었다.

기록에 따르면, 에픽테토스는 주인에게 몰매를 맞을 때도 태연했다고 한다. "이러다간 제 다리가 부러지겠습니다"라는 그의 말에 주인이 기어코 다리를 부러뜨리자, "제가 그럴 거라고 말하지 않았습니까?"라고 차분히 대답했다고 한다. 스토아철학의 진정한 정신은 이를 두고 하는 말이다.

아르쿠스 아우렐리우스Marcus Aurelius Antonius[7] 또한 스토아철학자 중에 매우 명석한 수재가 아닐까 싶다. 그는 제논의 교리를 삶의 구석구석에 적용했다. 영국의 역사가 에드워드 기번Edward Gibbon에 따르면, 아우렐리우스는 '자신에게는 혹독하고 남에게는 너그러웠으며 모든 사람에게 은혜와 정의를 베풀었다'라고 한다.

스토아철학을 창시한 제논은 자신의 교리대로 살았다. 그의 자결에 대한 기록은 다음과 같다.

아흔여덟이 되던 해의 어느 날, 제논은 학당을 나오다가 실족해 넘어지고 말았다. 이 사고로 손가락이 골절된 그는 귀가한 뒤 스스로 목을 매 숨졌다.

제논의 후계자인 클레안테스Cleanthes도 스스로 삶을 중단함으로써 스승의 전철을 밟았다.

가벼운 병을 치료하기 위해 의사의 처방대로 이틀간 금식한 뒤, 식사를 해도 좋다는 말을 들었으나 클레안테스는 먹는 것을 거부했다. 그러고는 "죽음을 향해 너무도 먼 길을 와버렸으니 다신 돌아가진 않을 걸세"라고 말하고는 굶어 죽었다.

---

7) 고대 로마 오현제의 마지막 황제(121~180)로, 스토아철학자이기도 했다. 대표 저서로 ≪명상록≫이 있다. -옮긴이주

키케로Marcus Tullius Cicero도 자살을 인정한 웅변가 중 하나다. 그는 추방될 당시 우유부단하고 소심한 성격만 아니었다면 자결하고도 남을 인물이었다. 키케로는 동생 퀸투스에게 보낸 편지에 "동포의 눈물 때문에 차마 죽지 못했다"라고 하소연했다.

플리니우스Gaius Plinius Secundus도 자살을 변호했다. 그는 저작 중 '신에 대하여On God'라는 제목의 장에서 다음과 같이 썼다.

부족한 인간에게 큰 위안이 되는 것은 신이 전능하지 않다는 것이다. 예컨대 신은 제멋대로 죽을 수가 없는데, (자결이란) 그야말로 신이 인생에서 혹독한 고통을 겪는 인간에게 주어진 가장 큰 축복일 것이다.

플리니우스는 에피쿠로스학파에 속하며 그의 생각은 학파의 교리와도 일치했다.

그러나 플리니우스의 동생은 플리니우스와 자결에 대한 생각이 달랐다. 그는 스스로 목숨을 끊은 친구 코렐리우스 루푸스의 죽음을 애도하며 이렇게 말했다.

친구가 죽었다. 제 손으로 죽었기에 몹시 괴롭구나. 자연이나 운명이 행한 죽음이 아니라서 매우 슬프다.

이 글이 담긴 편지를 읽으면 친구에 대한 애틋하고 고결한 정이 느껴진다.

역사는 어떻게 인간을 죽음으로 내몰았나

자살 기도에 관한 로마법은 돈과 어느 정도 관련 있는 듯싶다. 자살을 범죄라는 추상적인 개념이 아니라, 국무나 재정에 얼마나 큰 피해를 입혔는지로 따졌기 때문이다. 로마 제국에서는 일부 지역에 총독에게 자살의 가부를 결정할 수 있는 권한이 있었다. 자살을 해선 안 된다는 결정에도 목숨을 끊은 경우, 시신에 모욕적인 욕설을 퍼붓고 가장 굴욕적인 방식으로 매장했다.《로마법 대전》에 기록된 자결법의 취지는 다음과 같다.

피고인이나 현행범이 기소를 두려워하여 자살했다면, 그 사람의 재산을 몰수한다. 재산을 몰수하는 것은 자살이 아니라, 범죄 '자체'에 대한 처벌이다. 그러므로 그 사람이 저지른 범죄에 근거하여 재산을 몰수하고, 피의자가 유죄로 밝혀졌을 때만 이것을 적용한다. 그런 까닭에 법정상속인은 (필요시) 피고인이 인생에 종지부를 찍었더라도 살아있는 사람이라 가정하고 원인을 밝혀야 한다. 무고하다는 사실이 입증되면 상속인은 재산에 대한 권리를 행사할 수 있기 때문이다. 삶이 권태롭거나, 통증이나 건강 문제로 조바심이 나거나, 막대한 부채 혹은 국고에 손해를 끼치지 않아야 한다는 이유로 목숨을 끊었다면 망자의 재산은 그대로 둔다. 아울러 혐의가 없는 자살 미수범의 경우는 처벌을 결정하기에 앞서 원인을 철저히 규명한다. 권태나 재난에 대한 염려가 아니라면 피고는 동일한 처벌(사형)을 받아야 한다(그러면 자살 미수가 아닌 셈이 된다). 제 목숨을 아낄 줄 모르는 위인이라면 남의 목숨도 함부로 여길 것이기에 그렇다.

종교를 존중하고 신을 숭앙하던 로마 공화정 시대에는 자살이 거의 알려지지 않았다. 그러나 로마 제국 시대에 그리스 철학이 들어오고 사회적으로 부패가 심해지자, 자살이라는 범죄가 우후죽순으로 늘어났다. 생명을 경시하는 풍조는 스토아학파와 에피쿠로스학파의 사상이 퍼지면서 더욱 기승을 부렸다. 스토아철학은 생명의 주인은 자신이고 생명의 결정권자 또한 자신뿐이므로, 삶과 죽음을 마음대로 선택할 수 있다고 가르쳤다. 에피쿠로스학파도 같은 교리를 전파했다. 이처럼 문란한 교리가 사람들의 마음을 사로잡았으니 자살이 난무하게 된 것이 당연하지 않겠는가?

테베 법에 따르면, 자살자의 시체는 장례식을 치르지 못하고, 망자의 이름은 물론, 모든 것에 '수치'라는 꼬리표가 붙는다고 한다. 아테네의 법도 그러했다. 손이 몸의 원수와 역적이 되기라도 한 듯, 이를 잘라 몸뚱이와 따로 매장했다. 그리스인은 자살을 매우 가증스런 범죄로 간주했다. 또 그리스 관습에 따르면, 자살자의 시체는 화장을 하지 않고 곧바로 매장했다고 한다. 스스로를 죽인 죄인의 시체를 태우면 신성한 불이 오염된다고 여겼기 때문이다. 자살은 '공사의 적'으로서 조국을 배신하고 모반을 꾀한 자, 폭군, 신성을 모독한 자, 십자가에 처형될 극악무도한 자와 같은 부류에 속했다.

그러나 이러한 법은 이후 자살이 난무했다는 것을 보면 알 수 있듯, 유명무실해지고 말았다.

한편, 케오스 섬의 판관에게는 주민이 스스로 목숨을 끊고 싶을 때 그 이유가 타당한지 결정하는 권한이 있었다. 판관들은 독약을 보관해 두고 자살하고픈 이유가 합당하면, 그것을 하사했다.

마르세유의 고대 주민인 마실리안도 관습이 이와 비슷했다. 원로원은 독초를 항시 준비해 두었고, 자살하고픈 사유가 타당한지 결정하곤 했다. 이 규정으로 꽤 많은 사람들이 자살에 성공했다. 그들은 자신의 생명을 결정할 권한은 자신이 아니라, 판관의 입에 달려 있다는 것을 분명히 인정한 셈이다. 한편, 자살이 사회에 어떤 영향을 끼칠지도 판관의 판단으로 결정되었다.

4세기 말 경에 왕성히 활동했던 웅변가 리바니오스Libanios는 안티오크Antioch[8]에서 이 같은 관행을 통쾌히 조롱했다. 그는 자살

---

8) 현재 터키의 안타키아(Antakya) 지역.-편집자주

하고픈 이유를 꾸며내어 원로원에 청원했고, 원로원은 그것을 수락하였다. 독초 한 사발이면 마누라의 수다에서 해방될 수 있다는 것이 자살 사유였다. 이후 리바니오스는 다시 입을 열었다.

의원 나리가 법을 제정하시는 데에 혈안이 되지만 않았어도 제가 황천길을 가야 한다는 점을 군이 입증할 필요는 없었을 겁니다. 처음 마주친 나무 한 그루와 동아줄만으로도 적막이 흐르는 나라로 갔을 테니까요. 하지만 나리는 저희를 노예로 생각하시어 마음대로 죽을 자유마저 빼앗으시고 규정에 저희를 속박하셨습니다. 제 푸념과 청원을 아뢸 때도 규정을 준수해야 하니 이렇게 빌겠나이다.

그러고는 '질투 많은 사내'의 자살 사유를 유창하고도 익살스럽게 변호했다. 그 사내는 이웃의 재산이 자신보다 훨씬 많아졌다는 데에 샘이 나 '자살용 독초액'을 맛보고 싶다고 했다.

또한 리바니오스는 사람을 싫어한다는 철학자 티몬Timon의 사정도 대신 청원했다. 티몬은 직업상 모든 사람을 싫어해야 하는데, 알키비아데스Alkibiades에게만은 그럴 수가 없다는 이유로 자결을 허락해달라고 했다.

그동안 자살을 변호하는 작가들은 이러한 주제와 관련하여 일방적인 정황만 기술해 왔다. 자신의 의견에 정당성을 입증하려면 이 장에 열거한 모든 사례를 두루 참고해야 할 것이다. 한편, 그들은 자살행위에 큰 영향을 미치는 풍습, 습관, 종교 등을 감안하지 않았는데, 고대사회의 규범을 오류가 없는 처세훈으로 받아들이는 것은 말이 되지 않는다. 예컨대, 마사게타이족은 자연사를 불행으로 여겨서 부모나 친지가 노쇠하면 그들의 인육을 먹었다고 한다. 리바레니아족은 벼랑에 투신하여 목이 부러져 죽었고, 바크트리아족은 산 채로 개의 밥이 되었으며, 스키티안족은 사람이 죽으면 그의 식구를 송장과 함께 생매장하거나 화장용 장작더미에 올려 불살라 죽였다. 로마가 무법천지였을 때는 스스로 목숨을 끊는 행위를 용기와 명예의 증표로 여겨 자살이 난무했다.

"춘분이 되면 충격적인 의식이 콜라 바이라바Cola Bhairava에서 거행됩니다."

지리학자 말트 브룅Conrad Malte-Brun은 이렇게 말하면서, 다음과 같이 덧붙였다.

콜라는 탭태Taptae 강과 네르부다Nerbuddah 강 사이에 있는 산간지역으로, 여기서 가장 하등한 베라르Berar 부족 몇 명이 자결을 맹세합니다. 기도가 우상에게 알려진다고 믿으니, 그 보답으로 목숨을 바치려는 것입니다. 춘분에 자결을 맹세하고 8~10명이 벼랑 밑으로 투신하는 연례행사와 이와 관련된 모종의 거래 또한 이러한 의식 때문에 생겨났습니다.

한편, 원인을 규정하기 어려운 관습도 더러 있다. 인도의 미망인은 국교에 순종하기 위해 죽은 남편이 누워 있는 화장용 장작에 올라가 죽음을 자초한다. 또한, 거대한 신상의 바퀴 아래로 몸을 던지는 사람도 해마다 수천에 달한다고 한다. 종교에 심취한 탓에 무모한 짓을 저지르기도 하지만, 국가의 관습을 따르지 않으면 사회에서 소외되고, 천민으로 전락하는데다, 온갖 박해를 받게 되니 어쩔 도리가 없을 것이다. 자살이 정당하다고 주장할 근거를 여기서도 찾을 수 있을까? 그럼에도 이러한 사례는 각자의 운명을 결정한 권리는 자신에게 있다는 스토아철학의 교리가 정당하다는 근거로 인용되고 있다. 빈약한 토대 위에 근거를 세워야 하니 오죽이나 절실하겠는가?

받아들일 수 없는 것의 정당화

사실, 자살행위의 정당성을 주장하는 사람의 견해를 일일이 살펴보는 것은 필자가 이 책을 쓰는 목적에 부합하지 않는다. 흄David Hume, 던, 루소Jean Jacques Rousseau, 스탈Anne Louise Germaine de Necker Staël, 몽테스키외Baron de la Brède et de Montesquieu, 몽테뉴Michel Eyquem de Montaigne, 기번, 볼테르, 그리고 로벡J. Robeck의 주장은 터무니없는 오류에 근거를 둔 까닭에 적잖은 반론을 낳았다.

흄은 자살을 주제로 에세이를 쓰기도 하였으며, 기독교의 신조에 대립하는 것이라면 뭐든 지지할 각오가 되어 있었다. 저서에서 그는 자살이 '하느님'과 '이웃'과 '자신'의 의무에 부합한다고 역설하며, 세 가지 중 자신을 두고 "창조된 무생물과 원소가 인간의 환경이나 관심사에 아랑곳하지 않듯, 인간도 삶의 그늘에

서 소신껏 살아야 하고, 자신의 평안과 행복과 보전을 위해 타고
난 역량을 모두 발휘해야 한다"라고 주장했다.

흄의 궤변

어떤 행위가 신의 법을 침해한다면, 신이 인간에게 그것을 허
락했을 리 없다. 인간이 자신의 행복을 위해서만 행동하면, 종
교와 도덕은 으레 자유를 제한하게 마련이다. 흄은 '자살이 이웃
과 사회에 대한 의무를 저버리는 행위인가?'라는 의문을 이렇게
풀이했다.

세상을 스스로 떠난 사람은 사회에 피해를 주지 않는다. 그저
선이 그칠 뿐이며, 행여 피해를 주더라도 그 정도는 가장 낮을 것
이다.

하지만 스스로 목숨을 포기한 사람은 사회에 지대한 해악을
준다고 봐야 한다. 세상에 홀로 살아가는 사람은 거의 없기에,
사회가 자살이라는 범죄를 손가락질할수록 자살자에 대한 치욕
은 인척까지 뒤집어쓰게 되어 있다. 그뿐 아니라, 자살행위는 딱
히 자살할 이유가 없는 이웃의 정신에도 피해를 준다. 흄은 "귀
중한 인생을 함부로 버리는 사람은 없을 것이다. 사람은 누구나

죽음을 두려워하기 때문에 사사로운 동기로 생명을 끊을 수 없다"라고 덧붙였다. 차라리 가난이 두려워 보화를 버리지 못하는 것이라고 주장하는 편이 나을 것 같다. 흄은 제정신이 아닌 사람에게서 결론을 유추하는 오류를 범하고 말았다. 그의 말마따나 정상인이라면 본능적으로 죽음을 두려워하기 때문에 소중한 생명을 경솔히 버리지 못할 것이다. 하지만 이는 심신미약자에게는 적용되지 않는다.

나일 강이나 다뉴브 강물의 방향을 바꾸는 것이 범죄가 아니듯, 몇 리터의 피를 딴 곳으로 흘려보냈다고 해서 그것이 어찌 범죄가 되겠는가?

흄은 이렇게 말을 이었다. 너무도 억지스런 주장이라 반박할 가치도 없다. 나일과 다뉴브 강의 물줄기를 바꿔도 정말 피해가 없는지부터 검증하고 나서야 조금이라도 생각해 볼 만한 주장이 아닐까 싶다.

언젠가 흄은 자신이 쓴 《자살에 대한 에세이Essay on Suicide》를 지인에게 빌려준 적이 있다. 지인은 에세이를 돌려주며, 지금까지 읽어본 것 중 가장 마음에 든다고 흄을 추켜세웠다. 그러고는 에세이의 목적을 생생히 보여 줄 요량으로 책을 돌려준 당일에 총으로 스스로 목숨을 끊고 말았다.

자살에 사과라는 것이 용납될까? 악독한 저자가 가증스러운 글을 써 독자의 우울증을 자살 충동으로 몰아붙인 끝에, 결국 독자가 목을 매 자살했다고 치자. 그래도 "장난 좀 친 건데"라며 발뺌할 수 있을까?

몽테스키외의 자살 예찬은 흄의 것과 매우 가까워 보인다. 유럽에 귀화한 페르시아인이 쓴 서신을 보면 이를 알 수 있을 것이다.

루소는 《신 엘로이즈Julie, ou la Nouvelle Heloise》에서 "자살은 곱씹어 볼수록 사회의 근본적 명제(남에게 피해를 주지 않는 범위에서 자신만의 선을 찾고 악을 피하는 것이 자연의 법칙이다)로 수렴해 가는 것 같다"라고 밝혔다. 그렇다면 루소는 자신만의 선을 찾는 것이 이웃에게 피해를 주지 않는다는 논지부터 입증해야 한다. 대다수가 선으로 간주하는 것이라도 인간이 저마다의 감정과 생각에 따라 살면 폐해가 벌어지게 마련이다. 이를테면, 누군가에게 '선'이 되는 것이 남에게는 '악'이 될 수 있고, 자신에게 이로워 보이는 것도 면밀히 살펴보면 남에게는 해로운 것이 될 수 있다.

몽테뉴는 자살을 동조한 옛 문인의 말을 빌려, 자살행위는 애당초 악행이 아니라고 주장했다. 즉, 죽음에 대한 두려움과 통증이 자살을 부추기며, 얼마든지 이를 용납해야 한다는 것이다. 그러나 그의 주장은 모두 궤변에 불과하다.

자살 예찬

던 박사만큼 자살을 적극적으로 변호한 저술가는 없을 것이다. 그는 숭고하고도 유익한 행동을 할 때에는 목숨에 연연하지 말아야 한다는 의미로 여러 책을 쓴 듯하다.

아마도 박사는 자신이 겪었던 일로 인해 자살을 고민했을 것이다. 애거튼 대법관의 비서로 일할 당시, 그는 신분이 높은 아가씨와 혼인하여 대법관의 눈 밖에 났다. 결국 그는 일을 그만두게 됐고, 식구들과 가난하게 살아야 했다. 그가 쓴 어떤 편지에서는 사랑하는 딸이 병에 걸렸을 때에 자신의 장례를 치를 돈이 없어 죽고 싶다는 말도 감히 꺼내지 못했다고 한다. 훗날 세인트 폴 성당의 주교가 된 그는, 가난으로 고통스러웠던 그동안의 삶을 돌아보며 《비아타나토스: 자살은 애당초 죄가 아니며, 어떤 경우라도 죄가 될 수 없음에 대한 패러독스나 논설에 대한 선언 Βιαθανατος, A Declaration of that paradox or thesis, that self-homicide is not so naturally sin that it may never be otherwise》이라는 책을 집필했다. 그러나 이를 출간하지 않았다. 그는 이 책이 던 박사가 아니라 아들 잭 던이 쓴 책으로 기억되기를 바랐다. 결국, 죽은 지 수년이 지난 뒤에 아들이 이를 펴냈다.

스탈 부인은 애정에 대한 저서에서 자살을 정당화했지만, 존경스럽게도 《자살 회고록 Réflexions sur le suicide》에서는 앞선 작품에서의 의견을 일부 철회했다. 그녀는 자살에 대한 의견을 이렇게 수정했다.

애정에 관한 작품을 보면 자살 이야기가 나오는데, 그때는 내가 좀 경솔했던 것 같다. 젊은 혈기로 자긍심에 넘쳐 그렇게 썼지만, 장밋빛 희망이 없다면 삶에 무슨 의미가 있겠는가?

그녀는 탁월한 독창성과 설득력으로 이러한 주장을 역설했지만, 자살이라는 범죄를 저지르지 말아야 한다는 근거는 부족했다. 인간이란 인생은 물론 모든 것을 원대한 목적을 위한 수단으로 여기는 만큼 선하고 지혜롭다. 영원은 순간순간이 좌우하기 때문에 순간을 포기한다면 영원한 행복을 일굴 수 없다.

인간이란 결코 평등하지 않다. 삶에서 만족을 느끼는 사람이 있으면, 고통이나 가난을 겪는 사람도 있게 마련이다. 작업장에서 쓰는 연장이 어떤 이에게는 무겁고 불편한 반면, 어떤 이에게는 가볍고 편리할 테고, 연장이 유용하다고는 하지만 정작 손에 쥘 수 없는 경우도 더러 있을 것이다. 삶은 절대적인 게 아니라 상대적이다. 또한, 영원할 때만이 비로소 삶이 가치 있고 또 중요해진다. 이는 명심하고 또 명심해도 모자랄 진리다.

'악마'로 알려진 로베르 노르망디 공[9]은 삶을 버리기 전에 자살을 변호하는 글을 썼다. 그의 주장에 따르면, 자살을 막을 법은 없으며 목숨보다 행복을 추구하는 것이 중요하다고 한다. 또한, 몸뚱이는 야박하고 한심한 기구일 뿐이니 이를 보호하는 건 별로 소득이 없다. 영혼이 필멸하는 존재라면 자살해 봐야 경미한 부상에 지나지 않을 테고, 영원한 존재라면 자살이 유익할 거라고 그는 덧붙였다. 인생이 고달프면 더는 달가울 게 없으니, 세상을 떠날 권리를 인정하라는 논리다. 그런데다 자발적인 죽음이 극악무도한 범죄를 피하는 유일한 방편인 경우도 비일비재하다며, 이를 입증하는 사례는 대다수 국가에서 찾을 수 있단다. 로베르를 비롯한 자살 예찬론자가 하는 주장의 골자가 대개 이러하다.

기번과 토머스 모어Thomas More[10] 경도 자살을 변호했다고는 하나, 살펴볼 만한 견해를 개진하지 않아 따로 적지 않았다.

---

9) 로베르 1세(1028~1035)를 이르는 말. 잔인하다고 명성이 높았던 로베르 1세는 '악마' 공작이라는 별칭을 얻었는데, 이후 그는 문학이나 가극 등에서 소재로 등장했다. ─편집자주

10) 영국의 정치가(1478~1535). 대표 저서로 ≪유토피아≫가 있다. ─편집자주

형량 없는 범죄

인간의 범죄행위 중에서 자살만큼 뇌리에 큰 충격을 주고 분노를 일으킬 만한 것은 없다. 그동안 법에서 자살을 범법행위로 규정해 왔고, 유가족 또한 자살한 식구를 감추느라 동분서주했다는 사실로 미루어 볼 때, 자살은 매우 천박하다는 것을 알 수 있다. 또한 전염성도 띤지라 무고한 사람까지 자살에 영향을 받을 수 있다는 점에서 치욕스러운 범죄가 아닐 수 없다.

한번은 구약·신약성서에서 자살을 분명히 금하는지를 두고 논쟁이 벌어진 적이 있었는데, 도덕철학의 권위자인 페일리William Paley[11]는 그렇지 않다고 단정했다. 십계명에서 자주 거론되는

---

11) 영국의 신학자, 철학자, 성직자(1743~1805), 대표 저서로 《기독교의 증거에 대한 견해》가 있다. ―옮긴이주

'살인하지 말지니라' 조항만으로는 근거가 부족하다는 것이다. 그의 말에 따르면 "이 문제를 확실히 규정한 구절이 분명치 않거니와, 살인을 금지한 조항이 자살도 염두에 두었다는 충분한 증거 또한 찾을 수 없다. 따라서 '구조적·함축적인 의미'로만 성경이 자살 금지에 관한 근거로 뒷받침될 수 있다"라고 한다.

자살이 구체적으로 기록되지 않았다는 이유로, 신이 자신의 손으로 만든 작품에게 스스로를 죽이지 말라고 한 적이 없다는 것이다. 그러나 이러한 주장은 보편적으로 나쁜 짓이라는 것을 알지만, 조항에 죄로서 밝혀 두지 않았으니 나쁜 짓을 해도 된다는 논리와 다르지 않다.

다른 사람의 피를 흘리면 그 사람의 피도 흘릴 것이니, 이는 하느님이 자기 형상대로 사람을 지으셨음이니라.(창세기 9:6)

하느님이 노아에게 밝힌 대로라면 인간을 신의 형상으로 지었다는 마지막 어구가 무엇을 뜻하든, 살인을 금지한 것은 곧 자신을 죽이는 것도 금지한다는 근거가 된다. 이웃이 하느님의 형상을 따라 창조되었으니 그의 피를 흘리게 해서는 안 된다면 나 자신의 피를 흘리는 것도 정당화될 수 없지 않겠는가? 나와 이웃, 그리고 나와 하느님의 관계는 서로 같다. 물론 자살을 '대놓고' 금하지 않은 특별한 이유가 아주 없는 것은 아니다. 신이 만든 법을 어기면 무엇이든 처벌을 받게 되어 있다. 범죄의 경중에 따라 형량이 결정되고, 죄인은 현세나 내세에서 벌을 받는다. 하지만 신이나 법관은 죄인이 스스로를 처벌하는 자살이라는 형벌을 막을 수가 없다. 일단 죄를 저지르면 현세에서 자신이 받을 모든 처벌을 면하기 때문이다. 이를 염두에 두고 범행을 저지르는 것인지도 모른다. 범인은 개인 자격으로 피의자, 법관, 배심원, 사형집행인의 역할을 두루 해낸 셈이다. 법이 죄질을 판단하기도 전에 이미 세상을 떠나 버리고 말았지만 말이다. 형량을 정하지 않은 법은 제정될 수가 없다. 즉, 형량을 정할 수 없으면 법으로서 존재할 수 없다는 이야기다. 자살은 모든 형량을 사전에 막아 버리기 때문에 금지규정이 따로 있지 않다. 그러니 규범에는 포함되지만 '죄'로서 규정할 수는 없는 것이다. 내세에서 죄를 물으려면 신의 권능이 필요할 것이다.

통찰력이 탁월한 작가들은 자연이 본능적으로 자살을 금하기에, 자살은 극악무도한 것이라고 규정했다. 빈번한 자살 충동은 양심의 쓴소리로도 충분히 막을 수 있다.

죽은 자에게 죄를 묻다

신이 보기에 자살행위가 범법 행위 중 가장 지나친 이유는 신이 정하고 우주가 지시한 법을 사람이 직접 어기기 때문이다. 자연의 손이 인간에게 새겨 둔 본능이 있다면 아마도 자기보존일 것이다. 갖가지 종교와 법전이 서로 다른 의무를 규정하고 범죄를 금하고 있지만, 자신의 생명을 보존해야 한다는 신성한 명령을 두고는 모두 한뜻을 품고 있다. 따라서 신의 법을 위반하는 것이 신이 보기에 죄가 된다면, 그 또한 자연에서 으뜸의 법을 어기는 것이나 다름없다. 무엇보다 사회의 결속력을 유지하고 인간으로서 의무를 다하지 못하는 죄를 신이 좋아할 리 없다!

자살자는 비단 창조주의 법만 아니라, 이웃에 대한 의무도 저버렸다고 봐야 한다. 자신은 말할 것도 없고, 가까운 지인과 연인의 가슴에 비수를 꽂을 뿐 아니라, 다른 사람에게는 스스럼없이 고통을 주는가 하면, 무고한 사람의 뺨에 불그레한 수치심을 입혔다. 우리는 감사할 줄 몰라 자살을 택했다는 그를 원망하고 말겠지만, 그를 사랑한 후세 사람들은 그의 죽음에 슬퍼하고, 그의 자손은 치욕스런 흉터를 간직하게 될 것이다. 신이 사회의 복리를 위해 정한 질서이자, 사회법의 제1항을 위반한데다가 더 이상 세상에 존재하지 않기에 이웃에 대한 의무를 모두 외면한 것이나 다름없다.

자살과 살인의 관계는 의외로 가깝다. 또한 자살과 살인이 함께 일어난 사건도 아주 많다! 자신의 목숨을 빼앗는 데에 조금도 가책을 느끼지 않는다면 남을 희생시키는 일도 그리 어렵지 않았을 것이다. 폰투스의 미트리다테스 왕과 파포스의 니코클레스 왕이 이에 해당되는데, 물론 요즘에도 이런 경우가 허다하다.

아우렐리우스는 연기가 자욱한 방을 나오는 것이 죄가 아니듯, 삶과 이별하는 것 또한 죄가 아니라고 주장했고, 루소는 "생명을 포기해서는 안 된다면서 다리를 절단하는 건 왜 허용되는가? 하느님이 두 다리를 인간에게 허락지 않으셨던가?"라고 역설했다. 스탈은 성경 구절을 인용하여 이 같은 궤변에 응수했다.

> 네 발이 너를 범죄하게 하거든 찍어 내버리라. (중략) 만일 네 눈이 너를 범죄하게 하거든 빼어 내버리라.(마태복음 18:8~9)

이 구절은 유혹에 대해 언급한 것이나, 루소의 터무니없는 주장에 반박하는 것으로 활용해 봄직하다. 이를테면, 육신의 악을 물리치는 데에 모든 수단을 강구해야겠지만, 그렇다고 해서 자신의 존재를 파괴해서는 안 된다는 것이다.

자살을 정당화할 때 자주 인용되는 주장, 즉 '내 몸을 내 멋대로 한다는데, 그게 잘못인가?'의 근거는 어불성설인데다 무례하기까지 하다. 이 땅에 발을 붙이고 사는 인간은 신탁관리자일 뿐이다. 즉, 재산, 재능, 시간, 그리고 생명 모두 신에게서 위탁받은 것에 불과하다. 소유를 주장할 수 있는 것이라고는 하나도 없으며, 사소해 보이는 행동에도 책임이 따르게 마련이다. 생명은 숭고한 목적을 위해 지급받은 것으로, 신에게서 비롯된 산물이므로 경우를 막론하고 생명을 마음대로 처분할 수 없다. 아래 인용한 시는 이생에서 누릴 수 있는 특권을 암시한다. 이것이 시인의 탁견이 아니고 무엇이랴.

> 식민지를 손에 넣을 폭군이 누구며
> 땅덩어리가 제 소유라 주장할 이 누구인가?
> 진토가 되어 묻힐 곳이 아니라면
> ─조지 고든 바이런George Gordon Byron[12]─

인생은 고생길이다. 큰 불행이 인간을 낳았고, 인생을 한 걸음 내디딜 때마다 실망할 일이 가득하다. 물거품이 되고만 기대와 통증을 느끼는 몸이 인생의 대부분을 차지한다. 그러나 욥처럼 크나큰 불행에 휩싸인 사람은 여태 없었다. '비운의 사나이'라 불리던 욥이 참담한 불행에 속절없이 엎드렸을 때 아내는 자살을 권했다.

"하느님을 욕하고 죽으라!"

그러자 그는 "우리가 하느님께 복을 받았은즉, 화도 받지 아니하겠느냐?"(욥기 2:9~10)라고 답했다고 한다.

---

12) 영국의 시인(1788~1824). 대표적인 낭만파 시인으로 특유의 반항적이고 풍자적인 시로 전 유럽을 풍미하였다. 이후 그리스 독립 전쟁에 지원하였으나 말라리아에 감염되어 객사하였다. 대표작으로 《차일드 해럴드의 편력》, 《돈 주안》 등이 있다. ─편집자주

고통이 아무리 극심하더라도 자살을 정당화할 수는 없다. 스탈 부인은 웅변조로 이 같이 역설했다.

공생애가 막을 내릴 무렵, 예수 그리스도는 불행을 피하기 위해 목숨을 버릴 권리를 주장하는 사람에게 반증을 들려주려는 듯 보였다. 인류를 위해 죽음까지 불사하려 했던 예수에게도 고통에 대한 두려움이 엄습했다. 감람산에서 오랫동안 천부께 기도할 때 용모에는 이미 죽음의 그림자가 드리워졌다. '아버지여, 아버지께서는 모든 것이 가능하오니 이 잔을 내게서 옮기시옵소서.'(마가복음 14:36) 그는 절규했다. 눈물 어린 이 기도가 세 차례 울려 퍼졌다. 인간이 느끼는 비애가 신의 생각을 넘어서자, 예수도 우리처럼 폭력이 두려워졌을 테고, 우리처럼 사랑하고 아끼던 어머니와 제자에 대해 애석한 마음이 들었을 테고, 우리처럼 이 땅에 마음을 두고 천부를 끊임없이 사모했을 것이다. 그러나 운명의 잔을 뿌리칠 수 없다는 사실에 그는 '오, 아버지여, 아버지의 원대로 하옵소서.'(마가복음 14:36)라며 오열하고는 원수의 손에 자신을 맡겼다. 인내하며 꿋꿋이 슬픔에 초연했고, 마땅히 그래야 한다는 것 외에 복음서에서 무엇을 더 찾을 수 있겠는가?

시인과 웅변가들은 '운명의 폭풍에 분투하는' 예수의 성정을 앞다퉈 찬미해 왔다. 두말할 나위 없이, 역경은 인간의 성정을 단련하고 품격을 높인다. 인간의 정신은 고통 속에서 성숙한다.

엄두가 나질 않을 만큼 끔찍한 번민도 도덕성을 쇄신하는 계기가 될 것이다. 사람 또한 금과 은처럼 '용광로'를 나오면 불순물이 제거되어 순수한 청춘으로서의 삶이 다시 시작되고 마음이 한결 즐거워진다.

자살은 이웃과 사회에 상처가 된다. 인간은 아무리 큰 불행이 닥쳐도 삶에서 이웃의 행복을 위해 최선을 다해야 한다. 이웃의 갈등을 해소하면 자신의 갈등도 누그러지게 마련이니까. 주변에 삶이 힘들다고 하소연하는 사람이 있다면 3차 신경병증[13]을 앓고 있는 환자와의 만남을 주선해 보라. 자신보다 고생하는 사람이 있다는 사실을 확실히 깨달을 것이다.

용기 있는 선택

자살을 용감한 행동이라고 변호하는 사람도 있다. 용기라…, 과연 그럴까? 세파가 모질다고 해서 이를 벗어나려고 스스로 목숨을 끊는 것은 비겁한 행동일 뿐이다. 정말 용감한 사람은 자신이 옳다는 소신이 있으면 세상의 여론과 야유에 저항하고, 불행에 무릎을 꿇지 않으며, 이를 극복할 수 있음을 보여 주기 위해

---

13) tic douloureux, 얼굴의 감각 이상과 함께 씹기 근육의 근력 약화 등의 증상이 나타나는 질환을 일컫는다. ─옮긴이주

사서라도 고생을 감내할 것이다.

로마의 역사가 퀸투스 쿠르티우스 루푸스Quintus Curtius Rufus는 모든 희망이 사라졌을 때 다리우스가 했던 말로 자신의 입장을 드러냈다. 페르시아의 다리우스 왕은 신하에게 이렇게 소리쳤다.

운명의 결정을 기다리겠노라. 짐이 자결하지 않는다고 노심초사할지도 모르겠다. 그러나 짐은 내가 아닌 남이 저지른 죄로써 죽음을 맞겠노라.

스파르타의 클레오메네스 왕도 운명이 벼랑 끝으로 치달았지만, 장엄하게 소신을 지켰다. 가까운 이가 자살을 종용하자, 그는 이렇게 답했다고 한다.

언제든 쉽게 죽는 길이 용감해 보이겠지만, 자네와 나보다 더 위대한 장수들은 운명의 탄압과 대중의 야유를 감내해 왔네. 고통에 굴복하고 여론과 비난에 무릎을 꿇는다면 사내답지 못한 겁쟁이로 전락할 걸세. 자결은 자신만을 위해 죽는다는 것을 보여 줄뿐, 어떠한 위안도 될 수 없네. 자네가 죽음을 종용하는 것은 현실의 불행에서 도피하자는 것일 뿐이지, 어떠한 유익과 결단도 보이지 않는군.

에우리피데스는 헤라클레스의 입을 빌려 다음과 같이 역설했다.

　이런다고 해서 불행이 날 가만두지 않겠으나, 심사숙고하여 결단했노라. 누구도 두려움 때문에 삶을 포기해서는 안 된다. 악에 저항할 수 없는 자는 원수의 화살에 겁쟁이처럼 도망칠 뿐이다.

　나폴레옹Napoléon Bonaparte은 자신이 정치적 몰락을 극복하지 못하고 자결할 것이라는 여론을 듣고는 조용히 입을 열었다.
　"아니오, 그렇지 않소. 스스럼없이 목숨을 끊을 만한 로마인의 정신이 내게는 부족하오."
　그는 자살이라는 주제를 독창적으로 풀이하며 이 같은 소신을 밝혔다.

　자살은 몸서리가 쳐질 만한 범죄요. 아무리 생각해도 이를 정당화할 근거는 없소이다. 자살은 겁쟁이나 느낄 만한 두려움에서 비롯되었소. 운명의 찌푸린 눈살에 덜덜 떠는 사람에게 무슨 용기가 있다고 말할 수 있겠소? 진정한 영웅은 세상의 풍파를 이길 수 있어야 하오. 어떤 전장으로 몰리더라도 말이오.

　"불행에 굴복하지 말고 그럴수록 과감히 맞서시오Tu ne cede malis, sed contra audentior ito."

나폴레옹이 이어서 했을 법한 말이다. 그는 다른 때도 자살을 두고 이렇게 이야기했다고 한다.

"마리우스Gaius Marius[14]가 민투르나이Mintúrnæ 늪에서 자살했다면 7선 집정관이 되지 못했을 거요."

세인트헬레나Saint Helena 섬[15]에 머문 후에도 이러한 생각에 변함이 없었다.

영어를 부지런히 배워 놔서 이제 신문 정도는 술술 읽소. 신문이 오락거리로 손색이 없다는 점은 인정하지만, 일관성이 없을 때도 있고 막말을 일삼을 때도 있다오. 어떤 신문에서는 나를 '리어왕'으로 부르고, 어떤 신문에서는 '폭군'으로, 어떤 신문에서는 '괴물'이라고 하는데, 어떤 신문을 보면 나를 '겁쟁이'라고 업신여기더이다(그럴 줄은 정말 몰랐소). 자세히 읽어 보면, 위험한 전장이나 적을 피해 도망쳤다거나 운명의 위협에 두려워했다는 평은 없고, 전장에서 정신을 잃었다거나, 마주친 적을 두려워했다는 글도 없더이다. 아무래도 용기가 필요했던 모양이오. 극약을 먹지도 않고, 바다에 뛰어들지도 않고, 투신하여 머리가 깨지지도 않았으니까 말이오. 편집자가 크게 오해한 것은 나에게 그럴 만한 용기가 있다

---

14) 고대 로마의 장군이자 정치가(B.C.157?~B.C.86)로 유구르타 전쟁 등에서 공을 세워 일곱 번에 걸쳐 집정관을 지냈다.—옮긴이주

15) 남대서양, 아프리카 대륙의 먼바다에 있는 영국령 섬으로 나폴레옹의 유배지였다.—옮긴이주

고 본 것이오.

이러한 논거를 토대로, 우리는 자살이 (어구의 의미가 무엇이든) 성서에서 규정한 범죄라는 점을 알게 되었다. 또한, 창조주, 인간, 그리고 사회가 자살을 규탄하기에 아무리 세인이 자신에게 야유와 조소를 퍼부어도 살아가야 함을 알았다. 한편, 존 드라이든 John Dryden[16]는 우화에서 자살자의 말로를 그렸는데, 섬뜩하기 짝이 없다!

> 내세에서는 스스로 목숨을 끊은 사람도 보였다
> 엉킨 피가 머리카락에 덕지덕지 붙어 있었다
> 눈은 반쯤 감고 입은 쩍 벌린 채 누워
> 엄숙한 표정으로 암울한 영혼을 입 밖으로 내보냈다

---

16) 영국의 시인, 극작가, 비평가(1631~1700)로서 풍자시와 교훈시를 주로 지었다. 대표작으로 《압살롬과 아히도벨》이 있다. ―옮긴이주

정신의 역습

인생이라는 여정에서 감정은 정신이라는 배의 돛에 바람을 가득 실어주는 돌풍과 같다. 감정은 정신의 진로에 방해가 되기도 하고, 가속도를 붙여 주기도 한다. 또한 정신을 순항하게 하기도 하고, 위험에 빠뜨리기도 한다. 감정이 한 방향으로 꾸준히 부느냐, 풍향이 바뀌느냐, 아니면 폭풍으로 발전하느냐에 따라 결과는 달라질 것이다. 감정은 배에서 바람과 같이 매우 중요하다. 감정이 없으면 앞으로 나아갈 수 없고, 감정이 한번 발동하면 정신이 부서지거나 길을 잃을 수 있다. 감정은 절제하면 행복의 원천이 되지만, 날뛰게 내버려 두면 인생의 암초에 부딪치거나 유사流沙에 휩쓸려 스스로를 파멸시킬지도 모른다.

상서로운 땅에서 태어나 순풍에 돛을 달고,

희망이 가득 찬 약속의 항구로 가는 자가 참으로 적도다!

−에드워드 영Edward Young[17]−

한편, 제임스 존슨James Johnson 박사의 말도 일리가 있다.

정치, 종교, 오락, 문학, 그리고 미술에 대한 관심이 늘어나면서 주변 세상과의 관계가 여느 국가보다 훨씬 복잡해졌습니다. 인구 급증에 대한 일시적인 우려가 사회에 장기적으로 파장을 일으키고, 영적인 사건이 수많은 사람의 뇌리에 근심을 심어 주었습니다. 투기 위험이 각계각층에 도사리고 있는 이 나라에서 물리적인 병원체는 대수롭지 않게 보일 것입니다. 워낙 정신적인 우려와 혼란이 심각하니까요.

호라티우스는 행복한 사람을 가리켜 '건강한 육체에 깃든 건전한 정신Mens conscia recti in corpore sano'이라고 말했는데, 이는 모르는 사람이 없을 정도로 꽤 유명한 격언이 되었다. 로마의 시인이자 철학자인 루크레티우스Titus Lucretius Carus가 쓴 다음의 시에서 루크레티우스 또한 육체와 정신이 인간의 행복을 좌우한다고 주장했음을 알 수 있다.

---

17) 영국의 시인(1683~1765). 대표작으로 《밤의 상념》이 있다. −편집자주

오, 비참한 인생이여! 사악하고 눈먼 족속이여!

두렵고 암울하고 위험하기 짝이 없는 모험은 이생에서 통과했
도다!

하지만 그대는 모르는가?

지금껏 겪은 고초 중, 대자연은

질병에서 해방된 '육신'과

걱정 없이 평안한 '정신' 말고는 아무것도 바라지 않음을

정신의학에 주목해야 하는 이유

과학도 인간과 마찬가지로 실타래처럼 촘촘히 연결되어 서로
의존하지 않을 수 없다. 명확하게 드러나지 않을지라도 연결고
리의 실체는 분명하다. 의학과 정신과학은 의외로 관계가 깊은
편이지만, 《추문패거리the School for Scandal》를 쓴 리처드 셰리든
Richard Brinsley Sheridan의 말마따나 '남편과 아내는 한 몸이라지만,
좀처럼 행복한 모습을 보기 어려운' 형편이랄까. 영국의 의사이
자 시인이었던 새뮤얼 가트Samuel Garth는 이 같은 모양새를 빗대
어 다음과 같이 표현했다.

치유의 기술은 병고로 목을 매고, 한때의 과학은 생업이 되었다.

심리학이 추가된 의학은 안타깝게도 관심을 끌지 못했다. 마치 성지에 발을 들인 사람이 뒷걸음질 친 것 같다고나 할까. 심리학을 바라보는 편견은 너무도 심각해서 혹자에 따르면, 누군가에게 형이상학을 연구해 보라고 권하는 것은 정신병원에 가두겠다는 말을 완곡하게 표현한 것이란다!

그러나 어느 저명한 권위자는 유능한 의사가 되려면 형이상학에도 조예가 깊어야 한다고 충고한다. 컬렌W. Cullen 박사는 정신은 계몽하지 않은 채 혼란만 가중시키고 진실을 호도하는 철학을 권한 게 아니다. 사고의 원리를 적용할 뿐 아니라, 냉철하고도 정확한 관찰력을 키우는 데 있어 형이상학보다 효과적인 학문은 딱히 떠오르지 않는다. 마음의 과학을 바르게 배우면 인지 구조의 법칙은 물론, 다양한 생각과 감정을 깨달을 수 있다. 이를테면, 생각과 감정이 서로 영향을 주고받는 경위를 비롯하여, 개발되거나 억제되는 방식을 알게 된다는 것이다. 아울러 추론을 통해 마음의 오류를 유도하는 근원을 파악하게 될 것이다.

정신과학이 교육 분야로서 인간의 물리적인 힘과 동물적인 성향을 억제하여 개인과 사회에 이바지한다면, 이에 대한 평가가 달라지리라 확신한다. 학문의 효용성은 제쳐두고라도 정신 구조를 연구하는 사람에게는 환희의 세상이 열릴 것이다!

관대하고 친절한 자연은

길들어진 문화와 신선한 자유로써

반짝이는 진리의 열매를 맺을 것이다

　　　-윌리엄 쿠퍼William Cowper[18] -

　정서가 신체에 끼치는 영향력이 얼마나 대단한지, 즉 자칫 심각한 병을 일으켜 자살을 부추길 수도 있다는 점을 생각해 보라. 생명을 구해야 할 사람이라면 정신 학문을 진지하게 연구해야 하지 않겠는가! 인간의 인지구조와 그 본질을 누구도 알 수 없다 해서 정신과학을 연구할 필요가 없어지는 것은 아니다. 우리가 인지하는 실험 대상조차 본질을 알 수 없을 때도 있지만, 그렇다고 해서 그것을 연구하지 말라는 법이 없지 않은가. 따라서 감정을 체질의 일부로 규정하여 의학적 관점에 연구해야 한다. 음식과 신체의 관계처럼 감정 또한 머리를 자극하거나 우울증을 일으키기도 한다. 선천적으로 타고난 감정을 절제하면 인간에게 유익하지만, 감정의 정도가 지나치면 몸이 균형을 상실해 병이 생기게 마련이다.

　의학자라면 정신 상태와 특정 신체 기관의 상호작용을 추적하는 일이 가장 흥미로울 것이다. 두려움을 자극하면 심장박동

---

18) 영국의 시인(1731~1800), 대표작으로 《과제》가 있다.-편집자주

이 달라진다는 것은 오감으로도 알 수 있다. 심장 질환은 정신적 동요와는 별개로 두려움을 극도로 자극한다. 또한, 분노는 간장에 무리를 주고 황달을 일으키는데다 간장 질환도 유발할 수 있다. 그러니 얼마나 성가신 존재인가! 반면, 기대와 희망은 호흡기에 도움이 된다. 폐 질환 말기 환자가 낙천적으로 회복을 기대하고 나서 마침내 완쾌되었다는 사례가 얼마나 많은지 모른다!

감정은 독재자처럼 신체에 군림하므로, 자살이라는 범죄를 추적해 보면 감정이 원인인 경우가 비일비재하다. 물론 감정의 근원지인 뇌가 직간접적으로 영향을 받았는지 알아내기는 어렵다. 대개 분노의 근원은 대뇌에서 좀 떨어져 있지만, 신경계가 망가지면 신체도 타격을 입기 때문에, 자극을 일으킨 근본 원인을 제거하면 심각한 병이 발생하기도 한다. 정신적 요인이 자살 충동을 일으킨 경위를 여기서 설명하지 않겠지만, 어쨌든 두뇌를 비정상적으로 자극하면 자살로 이어진다는 데에는 이견이 없을 것이다. 자살을 유도하는 정신적 혼란 말고도, 선천적 혹은 후천적인 기질이나 인지력의 발육 이상으로 자살을 동경하는 환자도 있다.

감정이 신체에 영향을 준다는 입장은 국내외에서 발표한 자료를 봐도 알 수 있다. 아래는 1770년에서 1830년까지 런던에서 일어난 자살 사건의 자살 동기와 자살자 수를 조사한 것이다.

자살 동기	자살자 수(명)	
	남성	여성
빈곤	905	511
가정사	728	524
파산	322	283
음주 · 부정	287	208
도박	155	141
불명예 · 명예훼손	125	95
좌절된 포부	122	410
실연	97	157
시기 · 질투	94	53
상처 받은 자존감	53	53
가책	49	37
광신	16	1
염세주의	3	3
원인 불명	1381	377
합계	4337	2853

한편, 팔레트가 1794년에서 1823년까지 조사한 바에 따르면, 총 6782건의 자살 사건 중에서 254명이 실연으로 목숨을 끊었고, 이 중 157명이 여성인 것으로 드러났다. 92명은 질투로, 125명은 명예가 훼손되었다며 자살했고, 49명은 죽음으로써 정직을 입증했다. 또한, 122명은 포부가 좌절되어서, 322명은 파산을 당해서, 16명은 자긍심에 상처를 입어서 자살했다. 한편, 155명은 도박 후에, 288명은 범죄를 저지른 뒤에 가책을 느껴 목숨

을 포기했다. 가정사가 원인인 경우는 723명, 가난과 광신이 원인인 경우는 각각 905건과 16건으로 확인되었다.

필자는 취재를 위해, 지난 4~5년간 일어난 자살 사건의 실마리를 풀어 줄 만한 문건을 수소문했다. 개인별 동기는 밝힐 수 없었지만, 대부분 정신적 요인이 자살에 결정적인 변수로 작용했다는 정황이 포착되었다. 아니나 다를까, 필자의 소견은 수고를 아끼지 않고 이를 연구해 온 저명한 프랑스 의사의 견해와 크게 다르지 않았다.

가책의 덫

자살의 정신적 요인에 대해서는 먼저 감정과 성향이 신체에 미치는 영향력을 다루겠다. 이와 관련해 정신이상과 자살 충동의 변수가 될 만한 교육 수준, 종교, 건강치 못한 정신 상태를 조사했다.

연구 결과, 사람을 자살로 몰아가는 감정으로서 '가책' 만한 것이 없었다. 가책이 심한 사람에게서 희망을 찾는 것은 어렵다. 사는 게 두려울 것이고, 스스로 '신과 사람들에게서 버림받은 자'로 전락할 테니까. 그들은 이 같은 번민을 감당하기 힘들어 한사라도 빨리 고통에서 벗어나려 안간힘을 쓸 것이다. 즉, 그들에게 미래는 없었던 것이다.

복을 받을 수 있더라도 마다하련다
안식이 아닌 낙원은 원치 않노라

-조지 고든 바이런-

정신이상과 관련된 사건 중에서 가책의 경우는 가장 암울하고
한편으로 안타깝기 짝이 없다. 사례를 몇 개 들자면, 먼저 사이먼
브라운이라는 성직자가 자신을 위협하는 강도를 제지하는 과정
에서 사고가 일어난 적이 있었다. 브라운은 사고 이후 전능하신
하느님이 자신의 영혼을 빼앗아가는 망상에 사로잡혔다고 한다.
강도를 쓰러뜨리고 나서 무릎을 꿇어 보니 강도의 숨이 멎어 있
었던 것이다. 돌발 사태로 인해 신경계에 격한 파란이 일자, 그
는 또 다른 과실치사를 상상하며 괴로워했다. 결국, 브라운은 얼
토당토않은 망상 탓에 가장 끔찍한 처벌을 당해야 했다.

어느 젊은 아가씨는 외출하고픈 마음이 굴뚝같아, 집에 있으
라는 어머니의 부탁을 뿌리치고 집 밖으로 나갔다. 어머니는 딸
이 자리를 비운 사이에 숨을 거두고 말았다. 자신의 말을 듣지
않았다는 이유로 목숨을 끊은 어머니를 보자, 아가씨의 이성은
크게 흔들렸다. 사건 이후 그녀는 정신 질환을 감내하며 살아야
했다.

일설에 따르면, 프랑스의 샤를 9세는 혼자 있는 시간을 두려
워했다고 한다. 성바돌로매축일의 학살[19] 당시 지긋지긋하게 들

었던 비명과 신음이 귓전에 맴돌았기 때문이다.

헨리 보퍼트Henry Beaufort 추기경의 마지막 말은 섬뜩하기까지 하다. 글로스터 공을 암살한 기억이 뇌리에 남아 있던 터라 그의 최후는 더욱더 비참했다. 좌절감은 끝내 그를 놓아 주지 않은 듯했다. 추기경의 최후 발언은 하프스필드Harpsfield가 기록했다.

그럼 이제 죽어야 하나? 내 재물로 목숨을 건질 수 없을까? 왕국이 목숨을 구해 준다면 당장에라도 그걸 샀을 것이다. 뭣이라! 죽음에는 뇌물이 통하지 않는다고? 조카 베드퍼드 공작이 죽었을 때도 내 세상 같았는데, 글로스터 공마저 저세상으로 가고 나니 상상이지만 왕의 반열에까지 올라가지 않았겠나. 지금껏 교황관을 매수하려고 재산을 늘려 왔건만, 모두 물거품이 되고 말았다! 친구여, 나를 위해 기도해 주게. 영혼을 하느님께 맡길 것이니!

숨을 거두기 직전에는 저주받은 자가 고통을 감내하듯 쓰디쓴 표정을 지었다. 그러고는 두 팔을 들며 외쳤다.

"물러가라! 물러가! 왜 그런 눈으로 보느냐?"

그는 침상에서 무시무시한 환영을 보았을 것이다. 추기경의 최후는 불멸의 극작가인 윌리엄 셰익스피어William Shakespeare가 능

---

19) the massacre of St. Bartholomew, 가톨릭과 개신교(위그노)와의 종교 전쟁 당시, 프랑스에서 1572년 8월 가톨릭에 의해 일어난 위그노 대학살 사건을 일컫는다.―옮긴이주

숙한 필치로 묘사했다.

3장 추기경의 침실

헨리 왕, 솔즈베리, 워릭 등장

헨리 왕: 몸은 어떠하오? 보퍼트 추기경, 그대의 군주에게 말해 보시게.

추기경: 폐하가 죽음의 신이라면 저를 살려 주시고, 무병장수를 도와주신다면 섬을 살 만큼 넉넉한 보화를 드리겠습니다.

헨리 왕: 오! 부덕한 삶을 살았다는 증거인가. 임종이 이리도 비참할 줄이야.

워릭: 보퍼트 추기경, 폐하께서 말씀하십니다.

추기경: 나를 법정에 넘기고 싶으시다면 그래도 좋습니다. 그가 침상에서 죽지 않았다고요? 그럼 어디서 죽었겠습니까? 죽고 싶은 자리에서 죽이는 것이 제 권한이겠습니까? 오, 이제 그만 괴롭히십시오. 다시 살아났다고요? 그럼 행방을 일러 주십시오. 그를 찾아주시면 천 파운드를 드리겠습니다. 그는 티끌이 눈을 멀게 하여 보이는 것이 없습니다. 머리칼을 내리 빗는데, 저걸 좀 보십시오! 저걸요! 다시 똑바로 섰습니다. 끈끈이를 바른 나뭇가지가 날개 달린 제 영혼을 잡듯이 말입니다. 마실 것을 주시고, 약제사를 찾아 전에 샀던 극약을 제게 가져다 주십시오.

헨리 왕: 하늘을 움직이시는 영원하신 하느님. 너그러운 눈으로 이 불쌍한 사람을 보소서. 모질게 괴롭히는 악령을 거두어 주소서. 악령이 이 불쌍한 영혼을 강하게 에워싸고 있나이다. 그의 가슴에서 어두운 절망을 추방하소서.

워릭: 죽음의 고통에도 그가 웃고 있습니다!

솔즈베리: 가만두시오. 편히 가게 내버려 두시오.

헨리 왕: 하느님이 원하시면 그의 영혼에 평화가 깃들지어다. 추기경이여, 하늘의 복을 생각한다면 손을 들어 희망을 버리지 않았다는 것을 보여 주시오. 그가 아무런 희망도 없이 목숨을 거두었소. 오, 신이시여! 그를 용서하소서!

워릭: 처참한 죽음은 곧 부덕한 인생을 살았다는 증거이지요.

헨리 왕: 함부로 판단하지 말라. 죄인이 아닌 자가 없으니 눈을 감기고 커튼을 치시오. 함께 묵념합시다.

―셰익스피어의 희곡 《헨리 6세》 중에서―

기용M. N. Guillon이 들려준 사례도 기이하긴 마찬가지였다.

S훈작은 열일곱 차례나 출격하여 군대를 전승으로 이끈 주역이었지요. 하지만 언제부턴가 적의 환영이 밤낮을 가리지 않고 그를 괴롭히더니, 나중에는 열일곱 가정의 오열과 핀잔 외에는 들리는 것이 없더랍니다. 어떤 이는 아버지를 돌려달라 하고, 어떤 이는 아들을, 어떤 이는 형을, 또 어떤 이는 남편을 돌려달라며 아우성을 쳤지요. 결국 트랍 대수도원에서 은둔하기로 하였습니다. 그러

나 얼마 되지 않아 프랑스 혁명으로 수도원이 개방되었고, 훈작은 다시 속세로 돌아가게 됐지요. 양심의 가책을 더는 감당할 수 없었는지, 제 손으로 죽인 열일곱 명의 망령이 시도 때도 없이 눈앞에 아른거려서인지, 이유를 콕 짚어 낼 수 없지만 어쨌든 그는 끝내 자살하고 말았습니다. 훈작의 경우라면 정신이상이 가책의 결과이자 자살의 원인일 겁니다.

상상력에 죄책감이라는 합병증이 생기면 치료가 매우 어려워지죠. 상상과 양심은 한꺼번에 환자를 괴롭히는데, 이 때문에 병의 원인이 가책 탓인지 망상 탓인지 구분하기가 쉽지 않습니다. 종교, 도덕, 망상이라면 정신력으로 어떻게든 떨쳐 버릴 수 있지만, 의무감이 개입하면 망상은 지각에 딱 달라붙어 떨어지지 않을 겁니다. 그 사람이 혹시라도 망상이 사라지거나 없어지면 어쩌나 하며 겁을 낼 테니까요.

　－새뮤얼 존슨Samuel Johnson,[20] 《라셀라스The Full History of Rasselas, Prince of Abissina》 중에서－

양심의 가책에 따른 불면증을 절묘하게 노래한 시인도 있다.

깊은 잠에 빠졌을지라도

---

20) 영국의 시인이자 비평가(1709~1784)로 대저(大著) 《영국 시인전》 10권을 집필하였다. 대표작으로 《욕망의 공허》, 《라셀라스》 등이 있다. －편집자주

그대의 영혼은 잠을 이루지 못할지니

망령은 사그라질 줄 모르고

망상은 떨칠 수 없기 때문이다

미지의 힘은

홀로 내버려 두지 않으리라

그대는 수의에 감싸여

구름에 덮이고는

저주의 망령 안에

영원히 거하리라

-조지 고든 바이런-

남편과 함께 수년간 프랑스 병원에서 관리자로 일해 온 여성이 있었다. 그녀는 일한 지 '30년'이 되던 해에 병원을 나왔는데, 그때 그녀에게 내면의 소리가 들렸다고 한다. 즉각 경찰국장을 찾아가 병원에서 저질렀던 죄를 자백하라고 했다는 것이다. 이후 그녀에게 환자에게 줘야 할 음식을 따로 챙겼다는 혐의가 드러났지만, 국장은 그녀의 사정을 듣고 이를 눈감아 주기로 했다. 그녀는 집에 돌아온 후 한동안 실의에 빠져 있었다. 자신의 신세가 처량해 더는 살고 싶지 않았다고 한다. 게다가 법정도 처벌을 거부하자 마침내 그녀는 쉰하나에 세상을 떠나고 말았다.

위험한 사랑

인류에 가장 큰 영향력을 미치는 감정으로는 대다수가 사랑을 꼽는다. '사랑하거나 사랑받으면' 최고의 행복을 만끽하게 된다고 한다. 이처럼 사랑은 숭고한 감정이지만, 어느새 짝사랑이 정신에 독을 퍼뜨리고, '정욕'이 유행처럼 번져 격이 떨어지고 말았다.

괴테Johann Wolfgang von Goethe는 이렇게 말했다고 한다.

혈기가 왕성한 정욕은 뚜렷한 대상도 없이 무작정 마음에 담기기 때문에 밤중에 쏘아 올린 포탄에 빗대기도 한다. 찬란한 궤적을 그리며 솟아올라 하늘을 수놓은 별과도 어울리는 듯싶지만, 떨어지고 나면 자신뿐 아니라 주변마저 쑥대밭으로 만들어 버리는 것이다.

사회에서의 여성의 입지와 여성의 체질을 감안해 볼 때, 여성의 사랑에는 순수와 힘이 배어 있다. 사실이 그러하다. 여성의 인생은 애정의 역사라는 말도 있지 않던가. 여성의 '인자함'은 영혼, 맥박, 혈관에 고루 스며들어 있다.

오호, 통재라! 여자의 사랑은

애처롭지만 두려운 것이란다
주사위로 모든 것이 결정되므로
행여 지면 생명이 끊기고
과거의 조롱만이 남을 것이다
-조지 고든 바이런-

'실연의 상처'는 그저 시적 이미지가 아니다. 절망에 빠져 내장이 파열되었다는 이야기도 있으니 말이다. 애정에 상처를 입어 몸에 병이 생겼다는 사실이 선뜻 믿기지 않다면 공사립 정신병원을 둘러보라. 얼마 전까지만 해도 아름답고 행복했던 사람이 얻은 마음의 상흔을 보게 될 것이다. 상흔이 생긴 사연을 물어보면 진심 어린 사랑이 싹부터 잘린 일을 비롯하여, 열정적이지만 거친 사랑이 생기자마자 죽임을 당하고, 사랑의 희망이 모두 꺾이게 된 사정을 듣게 될 것이다. 비애는 조용하지만 침울하고, 절망은 암울하다.

"애를 긋는 가운데도 크게 웃노라."

이는 '현세에 자리 잡은 지옥'에 발을 디딜 때마다 아픈 마음을 두고 하는 말이다.

정신병동을 조사한 결과, 국내 여성이 겪는 정신이상의 원인 중 대다수는 짝사랑과 실연에서 비롯된 것으로 드러났다. 순수한 사랑이 변질된 사회니 어쩌면 당연한 결과일지도 모르겠다.

사랑을 거래하는가 하면, 가정의 행복보다는 지갑이 얼마나 두둑한지로 사람의 가치가 결정되다 보니, 마음보다는 지참금을 더 바란다. 지식보다 돈을 선호하고, 순수한 사랑은 세속적인 명예와 직함 앞에서 무용지물에 지나지 않는 것이다.

맘몬(재물 신)이 승전한 곳에서
세라핌(천사)은 절망할 것이다
–조지 고든 바이런–

이 같은 이유로 자살을 택하는 우울증 환자가 얼마나 많은지 모른다! 쓰디쓴 애통의 잔을 마시며 오래 사느니 한시라도 빨리 죽는 편이 낫다는 생각에 그럴 것이다. 가슴이 시커멓게 타고, 희망도 모두 사라지고, 고독과 우울감이 가슴 한복판에 자리 잡는다면 누군들 무덤이 주는 안식을 찾지 않겠는가! 이때 종교가 작용하지 않는다면 자살을 권하는 소리가 끊임없이 귓전을 맴돌 것이다.

목숨이 붙어 있어야 희망이 있는 법이다. 죽음은 한줄기 희망마저 송두리째 낚아챌 것이다. 우리를 지탱해 줄 유일한 버팀목이 사라졌으니 저택 같은 사람도 무너지지 않겠는가? 마음은 절망 속에서 산산이 부서질 것이다. 정신력이 약한 사람이나 그러리라 단정하는 것은 아직 현실을 모르는 것이다. 강한 정신력을 가진 사람도 사랑의 상처로 자살 충동이 생길 수 있다.

1770년, 프랑스 리옹에서 화제가 된 사건이 있었다. 사건의 발단은 외모도 빼어나고 교양도 갖춘 어느 젊은 신사가 한 아가씨를 좋아하게 되면서이다. 숙녀 또한 곱상한 외모에 교양도 출중했다. 서로의 사랑을 확인한 사내는 아가씨의 부모를 찾아가 결혼 의사를 정중히 밝혔다. 하지만 부모는 혼인을 반대했다. 신사는 가슴이 먹먹해졌다. 하루는 비통한 심정에 혈관을 끊었다가 병원에 실려 갔는데, 연인이 입원했다는 소식에 아가씨는 아무도 몰래 병원을 찾았다. 둘은 스스로 목숨을 끊자는 데 뜻을 모았다. 숙녀는 다음번 문병에 갈 때 권총과 단검을 두 개씩 챙겨 갔다. 권총으로 안 되면 칼로 심장을 찌를 작정이었다. 그녀는 방아쇠에 장밋빛 리본을 묶어 두었다. 두 연인은 마지막 포옹을 나누고는, 상대의 권총에 묶인 리본을 정해진 신호에 맞춰 동시에 당겼다. 결국 두 사람은 한시에 세상을 떠나고 말았다!

기이하다는 생각이 들 정도로 특이한 사례도 있다. 사교 모임에 첫발을 내디딘 어느 영국인 아가씨가 오페라를 보기 위해 친구들과 파리에 간 적이 있었다. 옆자리에는 어떤 점잖은 신사가 앉아 있었는데, 그녀가 마음에 들었는지 자꾸 눈길을 주었다고 한다. 기분이 불쾌해진 아가씨는 자리를 옮겼다. 공연이 끝나고 사내는 마차의 뒤를 밟아 그녀의 집까지 따라갔다. 그러고는 다른 곳에서 잠시 대화를 나누면 자신에 대한 편견이 사라질 거라고 말했다. 그럴듯한 제안에 그녀는 '데이트'를 허락했다. 이야기가 오가던 중, 신사는 그녀에게 혹시라도 부탁을 거절했다면 당신을 죽이고 자신도 목숨을 끊을 참이었다고 실토했다. 숙녀는 분통을 터뜨리며 다시는 얼씬도 하지 말라고 못을 박았다. 신사는 집에 돌아와 칼로 제 팔의 혈관을 끊었다. 그러고는 쪽지를 써서 피를 담은 컵과 함께 보냈다. 자신의 이야기를 들어주기 전까지 피가 멈추지 않을 거라는 내용의 쪽지를 받은 아가씨는 시종을 보냈는데, 그의 말마따나 조만간 과다 출혈로 죽을 것 같았다. 시종은 숙녀의 주문대로 팔에 붕대를 감아 사내를 살렸다. 사내는 아가씨가 자신의 뜻을 받아들인 줄 알고 다시 편지를 보냈지만, 그녀는 이를 냉정히 거절하며 편지도 그만 보내라고 말했다. 다시 절망에 빠진 사내는 이번에는 아주 목숨을 끊기로 결심했다. 권총을 장전하고는 숙녀의 집에 찾아가 문을 두드렸다. 그러고는 그녀가 나오자마자 자신의 머리를 겨눈 총의 방아쇠를 당겼다. 그 사건 이후 아가씨는 큰 충격을 받아 고열로 시름시름 앓았다. 정신은 이미 만신창이가 되었다. 이때부터 해괴한 증상이 나타나기 시작했다. 그녀에게 어디선가 자결하라는 목소리가 들린 것이다. 그녀는 이따금씩 "권총은 치워 버려! 목을 맬 생각도 없고, 독약도 먹지 않을 거야!"라며 소리를 질렀다. 여차하면 목숨을 끊을 성싶어 하인이 그녀를 주의 깊게 지켜보았다. 그러나 그녀는 하인이 잠시 자리를 비운 틈을 타 숨겨 둔 칼로 자신의 배를 찌르고 말았다. 그리고 몇 시간 만에 숨을 거두었다. 부탁을 들어줬다면 목숨을 살릴 수 있었다는 죄책감이 그녀를 죽음으로 내몬 것이다. 지인의 말에 따르면, 그녀는 그에 대한 마음이 눈곱만큼도 없었던 것 같다고 한다. 이러한 정황을 볼 때 그녀가 착란에 시달릴 법도 하다.

한편, 질투만큼 마음의 혼란을 부추기는 감정도 없다. 정신이상과 자살이 질투에서 비롯되는 경우가 더러 있는데, 셰익스피어의 《오셀로Othello》를 보면 머릿속에 출몰하는 '눈이 푸른 괴물'의 위력을 실감할 것이다. 베니스 무어인, 즉 오셀로를 통해 격정적인 사랑과 점차 타락하는 감정 사이의 섬뜩한 갈등을 파악할 수 있다. 이아고라는 악당이 벌인 수작에 놀아난 오셀로는 데스디모나의 정절을 의심하고, 의심은 결국 그를 광기로 몰아간다. 그러다 연인의 죄악을 확신하고부터 자신이 구렁텅이에 빠졌음을 깨닫고는, 결국 깊은 절망감에 사로잡힌다. 연인에 대한 신뢰가 산산이 부서졌을 때 느끼는 감정을 가슴이 뭉클할 만큼 애절한 언어로 쓴 작품이 또 있을까 싶다.

오, 이젠 마음의 평화도 깨졌고
가슴 뿌듯했던 우월감도 사라졌도다!
모자에 깃털을 장식한 군대도, 공명심에 불타게 하는 전쟁도
이젠 마지막이로다!

울부짖는 군마여, 드높은 나팔소리여, 가슴을 뛰게 하는 북소리여, 귀를 뚫을 듯한 피리 소리여, 저 장엄한 군기여.

명예로운 전쟁의 자랑도, 찬란함도, 장관도 모두 끝이다!

아, 파멸을 부르는 대포여!

무서운 포성은 불사불멸의 뇌신 주피터의 무시무시한 부르짖음을 흉내 내지만, 너와도 이제는 마지막이구나!

오셀로는 이미 먼지가 되고 말았다!

이처럼 정신적인 고통이 가중되면 마음이 심란해져 죽음만이 유일한 타개책이 된다. 오셀로는 늦게나마 데스디모나를 의심하여 끝내 가장 사랑하는 여인의 목숨을 빼앗았다는 것을 깨닫고는 단검으로 제 심장을 찔러 목숨을 끊었다. 물론 질투만이 오셀로가 자살을 선택한 유일한 이유는 아니다. 복잡한 감정이 얽혀 지각을 어지럽힌 게 원인이었다.

15년 전에 화제가 된 사건이 있었다. 어떤 여성이 남편의 학대에 시달렸는데, 오히려 아랫사람에게 질투를 느꼈다고 한다. 남편이 하인은 잘 챙겼기 때문이다. 전에도 남편이 저를 아무렇게나 대하면 하인을 죽이든 자기가 죽든, 일을 저지를 거라고 경고했는데, 이번에는 심기가 평소보다 훨씬 불쾌했는지 남편을 죽이겠다고 떠벌렸다. 남편은 아내가 정말 그럴지도 모른다는 생각에 세간이 전혀 없는 방에 그녀를 가두었다. 이에 몹시 흥분한 부인은 동네가 떠나가라 고래고래 소리를 질러 댔는데, 그래도 남편이 풀어 주지 않자 자살을 결심했다. 하지만 쓸 만한 수단이 없어 목숨을 끊기가 쉽지 않았다. 숨을 한참 막아도 보고, 손으로 목도 졸라 봤지만 아무런 소용이 없었다. 더는 할 수 있는 일이 없어 좌절할 때쯤, 창문이 눈에 띄었다. 그녀는 즉시 창을 깨고 유리 조각으로 목을 그었다. 그래도 소용이 없자 최후의 수단으로 유리를 집어삼켰다. 질식해서 죽으리라는 예상과 달리 막상 조각이 식도에 밀려 내려왔다. 신음을 들은 남편은 기겁하며 재빨리 문을 열었다. 의사가 달려와 온갖 수단을 다 써봤지만 끝내 그녀는 살아나지 못했다. 감정을 주체하지 못해 암울한 죽음을 맞은 것이다.

또한, 좌절이 자살을 부추기기도 한다. 가난과 기근은 물론, 행복하게 살리라는 희망이 꺾이고 남이 자신을 얕잡아 보면 자존심이 무너진다. 야심이 실망으로 돌아오거나 소중한 사람이 세상을 떠나면 어떤 이는 자살에서 위안을 찾게 된다.

좌절감에 기가 꺾이고, 희망마저 무너진 사람도 사정이 딱하긴 마찬가지다! 몇 해 전에는 절망에 빠져 속절없이 목숨을 포기한 정신 질환자를 본 적이 있다. 환청이나 착란에 시달리지는 않았지만 희망을 아주 잃어버린 탓에 정신이 이상해진 것이다. 잔혹한 운명의 손이 머릿속에 뭔가를 적어 놓은 듯싶었다. 마치 단테Alighieri Dante의 (작품 《신곡》에 등장하는) 지옥문에 새겨진 글귀처럼 말이다.

"여기에 들어오는 자, 모든 희망을 버릴지어다!"

어느 여성은 애당초 사랑이라고는 눈곱만큼도 없던 한량의 유혹에 넘어갔다가 그에게서 이별을 당했다. 이후 그녀는 과거를 벗어나지 못해 행복했던 지난날을 되새기며 하루하루를 보냈다. 하지만 세상이 경멸하고 지인과 친구마저 등을 돌리자, 형언할 수 없는 정신적 고통과 좌절감을 극복하지 못하고 자살을 택하고 말았단다.

유혹의 파도에서 자신을 지켜라

수많은 자살 사건을 살펴보면 지각이 오랫동안 왜곡된 탓에 목숨을 끊는 경우가 많다는 사실을 알 수 있다. 이때 (자살을 생각한) 사람은 말수가 적어지고, 시무룩해지고, 소심해지고, 의심이 많아진다. 게다가 미래가 불리하다는 생각에 좌절한 기색이 역력하다. 눈이 움푹 들어가는가 하면, 불면증과 악몽에 시달리는 경우도 있다. 장운동이 원활치 않고 간 기능도 떨어졌다면 자살 충동이 밀려올 것이다. 자신의 일기를 보면 그동안 생각해 봤지만 '부적격' 판정을 받은 자살 방법이 수두룩하게 적혀 있을지도 모른다. 일기를 보면 빤히 드러날 텐데, 절망이나 정신 질환에 대한 사실을 감추려는 사람을 보면 이상하기 짝이 없다. 자신이 제

정신이 아니라는 것을 아는 사람도 있고, 불행한 운명에 탄식하는 사람도 있는가 하면, 교묘한 자살 방법을 고집하는 사람도 있다. 어떤 사람은 도덕과 종교의 힘으로 자살 충동을 억제하기도 한다. 자살은 사람이 창조된 목적인 가정의 안녕과 화목에 위배된다는 점을 근거로 자신을 설득하는 것이다. 그러면 갈등이 불가피해진다. 이성과 종교가 우월하면 자살 계획은 무산될 테지만 (그러는 경우도 더러 있다) 그렇지 않으면 계획은 성공할 것이기 때문이다. 팔레트는 자살 충동을 느꼈지만 종교 교리 덕분에 목숨을 건진 어느 여성의 일화를 들려준 적이 있다. 그러나 결국에는 궤변으로 자살을 합리화했다고 한다.

"세상에 예외 없는 규정은 없지. 이번에는 내가 예외이니 교리에는 어긋나지 않을 거야."

한편, 자살을 염두에 두고 있다가 생각할수록 비참해질 것 같아 일찌감치 죽음의 품에 뛰어든 사람도 있고, 수년간 자살을 마음에 품는 사람도 있다. 루소는 고독감과 건강 문제를 덧붙이며 다음과 같이 하소연했다.

몸뚱이가 안식의 걸림돌이 되고 있으니 가급적 빨리 나를 지우련다.

권태도 자살 원인으로 자주 꼽힌다. 일설에 따르면, 어느 영국인은 옷을 갈아입는 것이 귀찮아 목을 맸다고 한다. 괴테가 알고 지냈다는 정원사 겸 유원지 감독관은 "동에서 서로 하염없이 흘러가는 구름을 언제까지 보고 있어야 할까?"라며 탄식했단다.

권태는 유명인사도 비껴가지 않았다. 전해 오는 말에 따르면, 어떤 이는 매년 오는 봄에 싫증을 느낀 탓에, 초목이 푸릇푸릇한 빛깔 대신 불그스름한 빛깔로 물들었으면 좋겠다고 했단다.

영국인이 권태로 삶을 포기하는 경우는 매우 드물다. 그 점에서 영국인이 프랑스인과 다르다. 영국인이 자살로 내몰리는 원인은 대부분 예기치 못한 불행이나 돌발적인 좌절감 때문이다. 즉, 갑작스런 불행과 좌절로 마음이 망가지고 나면 죽음의 품에서 안식을 얻게 된다는 뜻이다. 상공업이 크게 발달한 지역에서는 부자가 순식간에 거지가 되기도 한다. 이처럼 수년간 공든 탑이 돌연 먼지가 되고, 지인의 동정을 받고 이웃의 이야깃거리가 된다면 무슨 수를 써서라도 이 같은 처지에서 벗어나고 싶어 할 것이다.

어느 유력지가 실시한 조사에 따르면, 영국에서는 복권 추첨이 있은 후 그다음 주에 50명이나 사망하는 것으로 나타났다!

어설픈 교육도 주요 자살 원인으로 꼽힌다. 우리는 장식이 본질을 대신하고, 겉만 번지르르한 것이 확고하고 고결한 것의 자리를 꿰찬 시대를 살고 있다. 즉, 높은 식견과 고귀한 인품이 겉으로 보이는 업적과 아름다운 몸뚱이 앞에 무릎 꿇고, 건전한 정신보다 윤택한 생활양식이 추앙받고 있는 것이다. 유행은 이성과는 반대된 길을 가고 있다. 종교는 명예라는 수의 앞에 고개를 숙이고, 하느님보다 세상을 더 두려워해야 한다는 가르침이 버젓이 퍼지고 있기 때문이다. 하지만 반석이 모래인데 어떤 건물인들 그 위에서 버틸 수 있겠는가? 모래로 된 반석은 무게를 감당할 수 없을 테니 결국에는 악습과 과오가 거센 파도처럼 모든 걸 쓸어버릴 것이다. 마침내 인간의 존엄성과 인격은 고려할 일이 없어질 것이다. 또한, 화려한 몸뚱이가 건실한 판단력을 대신한 탓에, 사심 없는 미덕과 청렴과 애국심은 이제 관능에 혈안이 된 땅에서 설 자리가 없어질 것이다. 경박한 교육은 진지한 사유와 확고한 원칙을 없애고, 사치와 향락은 모든 세대에 걸쳐 인간의 정신을 망가뜨려 왔다. 카토의 말마따나, 머리와 가슴보다 미각이 더 발달한 사람에게서 '정'을 기대할 수는 없다. 행복을 찾기 위해 오감으로 느끼는 쾌감에 연연하는 사람은 그것이 바닥나면 허탈감을 피하기 위해 서슴지 않고 자신의 목숨을 끊을 것이다.

널리 퍼진 (잘못된) 지식과 아울러 변변치 않은 지각으로 교육을 받으려는 욕구가 되레 자살이라는 범죄를 부추겼다. 이러한 견해가 (교육을 부추기는) 사회적 통념과 대립될지도 모르겠다. 그러나 정신이상이라는 자살 변인의 빈도가 문명과 개화에 비례한다는 점은 명백한 사실이다.

브라운은 이 같이 주장했다.

문맹률이 상당히 높고, 교육열이 매우 저조한 피네스트레Finéstre
에서는 글을 읽고 쓸 줄 아는 사람이 주민 100명당 12명에 불과
한데, 자살하는 사람은 2만5000명 중 한 명뿐이다. 반면, 파리는
과학과 문학이 찬란하게 발전했지만 자살이 기승을 부리고 있다.
100명 중 12명만이 글을 읽고 쓸 수 있는 코레즈Coréze에서는 자살
률이 4만7000분의 1이고, 루아르Loire는 16만3000분의 1로 조사되
었다. 그러나 우아즈 강과 센 강 이남은 교육 및 발전 수준이 높으
나, 자살자 수는 5000에서 9000명 중 한 명꼴이라고 한다. 한편,
프랑스 북부는 가톨릭 신앙이 거의 없어져 자살과 범죄가 난무한
반면, 루아르 남부는 가톨릭 문화가 여전히 뿌리 내리고 있어 자
살이나 범죄 같은 사회적 폐단이 비교적 드문 편이다. 이는 가톨
릭 정신이 겉모습과 상황을 떠나 어느 곳이든 평화와 만족을 가져
다준다는 증거다.

개인적으로, 근래에 들어 이단 사상이 퍼뜨린 혐오스런 신조
또한 이 나라에서 자살을 증가시키는 원인으로 보인다. 그들은 '
사회주의자Socialists'를 표방하지만, 그렇다기보다는 인간의 도리와
기독교 정신을 무너뜨리고 사회의 근간을 와해시키고 있다고 봐
야 한다. 이단 사상이 주입되어 신의 존재를 부정하고, 조직의 지
배라는 미명하에 개인의 책임은 전혀 없다고 주장한다면 자신이

자초한 불행도 자살로 끝내는 게 타당하다고 볼 것이 분명하다. 이러한 교리는 사회적 병폐를 초래하므로, 크리스천뿐 아니라 조국의 평화를 바라는 사람이라면 누구나 이를 배척해야 할 것이다.

자살, 모방인가 전염인가?

    자살 현상의 가장 기묘한 특징은 (그동안 목격해 온 바와 같이) 모방이라는 선천적 본능이 왜곡된 탓에 생명을 단념하려는 성향이 마치 유행병처럼 퍼졌다는 것이다. 자살뿐 아니라 타살에도 들어맞는 이야기다. 프랑스 혁명 당시의 만행 또한 어느 정도 모방에서 비롯되었다고 볼 수 있으니 말이다. 이성이 아니라 충동에 빠진 채 감정에 휘둘리는 사람은 으레 이러한 원인으로 삶을 끝내기 쉽다. 인간은 모방하는 동물이므로 모방이 행동을 좌우하는 경우가 비일비재한 것이다. 티소Tissot가 들려준 일화에 따르면, 어느 젊은 아가씨는 모방하려는 성향이 너무 강한 탓에 남의 일거수일투족을 보는 족족 따라했다고 한다. 의사 겸 철학자인 카바니스P. J. G. Cabanis가 소개한 사례에서도 어떤 남성이 정신 질환으로 모방성이 두드러졌는데, 이 같은 충동을 막자 금단증상에 시달린 것으로 나타났다. 또한 병원에 입원한 한 여성 환자가 간질이 발작한 뒤로, 같은 병동에서 간질 환자가 나온 적도 있다고 한다. 어느 아이는 대도시에 있는 병원에 입원했다가 갑작스레 경기가 났는데, 그전에 세 명의 소아환자에게서 이와 유사한 증상이 있었다고 한다. 세간의 화제가 되는 대형 범죄가 일어나면, 같은 지역에서 모방 범죄가 속출하는 경우도 더러 있다. 얼마 전에는 파리에서 살인죄로 기소당한 범죄자가 사형을 받았는데, 그로부터 몇 주 후에 또 다른 살인자가 나타났다. 피의자에게 살인한 이유를 묻자, (피해자에게) 원한이 있어서가 아니라, 사형수가 죽임을 당하는 장면을 본 뒤로 같은 범죄를 저지르고픈 욕구가 솟구쳤다고 밝혔다.

모방하는 동물들의 은밀한 유행병

이번에 소개할 자살 사건 또한 여기서 실마리를 찾을 수 있다. 찰스 벨Charles Bell[21] 경의 저서 《외과교본Institutes of Surgery》에 나온 일화에 따르면, 찰스 경의 전임자로 미들섹스 병원에 재직했던

---

21) 영국의 외과의사(1774~1842). 척수 신경의 앞뿌리는 운동 기능을, 뒤뿌리는 감각 기능을 맡고 있다는 '벨의 법칙'을 발견하였다. ─편집자주

어느 외과의가 한번은 병원 근처 이발소에 간 적이 있었다고 한다. 이발사가 뺨에 면도기를 대자, 외과의는 전날 입원한 환자 이야기를 꺼냈다. 그 환자는 목을 그어 자살을 시도했지만 죽지는 않은 상태였다.

"하마터면 세상을 하직할 뻔했죠."

의사는 농담조로 말을 이었다.

"목동맥의 위치를 알았더라면 아마 저세상에 갔을 겁니다. 다행히 엉뚱한 곳을 그어서 살았습니다."

그러자 이발사가 조용히 물었다.

"그럼 어디를 그어야 죽습니까?"

의사는 그의 마음을 전혀 눈치채지 못하고 목의 구조를 일러주었다. 큼지막한 혈관이 이어지는 위치를 정확히 짚어 주며 쉽게 베일 수 있다는 설명도 친절히 덧붙였다. 이런저런 대화가 오간 뒤, 이발사는 잠시 볼일이 있다며 자리를 비웠다. 아니나 다를까, 올 때쯤 되었는데도 돌아오지 않아 밖에 나가보니, 이발사가 자신의 집 뒤편 뜰에서 목이 거의 절단된 채 죽어 있었단다!

더 괴상하고 기묘한 사례도 있다. 어느 이발사는 동생이 총으로 자신의 머리를 쏘아 죽었을 때 엄청난 정신적 고통을 느꼈다고 한다. 며칠 동안 휴가를 다녀오고 나서 마음을 다잡은 듯했지만, 이튿날 아침, 손님들이 면도를 하러 오자, 돌연 그들의 목을 긋고픈 충동을 느꼈다고 한다. 그는 살인 욕구를 참느라 안간힘을 썼다. 낮에는 그럭저럭 충동에 저항할 수 있었다. 그럼에도 면도칼을 목에 댈 때마다 "죽여! 죽이라고!"라는 환청이 들렸다. 해가 질 무렵, 한 노신사가 찾아왔는데, 이발사는 면도를 마칠 무렵 다시금 살인 충동이 솟구쳤다. 이를 억누른다고 애를 썼지만 그는 결국 노신사의 목에 상처를 내고 말았다. 다행히 치명상은 아니었다.

한편, 독일의 의학자 갈F. J. Gall 박사는 살인을 저지를 뻔한 남성에 얽힌 사연을 들려주었다. 그 남자 또한 잔혹한 충동에 사로잡혀 살인자에 관한 기사를 읽다가 자신도 모르게 하인을 죽이고 싶었다고 한다. 남자가 적절할 때 도망가라고 경고하지 않았다면 하인은 정말 죽었을지도 모른다.

몇 해 전, 어느 남자가 앵발리드Hôtel des Invalides[22] 복도 입구에서 목을 매 자살한 일이 있었다. 2년 전 궁이 완공된 이후로 자살자가 없었지만, 이 사건 이후 2주 동안 다섯 명이 같은 빗장에 목을 매 스스로 목숨을 끊었다고 한다. 결국 주지사는 통로를 폐쇄해야 했다.

시드넘Sydenham에 따르면, 영국 잉글랜드의 맨스필드Mansfield에서는 어느 6월에 원인 모를 자살 사건 수가 상당히 늘었다고 한

---

22) 루이 14세가 1670년대에 세운 전쟁 부상병과 노병을 위한 요양소. 나폴레옹 1세의 묘소로 유명하다. —편집자주

다. 조사에 따르면, 1806년에는 프랑스 루앙Rouen, 1811년에는 독일 슈투트가르트Stuttgart, 1813년에는 스위스 발레Valais와 생피에르 몽장St. Pierre Montjean 마을에서도 6월에 자살 사건 수가 늘은 것으로 나타났다. 자살이 가장 끔찍하게 유행한 해와 그 지역으로는 1793년 프랑스 베르사유Versailles를 꼽는데, 도시 전체 인구로 따져볼 때 그해 사망자는 1300명 중 한 명꼴이었다.

고대에서도 비슷한 사례가 있다. 밀레투스의 아낙네들은 남편과 연인의 부재로 우울증이 오면 서로 앞다퉈 목을 매기로 작정했고, 프톨레마이오스 시대에는 스토아철학자가 알렉산드리아 주민에게 자결의 미덕을 그럴싸하게 설파했다. 학파의 신조에 감명 받은 사람들 중 상당수가 스스로 목숨을 끊었다.

어느 날 명문 학교(지역은 밝히지 않겠다)의 교장이자 신부인 남자가 새로 전학 온 학생이 불미스런 짓을 저지르다 적발되었다고 지인에게 귀띔해 주었다. 그러자 지인은 "학생을 부모에게 보내면, 그 일에 대해선 함구해 줄게"라고 답했다. 지인의 사려 깊은 조언이었다. 그러나 교장은 자신의 능력과 회초리의 위력을 굳게 믿은 탓에, 아이를 불러 모아 잘못에 대한 설교를 장황하게 늘어놓고는 해당 학생에게 매를 들었다. 결국 범죄는 처벌보다 더 강력하다는 것이 입증이라도 된 듯, 악습이 유행처럼 번져 학교는 결국 해체되고 말았다.

죽음을 전염시키는 것들

이번에는 패리시I. Parrish 박사가 《미국 의학저널American Journal of
the Medical Sciences》에 기고한 일화를 소개할까 한다.

　하루는 같은 동네에 사는 J. S. 씨가 아이를 봐달라며 왕진을 부
탁했다. 하지만 오후 3시쯤 도착해서 환자의 방에 들어가 보니 아
이는 벌써 숨져 있었다. 이 열다섯 살배기 소녀는 7~8년간 가족이
아닌 남의 집에서 자랐는데, 이따금씩 속이 쓰리고 머리가 아팠지
만 건강에는 큰 문제가 없었다고 한다. 아이는 사춘기를 지나 의젓
한 아이가 되었고 가정 형편도 어렵지 않았다.

　사망일 아침, 평소처럼 집안일을 거들던 아이는 8시쯤 음식물
을 토했다. 사건을 추적해 보니 그날 아이가 죽기 전에 옆집에 사
는 꼬마 아가씨와 이야기를 나눈 사실이 확인되었다. 이때 아이는
신문에서 사업에 실패한 후 비소를 먹고 자살한 어느 남성의 사연
을 보고는, 동네 약국을 가리키며 그 남자가 이곳에 자주 갔다고
말했다고 한다.

　대화 내용을 살펴보니 아이가 자살했을지도 모른다는 의구심이
들었다. 몇 달 전에도 같은 집에 유숙하던 사람을 진료한 적이 있
었는데, 당시 그 사람이 수년간 정신 질환에 시달렸고, 프랭크포
드 정신병원에서 퇴원한 지 얼마 안 되었을 때는 자살할 작정으로
아편틴크laudanum[23]를 마셨기에 더욱 그러한 의구심이 든 것이다.

신문지에서 상세히 적힌 사건 개요를 읽으면 자살 정황이 아이의 뇌리에 깊이 각인된다. 그러면 아이의 머릿속에서는 (정신이 혼란스러울수록) 그 행동을 모방하려는 충동이 일어나게 마련이다. 일부 사례에서 보이는 바와 같이, 자살에 대한 인식과 이를 자행하고픈 욕구가 서로 맞물리면 속절없이 자살 충동에 몸을 맡기게 된다.

이번 사건은 인간의 본성에 손을 들어주는 강력한 증거가 될 것이다. 여기서 본성이란, 신문을 비롯한 여러 매체를 통해 공개된 자살 사건이 자살 충동을 감추고 있던 사람들에게는 자살을 자행하는 자극제가 된다는 점을 두고 하는 말이다.

만일 이것이 사실이라면, 의사는 여론뿐 아니라, 특히 언론에 영향력을 행사하여 비운의 죽음이 지나칠 정도로 공개되지 않도록 손써야 할 것이다. 유가족의 가슴에 묻어야 할 사실을 공개해서 좋을 것은 없다. 그러나 너도나도 자살 사건의 경위를 들추고 있으니 매년 자살 건수가 지나치게 늘어나는 게 아니겠는가.

지금까지 관찰한 바에 따르면, 특정한 대기 현상이 자살 사건의 원인이 되기도 한다. 그러나 대기의 상태가 전염성을 띤 질환, 즉 자살과 관련 있는지는 판단하기 쉽지 않다.

대기의 습도가 자살 충동을 부추기는 듯싶지만, 이는 어디까지나 습도가 높은 대기가 (세간에 화제가 될 만한 자살 사건이 벌어진 후) 두

---

23) 아편으로 만든 약물. ―옮긴이주

뇌에 영향을 주어 권태와 절망을 부추긴 것이다. 알다시피, 유전적으로 자살 성향이 있어 자살이라는 광기가 연신 마음에 되새겨진다면, (기간이 얼마가 되었든, 자살에 마음을 쏟는) 그 어떤 것보다 정신을 교란시키는 요인은 없을 것이다. 이 같은 원인으로 정신이 이상해진 게 아니라면 일탈 행동은 얼마든 직감할 수 있다. 그러나 '전염성 자살'에 대해 밝혀진 바로는, '자살병'에 감염되었다고 해서 반드시 자살이 일어난다고 볼 수 없다. 물론 그 역이 참이라는 법도 없다. 설령 자살 성향과 정신이상이 전염될 수 있다 하더라도, 자살병은 심각하게 도지는 빈도가 매우 낮은데다, 수많은 전염병과 달리 전염병 환자와 대면할 때 크게 겁내지 않아도 되니 다행이 아닐까 싶다.

Part
2

자
살
의

징
후

삶이 위태로울 때

사람이 스스로 목숨을 끊는 동기는 참으로 기묘하고, 특이하고, 형용하기 어렵다! 죽을 듯한 통증에서 벗어나려고 죽음의 팔을 부여잡으려는 사람도 많다. 그럼 한 가지만 묻겠다.

"죽음을 피하려고 죽음을 택하는 것이 정상일까?hic, rogo, non furor est, ne moriare mori"

어떤 이는 죽음의 순간에 만끽하는, 형언할 수 없는 느낌을 확인하기 위해 자살이라는 범죄를 저지르기도 한다. 왠지 모르게 자살에 마음이 끌렸다는 사람은 자살만 생각하면 신비한 희열에 젖어든다고 고백했다.

황홀한 죽음

기록에 따르면, 자해로 극한의 쾌감을 느끼는 사람이 있다고 한다. 그 사람은 자주 교수형으로 삶을 끝내고 싶다고 말했다. 뉴게이트Newgate[1]에서 사형을 당하듯 목을 매면 짜릿한 쾌감을 느낄 거라고 생각한 것이다. 어느 날, 그는 직접 실험에 나섰다. 굵은 줄을 얻어다가 천정에 묶고는 거기에 목을 맸다. 다행히 얼마 지나지 않아 집사가 줄을 끊고 그를 내린 덕분에 생명에는 지장이 없었다. 그런데 그는 천정에 대롱대롱 매달려 있을 때 잠깐이나마 형언할 수 없는 짜릿한 희열을 느꼈다고 한다. 물론 제정신인 사람은 아니었다. 정신을 놓으면 자살 문턱을 넘을 게 뻔했다.

어느 대도시 병원에 입원한 한 여성은 뭐든 날카로운 물건을 손에 넣었다 하면 그것으로 주변 사람에게 상처를 냈다. 자살할 마음은 추호도 없었다. 그녀는 사건을 조사하는 과정에서 피를 볼 때마다 묘한 희열을 느꼈다고 털어놓았다.

어느 젊은 아가씨는 동인도행 여객선을 타고 가던 중에, 바다에 빠지면 기분이 어떨지 알고 싶다는 말을 입버릇처럼 했다고 한다. 오감이 짜릿할 거라는 믿음이 있었기 때문이다. 그녀

---

1) 1902년까지 런던 서문에 있었던 유명한 교도소. —옮긴이주

가 이야기를 꺼낼 때마다 승객들은 그냥 웃고 넘겼다. 저녁 식사 때도 입수 타령을 하던 그녀는 마침내 결심했다.

"내일 아침에는 한번 해보려고요."

위험한 고백은 되레 주위를 웃음바다로 만들었다. 이튿날 아침, 승객이 갑판에 올라와 있을 때 그녀는 바다에 몸을 던졌다. 다행히 배가 멈춰 서서 그녀는 구조되었다.

파리에 거주하는 한 청년은 평소 기계에 관심이 많았는데, 어느 날 저녁에 방문을 잠그고는 가슴, 배, 팔다리, 허벅지 할 것 없이 자신의 온몸을 밧줄로 묶었다. 그러고는 밧줄 곳곳에 매듭을 짓고, 벽에 달린 고리에 그 끝을 걸어 두었다. 한참을 그렇게 매달려 있다가 갑자기 밧줄을 풀고픈 마음이 간절해졌다고 한다. 하지만 아무리 안간힘을 써도 소용이 없었다. 마침 이웃에 사는 몇몇 여성이 젊은이의 비명을 듣고 사람들에게 구조를 요청한 뒤, 문을 부수고 들어갔다. 그는 허공에 대롱대롱 매달린 채 한쪽 팔만 간신히 내놓고 있었다. 조사를 위해 경찰서에 즉각 소환된 그는 전에도 이와 비슷하게 자살을 기도했었다고 자백했다. 표현할 수 없는 극도의 쾌감을 느낀 게 그 이유였다. 처음에는 아팠지만 밧줄을 좀 더 단단히 조이자 희열을 느꼈다고 한다.

아래는 《반도의 추억Recollections of the Peninsula》에서 발췌한 글이다.

차가운 저녁 이슬이 야영지를 에워쌀 때, 참모장교와 전령은 속히 장군 막사에 들어갔다. 그들은 탈라베라데라레이나Talavera de la Reina에서 아군이 적군과 피터지게 싸웠다는 소식을 얼마 후에 들은 상태였다. 그 후 대전을 치른 전장과 숱한 사상자, 그리고 퇴각 조치를 둘러싼 소문이 얽히고설켰다. 장작불 주변에 모여 혈투에 대한 자초지종을 듣고, 추측도 해보고, 이야기도 나눠 봤던 게 확실히 기억난다. 그때 우리가 전장에 없었다는 것이 아쉬울 따름이다. 우리는 무자비한 살육을 거론할 때마다 왠지 모를 쾌감에 사로잡혔다. 그렇다! 이상하게 들릴지 모르지만, 군인은 물론이거니와, 군인이 아니더라도 위험천만한 전장이 화두가 오르면 왠지 모르게 희열을 느꼈다.

스코틀랜드의 애버딘Aberdeen에서 시계방을 운영하는 어느 남성은 로크나게어Lock-na-Gair의 벼랑을 훑어보고는 돌연 뛰어내리고픈 충동을 느꼈다. 결국 그는 조금씩 뒷걸음질하다 그 아래로 떨어지고 말았다.

어느 중년 신사는 아내와 함께 스위스를 여행하던 중, 경관이 훌륭한 고지에 이르렀다. 아내를 데리고 벼랑 끝자락까지 간 그는 부인에게 몸을 돌리며 이렇게 말했다.

"난 이제 살만큼 살았소!"

그러고는 순식간에 절벽 아래로 투신했다고 한다.

자살의 유혹이 밀려올 때

바이런은 생명의 은줄[2]을 끊기 어려울 거라고 생각하는 사람은 팔에 면도날을 댈 리 없다고 말했다. 아래 인용한 시구는 자살 충동을 일으키는 마력을 노래하고 있다.

고된 일을 마치고 빠져드는, 꿈꾸지 않는 잠을
우리는 몹시 바라고 있다
하지만 흙은 더 잠잠한 흙 앞에서 움츠러든다!
대가를 치를 자살은
분할이 아닌 일시에(채권자가 후회하는 구세대 상환방식이다)
가쁜 숨을 몰아쉬게 한다
삶이 역겨워서가 아니라 죽음이 두려워서

그의 주변과 근방과 여기저기에는
공포에서 자란 용기가 있으니
감히 절실하게 알고자 했던 것 중 최악의 것은
─ 산의 뒤편에서 인간의 발아래 있는 벼랑, 그리고 저편으로
절벽을 훑어보고, 따분한 바위에 난 깊은 구멍이 하품할 때 ─
그대는 한시도 눈을 뗄 수가 없다

---

2) silver cord, 서양인들은 산모의 몸에서 아기가 떨어질 때 탯줄을 끊듯, 영혼도 육체에서 분리되려면 은줄이 끊어져야 한다고 믿었다. ─옮긴이주

그리로 뛰어내리고픈 섬뜩한 생각을 하지 않고는

사실, 그럴 리는 없겠지만
– 공포에 안색이 변하고 충격을 받는다 –
발을 돌이켜도 예전에 느꼈던 감동을 되뇐다!
그러면 발견할 것이다
갖가지 생각에 거울에 비친 모습은 떨고 있지만,
자신의 자백이 사실이든 거짓이든,
숨겨진 마음은 미지의 세계로,
아무도 모르는 생각은 모든 두려움을 안고 뛰어내린다
– 하지만 어디로? 알 수 없지만 뛰어내리지 않든 –
뛰어내리든 하는 것이다

필자의 지인은 모예스라는 여성이 기념비Monument[3]에서 투신한 지 며칠이 지난 후에 그곳에 가고 싶어 했다는 친구의 이야기를 들려주었다. 그 친구는 가엾은 아가씨가 스스로 목숨을 끊은 곳에서 아래를 내려다보다 갑자기 현기증이 났다. 하지만 시간이 조금 지나자, 이루 말할 수 없는 쾌감과 뛰어내리고픈 충동을 느꼈다고 한다. 그는 황홀한 경지에 이르고픈 충동보다 다른 동기가 크게 작용한 덕분에 마음이 휘둘리지 않았지만, 한동

---

3) 1666년에 일어난 런던 대화재의 추모비. –옮긴이주

안 머리를 비우느라 애를 써야 했다. 어떤 사람이 기념비의 높이에 대해 질문하자, 생각할 게 있다는 이유로 현장을 부리나케 나왔다고 한다. 그는 잠시나마 뇌리를 스쳤던 생각이 다시 떠올라 몸서리를 쳤다.

이 사건은 자해 충동이 너무 강해 면도칼을 만질 수 없다는 남성과도 관계가 깊다. 그는 종교가 없는 것도 아니었고, 가족 관계도 매우 원만한데다, 결단력이 강한 사람이었다. 그럼에도 혼자 면도를 하게 되면 안전을 보장할 수 없다고 고백했다. 드문 사례는 아니지만, 이를 타당하게 설명하기 위해서는 출중한 두뇌가 필요하지 않을까 싶다. 설명이 어렵다면, 그 또한 충동의 결과가 될 뿐이다.

앤드랄Gabriel Andral[4] 교수는 이렇게 말했다.

평소에는 정신도 말짱하고 통증이나 치료에 동요하지도 않지만, 웬일인지 아무런 이유도 없이 돌연 자해나 자살을 시도하는 사람이 부지기수입니다. 낭떠러지에 다가가거나 고층건물에 오를 때 투신 충동을 느끼는 사람이 수백에 이르는데, 그들은 즉각 유혹을 뿌리치지 못하면 목숨을 부지할 수 없을 겁니다. 제가 아는 어떤 중년 신사는 면도를 하다가 목에 칼을 대고픈 충동을 세 번이나 느꼈는데, 간신히 이를 물리쳤다고 합니다. 물론 정신이 온전한 사람

---

4) 프랑스의 저명한 병리학자(1797~1876)로 파리대학교에서 교수직을 지냈다.―옮긴이주

은 그런 위험한 순간이 오래 이어지지 않습니다.

어느 선원은 돛대 꼭대기에 있으면 현기증이 날 정도로 높은 데도 불구하고, 종종 거기서 몸을 던지고 싶은 충동을 느꼈다고 한다. 다름 아닌 쾌감 때문에 말이다.

이러한 경우, 의학도는 어떻게 처신해야 할까? 정신이 남다른 사람에게 일일이 처방을 내리는 것은 결코 쉬운 일이 아니다. 혹시라도 이러한 성향을 가진 사람이 찾아온다면 일단 높은 곳에 가지 말라고 조언해 줘야 할 것이다.

혼란스런 마음이 불러온 것들

그동안 자살은 비상한 천재성과 감수성을 지닌 사람이어야
만 선택할 수 있다는 게 통설이었다. 이처럼 광기에 가까운 개
성은 알 시라트AI Sirat라는 좁은 다리에 비유되곤 했다. 알 시라
트는 마호메트의 추종자, 즉 이슬람교도가 지상에서 천국에 이
르기 위해 걷는 다리를 일컫는데, 폭이 너무 좁아 자칫하면 아
래에 있는 심연으로 떨어질 수 있다고 한다. 하여튼 그 같은 신
경계의 이상 증상은 신체에서 어느 정도 영향을 받지만, 실질적
으로는 불건전한 상상력에서 비롯된다.

감수성에 빠져들다

영국의 소설가 헨리 필딩Henry Fielding은 "애달픈 상황을 글로 묘사할라치면 어김없이 눈물이 났다"라고 밝혔다. 또, 메타스타시오Pietro Metastasio[5]는 《올림피아드》를 쓰다가 흐느낀 적이 있었다고 한다. 그는 "정신을 집중하면 중추신경이 흥분하고, 마치 술고래처럼 얼굴이 붉어져 더는 글을 쓸 수가 없었다"라고 토로했다. 알렉산더 포프Alexander Pope[6]는 자신이 옮긴 호메로스의 작품을 읽다가 어느 단락에서는 눈물을 흘리지 않을 수 없었다고 한다. 이탈리아의 극작가 알피에리Vittorio Conte Alfieri 또한 희곡에서 감수성을 자극하는 대목을 쓸 때면 "흥분을 감추지 못해 눈물이 난다"라고 했으며, 존 드라이든은 (이후 극찬을 받은) 송시를 지을 때 격렬한 전율을 느꼈다고 한다. 루소도 《예술에 관한 에세이Essay on the Arts》의 아이디어가 떠오르자 감격을 주체하지 못해 실신할 뻔했다.

프랑스의 작가이자 정치가인 롤랑 부인Madame Roland은 이탈리아의 시인 타소Torquato Tasso를 통해 텔레마코스를 처음 접했을

---

5) 이탈리아의 시인이자 극작가(1698~1782)로, 이탈리아 오페라가 태동하는 데 지대한 공헌을 하였다. 대표작으로 《버림받은 디도네》, 《우티카의 카토네》 등이 있다. -편집자주

6) 영국의 시인(1688~1744). 고전주의 시대의 대표적 시인으로 꼽힌다. 대표작으로는 《우인 열전》, 호메로스의 시를 번역한 《일리아스》, 《오디세이》 등이 있다. -편집자주

때 느꼈던 감상을 과감한 필치로 묘사했다.

호흡이 가빠지면서 얼굴이 뜨겁게 달아올랐다. 목소리가 너무 떨려 흥분되는 마음을 감출 수 없었다. 나는 텔레마코스에게는 에우카리스요, 탄크레드에게는 에르미니아였다.[7] 이렇게 완벽히 변신하는 동안 돌이켜 보니, 내가 누군가에게 의미 있는 존재라는 생각이 들지 않았다. 모두 나와는 인연이 없고, 내 주변에 있지도 않았다. 실은 나 자신이 그들이었던 것이다. 영원히 깰 수 없는 꿈만이 그들을 위해 존재할 뿐이었다.

한편, 이탈리아의 화가 라파엘로Raffaello Sanzio는 자신의 작품인 〈그리스도의 변용La Trasfigurazione〉을 가리키며 이렇게 말했다.

그림을 보고 서 있노라면 각 인물에게서 묻어나는 열정과 기운과 절대 흐트러지지 않는 집중력에 넋이 나가곤 한다. 그럴 때는 마치 흥분한 미치광이처럼 보일지도 모르겠다. 인물의 행동이 주마등처럼 눈앞을 스쳐갔기 때문이다.

프랑스의 작가 말브랑슈N. Malebranche는 데카르트René Descartes

---

7) 오디세우스와 페넬로페의 아들인 텔레마코스는 칼립소의 신녀 에우카리스와 사랑에 빠진다. 또한 탄크레드는 제1차 십자군원정에서 활약한 노르만인 용사로서 사라센 사람인 에르미니아라는 여인을 만나 사랑에 빠졌다. -편집자주

가 쓴 《인간론Treatise on Man》을 읽을 때 돌연 심장이 급격히 뛰었다고 한다.

뇌가 호기심이라는 기술을 가동시키면
스스로 괴로움을 당하고 생각이 이를 파괴한다.
지속적인 집중력은 두뇌를 소진시키고
사고력을 막아 머릿속이 텅 비게 된다.

어느 한 분야에 몰두하면 미치기 일보 직전까지 갈 때가 더러 있다. 비티J. Beattie 박사는 이렇게 말했다.

《진리에 관한 에세이Essay on Truth》가 4절판으로 인쇄된 탓에 처음부터 끝까지 훑어 보는 것은 '감히' 꿈꿀 수 없었다. 인쇄상 잘못된 곳이 있는지조차 확인할 수 없어 지인에게 이를 부탁했다. 그동안 이 책 때문에 신경이 예민해졌고, 내가 직접 쓴 책도 떨리는 마음으로 읽어야 했다. 혹독한 연구로 기나긴 밤을 지새우면, 종종 공포감이 엄습할 때가 종종 있었다.

한편, 뵈르하베Boerrhave는 어떤 문제에 무모하리만치 집중하여 6주간 눈을 감지 않았다고 한다.
이탈리아의 화가 스피넬로Spinello Aretino는 반역한 천사의 타락을 화폭에 담은 후, 무시무시한 루시퍼의 용모를 지나치게 상상한 나머지, 두려움에 시달리고 말았다. 천재성을 발휘하여 그린 악마가 되레 자신을 괴롭힌 셈이다. 스웨덴보리E. Swedenburg는 자신의 책에서 묘사한 새 예루살렘의 화려한 거리에서 현세의 천국을 보았다고 한다.

또한 말브랑슈는 자신 안에 있는 신의 음성을 들었고, 파스칼은 주변에서 이글거리는 화염에 놀라 자리를 뛰쳐나오는 모습이 주민들에게 종종 포착되기도 했다. 마르틴 루터Martin Luther는 옥고를 치를 때, 악마가 찾아오곤 했다고 주장했다.

휴디브라스[8] 또한 이렇게 말한 적이 있다.

"악마가 독일에 있는 마르틴 루터를 찾아오지 않았던가?"

마르틴 루터는 그동안 악마와 숱한 논쟁을 벌여 왔지만 말싸움에서 뒤진 적은 없다고 밝혔다. 언젠가는 악마가 너무나 약을 올려 그에게 잉크스탠드를 던졌다고 하는데, 독일 주석자들은 이런 행동에도 박수를 보냈다. 악마가 잉크를 가장 싫어한다고 믿어서다.

또, 데카르트는 오랫동안 옥살이를 한 이후로 남의 눈에는 보이지 않는 사내가 자신을 졸졸 따라다니며 진리를 좇으라 재촉했다고 말했다. 모차르트Wolfgang Amadeus Mozart는 신경이 아주

---

8) 새뮤얼 버틀러(Samuel Butler)가 지은 동명 풍자시의 주인공으로, 위선과 이기주의로 뭉친 완고한 보안관. —옮긴이주

예민한 탓에 음악에 대한 감수성이 탁월했다. 소싯적에는 트럼펫 소리만 들어도 안색이 창백해졌고, 경기가 날 뻔한 적도 종종 있었단다. 존 코널리John Conolly 박사가 들려준 프랑스의 설교가 루이스 부르달루Louis Bourdaloue에 얽힌 일화도 꽤 재미있다. 그는 자신이 준비해 온 설교에 깊은 감명을 받은 나머지, 흥분이 가라앉지 않으면 도저히 강단에 설 수 없을 것 같았다고 한다.

어느 날, 부르달루의 아파트를 찾은 교인들은 어안이 벙벙해졌다. 함께 성당에 가려는데, 뜬금없이 바이올린 연주 소리가 들려왔기 때문이다. 실망한 교인들은 호기심에 열쇠 구멍을 들여다보았다. 교인에게는 정말 가관이었을 것이다. 가운을 걸치고 손에 성경을 들고 있어야 할 사람이 바이올린 연주에 맞춰 춤을 추고 있었으니 말이다! 그들은 설교자가 제정신이 아니라고 단정했다. 문을 두드리자 연주가 멈췄고, 부르달루는 부랴부랴 매무시를 단정히 하고 그들을 차분히 맞았다. 교인 몇 명은 놀란 기색이 역력했다. 분위기를 감지한 부르달루는 음악을 들으며 몸을 움직이지 않으면 설교를 못할 것 같았다고 해명했다.

바이런의 불행

독자라면 바이런 경의 작품에 등장하는 인물에게서 정서적 불안과 감수성 장애를 파악할 수 있을 것이다. 일설에 따르면, 바이런은 쓰라린 고통을 겪으며 태어나 '혼란 속에서 자란' 수난의 아이였다고 한다. 차일드 해럴드[9]의 감성을 묘사한 대목에 시인의 정신 상태가 잘 반영되어 있다.

> 생각해 왔다
> 너무도 지루하고 암울하게
> 그래서 머릿속이 부글거리는 소용돌이 속에서 초조해졌다
> 망상과 화염이 소용돌이치는 심연은
> 어릴 적부터 배우지 않고도 터득한 탓에 이미 길들여져 있다
> 인생의 샘은 오염되고 말았다

바이런은 이따금씩 간질을 겪었다. 분노를 참지 못한 적이 많았던 것도 간질 때문일지 모른다. 바이런의 사례는 생각과 행동에 영향을 주는 환경을 감안하지 않고 남을 경솔히 평가하는 것을 지적할 만한 중요한 교훈이다. 그 사람이 한 말이나 행

---

9) 바이런의 장편 서사시 《차일드 해럴드가 떠난 순례(Childe Harold's Pilgrimage)》의 주인공. ─옮긴이주

동을 반박하거나 선입견에서 벗어났다고 비난하기에 앞서, 그 사람의 상황을 충분히 감안해야 한다는 것이다. 실제로 바이런 은 인상에 지나치게 민감해서, 대수롭지 않은 일에 실신한 적 이 더러 있었다. 그는 1819년 이탈리아 볼로냐Bologna에서 겪은 발 작에 대해 다음과 같이 썼다.

어젯밤에는 알피에리의 〈뮈라myrrha〉를 보러 갔다가 마지막 두 막에서 발작이 일어났다. 여성의 히스테리 같은 게 아니라, 마음은 그렇지 않은데 눈물이 핑 돌고 몸이 부들부들 떨렸다. 픽션을 볼 때 그런 적은 거의 없었다.

그는 자일스 오버리치 경[10] 을 연기한 배우 킨E. Kean을 볼 때도 같은 증상을 겪었고, 그때마다 부축을 받으며 극장을 나와야 했다. 어릴 적에도 비정상적인 흥분이 그를 괴롭혔다. 신경계 에 문제가 생겨서 그랬겠지만, 그는 이를 누그러뜨리기는커녕 되레 키우려고 안간힘을 썼다. 악몽에 시달려 왔다는 사실은 그의 일기를 보면 알 수 있다.

꿈을 꾸다 잠을 깼다. 꿈이야 누군들 꾸지 않겠는가? 그까짓 꿈

---

10) 영국의 극작가 필립 매신저(Philip Massinger)의 작품 《새 차용금 상환법(A New Way to Pay Old Debts)》에 등장하는 고리대금업자. −편집자주

쯤이야! 다행히 그녀는 나를 따라잡지 못했다! 그 망자가 영면했으면 좋겠다. 아! 피마저 얼어붙는 듯하다! 꿈을 꾸지 않으면 얼마나 좋을까.

《아비도스의 신부The Bride of Abydos》는 그가 꿈을 떨쳐 버리기 위해 쓴 작품이다. 마음이 불안해서 뭐라도 하지 않으면 미치거나 극심한 좌절감에 빠졌을 것이다.

프랑스의 소설가 스탕달Stendhal은 바이런이 느꼈을 법한 가책을 넌지시 꼬집었다.

과연 바이런이 명성을 더럽힌 오셀로처럼 양심에 오점을 남겼을까? 자만이나 질투에 사로잡혀 그리스 노예의 수명을 단축시켰으리라 생각하면 탄성이 절로 나온다.

글이나 행실로 사람의 됨됨이를 단정하는 것은 바람직하지 않다. 딱히 기준으로 삼을 만한 잣대가 없기는 하지만, 바이런이 묘사한 '암울한 모습'이 바이런 자신이 아닐 수도 있지 않을까?

오, 기억이여! 더는 괴롭히지 말아다오
작금의 기억은 모조리 암울할 뿐이로다
훗날의 장밋빛 희망은 그치고,
측은한 마음에 과거마저 자취를 감춘다

이 글은 바이런이 열일곱 살에 겪은 감정을 표현한 것이다.

디즈레일리Issac D'Israeli의 말에 따르면, 라퐁텐Jean de la Fontaine 은 간통 사건에 얽힌 이야기를 썼지만, 단 한 번도 간통에 연루된 적이 없었다고 한다. 또한, 카울리는 내연녀가 있다고 과시했지만 실제로는 용기가 없어 그녀에게 말을 걸지도 못했고, 버턴R. Burton은 자신은 우울증과 거리가 멀다고 하였으나, 그만큼 우울한 사람도 없었다. 한편, 토머스 모어 경은 관용을 주장했으나 실제로는 열혈 숙청꾼이었으며, 지머맨Zimmerman은 자비를 가르쳤으나 완고한 성격 탓에 아들은 심신미약자, 딸은 부랑자가 되었다고 한다. 괴테는 "지머맨은 염려증 때문에 그의 아이와 자신을 희생시키고 말았다. 미쳤거나 제정신이 아니었다는 이야기다"라고 술회했다.

바이런은 이따금씩 망령을 보는 것에 대해 뇌를 너무 자극해서 그렇다고 해명했다.

유령은 존재할까?

한편, 타소는 냉대와 절망으로 인지가 왜곡되어 유령과 대화를 나누기도 했다. 존 훌John Hoole이 옮긴 《해방된 예루살렘 La Gierusalemme Liberata》의 첫머리에 있는 일화에서 이를 파악할 수 있다.

여기서(나폴리 인근의 비사치오) 만소Manso는 타소가 겪고 있는 우울증을 살펴볼 요량으로 그가 자주 본다는 유령에 대해 반대하는 척하며 말싸움을 유도했다. 만소는 유령은 왜곡된 상상력이 빚어 낸 허상이라고 설득했지만 아무런 소용이 없었다. 타소는 자신의 주장이 사실임을 밝히기 위해 만소가 유령과의 대화에 함께해 주기를 바랐다. 두 사람은 이튿날에도 만났다. 한창 대화가 오갈 무렵, 타소가 창에서 시선을 떼지 못했다. 몇 번이고 불렀지만, 그는 미동도 하지 않았다. 마침내 타소가 입을 열었다.

"친구 유령이 나를 찾아왔으니, 내가 말한 게 모두 사실이었음을 알게 될 걸세."

만소는 충격을 받았다. 창을 투과한 햇살 외에는 보이는 것이 아무것도 없었기 때문이다. 주변을 두리번거려 봐도 마찬가지였다. 유령이 어디 있는지 물으려던 차에 타소가 격앙된 감정으로 유령에게 질문도 하고 대답도 곧잘 했다. 기분 좋은 대화가 오가는 듯했기에 만소도 대화를 경청했다. 이처럼 보기 드문 대화는 유령이 자리를 뜨자마자 끝이 났다. 타소는 만소에게 고개를 돌리며 이제 의심이 풀렸느냐고 물었다. 만소는 어안이 벙벙했다. 친구의 상태를 어떻게 해석해야 할지 감이 오지 않아 유령 이야기는 그만하자고 했다.

영국의 전기 작가 제임스 보즈웰James Boswell은 새뮤얼 존슨 박사가 가끔 이상한 소리가 들린다고 했다는 일화를 들려주었다(보즈웰은 그전에 박사에게서 이런 이야기를 들은 적이 없었다). 존슨은 목소리가 들릴 만한 거리보다 훨씬 먼 곳에서 귀에 익은 목소리가 자신의 이름을 불렀다고 했다. 존슨은 결코 허튼 소리를 할 위인이 아니었다. 존슨의 말에 따르면, 어느 날 저녁 킬마녹Kilmarnock 방향으로 집에 돌아가고 있을 때, 숲속에서 동생이 자신의 이름을 불렀다고 한다. 당시 그의 동생은 미국에 있었는데, 며칠 후 동생이 죽었다는 비보가 전해졌다. 맥빈A. Macbean은 이해하기 힘들지만 이 같은 '부름calling' 현상은 널리 알려져 있다고 주장했다. 한편, 존슨은 옥스퍼드에서 방문을 열려던 찰나, "샘!"이라고 자신을 부르는 어머니의 목소리를 들은 적도 있다고 덧붙였다. 그의 어머니는 리치필드Lichfield에 있었는데 그 뒤로 별일은 없었다.

존슨 박사의 기행奇行은 조슈아 레이놀즈Joshua Reynolds도 소개한 바 있다.

존슨과 내가 서쪽으로 이동하다가 도싯셔Dorsetshire에 사는 뱅크스 씨를 찾아뵌 적이 있었다. 우리는 어떤 그림에 대해 이야기를 주고받았는데, 존슨 자리에서는 그 그림이 잘 보이지 않았다. 존슨은 그림이 보이는 구석으로 가려고 오른쪽 다리를 쭉 뻗고 나서 왼쪽 다리를 들어 올렸다. 그러고는 오른쪽 다리를 아까보다 더 뻗으며 발을 디뎠다. 이를 지켜본 뱅크스 옹이 그에게 다가가 정중히 귀띔해 주었다. 새 집은 아니지만 바닥이 무너질 정도는 아니라고. 존슨 박사는 그제야 잠에서 깬 사람처럼 정신이 번쩍 들었다.

존슨 박사에게는 지인이 차마 이유를 물을 수 없는 이상한 습관이 하나 더 있었다. 집 안팎이나 복도를 걸을 때 지나치게 불안해했다는 것이다. 그는 걸을 때면 오른발이나 왼발 중 하나로 앞발을 끝까지 통일해야 했다. 보즈웰은 그가 갑자기 걸음을 멈추고 진지한 표정으로 발자국을 센 적이 한두 번이 아니라고 했다. 미처 기억나지 않거나 엉뚱한 발로 앞발을 떼면, 처음 자리로 돌아가 다시 바르게 '의식'을 행하고 나서야 친구를 만났다.

두뇌에서 어느 한 가지나 상상력이 지나치게 자라면 이 장에서 언급한 것처럼 '기행'이 벌어지게 마련이다. 자신이 창조한 세계에 익숙한 사람, 즉 조잡한 이상에 둘러싸인 사람은 점차 모진 현실을 거부하려 들 것이다. 자신의 상상이 스스로를 집어삼키기 때문이다. 예컨대, 어느 독일 시인은 신에 대한 시를 짓다가 그에 너무 몰입한 탓에 "죄와 부정이 판치는 세상에서 벗어나라"라는 환청을 들었다고 한다. 결국 그는 침상에서 주검으로 발견되었다. 목동맥은 끊어져 있었고 양손에는 각각 면도칼과 시를 적은 종이가 쥐여져 있었다.

한편, 편집광을 괴롭히는 유령은 그 사람에게는 오감으로 느낄 수 있는 실체일 수도 있다. 캘크래프트라는 전직 의원도 스스로 목숨을 끊었는데, 외모가 기묘하고도 섬뜩한 사람이 침상에 앉아 그의 일거수일투족을 지켜보고 있었기 때문이다. 주변 사람에게는 환상에 지나지 않았겠지만 캘크래프트에게는 실체였을 것이다. 상상력에 생동감이 더해지면 외모가 무시무시한 형상은 얼마든지 만들어 낼 수 있다. 주의력을 충분히 끄집어내고, 두뇌가 강도 높은 사고력을 발휘하도록 유도한다면 말이다.

육체가 정신을 지배할 때

자살 성향에 영향을 준다고 알려진 물리적 요인으로는 기후, 계절, 유전, 뇌손상, 통증, 우울증, 건강염려증[11]을 동반한 위·간 질환, 정신 질환, 분비 억제, 취기, 비정상적 악습, 그리고 착란상태를 꼽는다. 이것들은 뇌와 신경계에 영향을 주고, 그 과정에서 정상적인 두뇌 활동을 방해한다. 물론 신체가 어떻게 반응하느냐에 따라 결과는 달라질 것이다. 자살을 부추기는 망상이나 정신 질환으로 마음이 괴롭다면 몸에 경미한 문제라도 생기는 날엔 자살하고픈 충동이 생길 것이다. 때로는 자살 충동이 신

---

11) hypochondriasis. 실제로는 그렇지 않은데, 어떠한 병에 걸렸다는 생각이 강하여, 그러한 증상을 느끼고 고통스러워하는 병적 증상. 주로 정신분열병에서 나타난다. - 편집자주

체적 질환으로 이어지는 경우도 더러 있다. 8장에서는 이러한 자살의 물리적 요인을 순차적으로 살펴볼 참이다.

죽고 싶은 날씨가 따로 있다?

한동안 자살 원인으로 영국의 흐린 날씨가 지목되어 왔다. 이 점에 대해 몽테스키외는 그럴싸하지만 정확하지 않은 결론으로 국민을 오도했다. 실제로 네덜란드가 영국보다 암울하리만치 더 흐리지만, 자살 풍조가 만연하지 않았다. 다음 표를 보면 11월이 '자살 경계의 달suicide's month'로 지정될 만한 근거가 없다는 사실을 알게 될 것이다.

1817년에서 1826년까지 매달 자살자의 평균은 아래와 같다.

기간(월)	평균 자살자 수(명)
1월	213
2월	218
3월	275
4월.	374
5월	328
6월	336
7월	301
8월	296
9월	246

10월	198
11월	131
12월	217
합계	3133

유럽 각국의 수도에서 나온 통계를 조사한 결과, 자살이 정점
을 찍은 달은 4월과 6월, 가장 낮은 달은 10월과 11월인 것으로
나타났다. 기온이 습도나 풍속보다 자살에 훨씬 더 영향력을 끼
치는 듯하다. 한편, 빌뇌브Villeneuve는 따뜻하고 습하고 흐린 날
씨가 파리에 저주를 내렸다며, 폭풍이 몰아칠 때 자살률이 높을
것이라고 역설했다. 하지만 그의 주장과는 달리, 파리에서는 가
을·겨울보다 봄·여름에 자살자가 훨씬 많은 것으로 조사됐다.

7년간 파리의 자살 건수

기간	자살 건수(건)
봄	997
여름	933
가을	627
겨울	648

한편, 화씨온도계가 80~90도(섭씨 약 26~32도)를 가리킬 때 자
살 사건이 가장 빈번히 일어났다.

외국인들은 영국인에게 '자살 국민'이라는 꼬리표를 붙였다.

반박하는 것 자체가 부끄러울 만큼 터무니없는 낭설이다. 통계에 따르면, 런던에서 한 명이 죽을 때 파리에서는 다섯 명이 죽는다고 한다. 1810년에 런던에서 188명이 자살했으니, 파리는 몇 명이 죽었을까? 파리 인구는 약 40만 명으로 런던 인구보다 적지만, 1827년에서 1830년까지 6900명이 자살을 선택했다. 한 해 평균 1800명이 스스로 목숨을 끊은 셈이다. 반면, 런던 생명보험 가입자 12만 명 중, 20년간 자살자는 15명에 그쳤다. 영국인이 자살로는 타의 추종을 불허한다는 주장은 억지일 뿐이다.

프랑스에서 자살을 부추기는 원인으로는 그릇된 종교교육, 권태, 그리고 도박을 꼽는다. 양국의 환경을 비교하려면 먼저 도덕과 종교를 염두에 두어야 한다. 기독교 교리가 사회에 자리 잡기 전에 프랑스에서는 도덕을 전통으로 치부했을 뿐, 그에 대한 명확한 개념을 전달하지 못했다. 때문에 생명을 경시하는 풍조가 두드러지게 나타난 것이다. 프랑스 대도시에서 '자살 권유 동호회'(가입 회원은 삶이 힘들면 열외 없이 손수 죽기로 맹세한다)가 결성되었다는 소식을 들은 독자라면 이를 신흥 종교가 생겨난 것으로 봤을지도 모르겠다.

슐레겔Schlegel 박사는 방종이 난무하는 파리를 돌이켜 보며 도덕이 무너졌다는 점을 지적하기 위해 여러 통계를 증거로 제시했다. 그러고는 파리를 '펄펄 끓는 가마솥'이라고 폄하했다. 즉, 《맥베스Macbeth》에 나오는 마녀가 끓인 스튜처럼, 미덕은 약간만

들어 있을 뿐, 온갖 감정과 악덕과 범죄가 부글부글 끓고 있다는 것이다.

어느 유명한 저술가는 프랑스인들은 목숨에 별로 관심이 없다며, 그들이 자살을 어떻게 생각하는지 덧붙였다. 그의 말에 따르면, 프랑스인은 죽음이 무슨 우편마차에 앉는 자리라도 되는 듯, '떠나보내는' 모습을 지켜봐달라고 부탁한다는 것이다. 그뿐 아니라, 프랑스인끼리 이런 대화가 오갔다고 했다.

"오늘 저녁 어때?"

"아, 좋지. 근데 생각해 보니 오늘 선약이 있었네. 권총으로 목숨을 끊을 생각이었거든. 그런 약속은 깨기가 좀 그렇지 않겠나."

우리에게 자살은 유행이 아니다. 그런 문화를 흉내 낼 생각도 없다. 머리에 구멍을 내지 않는다 해서 로맨틱하지가 않겠는가? 영국인은 '사랑으로 가는 길'이 평탄하지 않다는 이유로 외딴곳에서 새빨간 리본을 묶은 권총으로 내세로 달아나지 않는다. 설령 자살을 결심했더라도 영국인답게 비장한 마음으로 총을 쏠 것이다. 자살은 장난이 아니다. 진중하면서도 뻔뻔스레 자살을 강요한 몽테스키외의 주장과는 달리, 우리는 자살 유전자를 물려받지도 않았고, 신경전달물질이 유전적으로 잘못되지도 않았다.

"인생이 내게 두통을 안겨 주었으니 두통에서 해방되기 위해 교회 묘지에서 안식을 얻을까 한다."

쾌락은 누릴 만큼 누렸지만 만족하지 못했던 사람이 권총으로 스스로 목숨을 끊기 전에 이렇게 말했다고 한다.

또한, 지금은 고인이 된 어느 프랑스 작가는 고국에 자살이 만연하게 된 경위를 이렇게 해명했다.

오늘날 자살을 조장하는 외부 원인은 한둘이 아니다. 프랑스 전체가 문제지만, 파리가 특히 심각하다. 세련된 문화, 이권 다툼, 반복되는 정치적 변화로 갈등은 사그라들 기미가 보이지 않는다. 때문에 삶은 평온하지 않고 점점 각박해져만 가고 있다. 이 같은 난투극에서 누군가 성공하면 다른 누군가는 추락하기 십상이다. 인생이라는 전장은 오산과 실망과 좌절과 혐오로 점철되어 있다. 자살이 빈번한 것도 바로 이러한 이유에서다. 물론, 다른 원인도 있다. 이를테면, 연극을 비롯한 볼거리가 최근 크게 변모한 점을 꼽을 수 있다. 대중의 취향이 완전히 달라진 것이다. 누구도 위로해주지 않는 불행과 완전범죄가 일어나고, 사회와 가정을 비판하고, 암살을 통한 복수극에 박수를 보내고, 울분과 독극물과 권총이 늘 따라다니는 사람을 주인공으로 하는 저질 문학과 사이비 철학이 인기몰이 중이다. 소설을 읽고 극장을 찾는 사람이라면 필자의 주장이 사실이 아닌지 한번 확인해 보라.

몸의 고통이 마음에 주는 영향

통증이 자살 충동의 원인인가를 두고도 문제가 제기된 바 있으나, 수많은 사례를 보면 그렇지 않다고 말하기 어렵다. 물론 아래에 적힌, 프랑스의 정신의학자 에스키롤Jean-Étienne Dominique Esquirol의 주장에도 일리가 있다.

통증이 사그라지지 않는 사람과 건강이 회복될 조짐이 보이지 않는 사람은 결국 고통에 종지부를 찍으려 자살을 택하게 된다. 죽음에 이르는 고통은 순간에 지나지 않는다는 판단하에 스스로 목숨을 끊는 것이다. '심증'과 관련된 질환인 건강염려증도 환자를 자살로 몰아간다. 고통이 상상을 초월한다거나, 특이체질로 어차피 죽는다거나 혹은 의사의 무지로 치료가 불가능하다는 망상을 굳게 믿기 때문이다. 죽음을 두려워하는 마음과 죽고자 하는 충동이 동시에 일어난다는 점은 다른 질환에서는 찾아볼 수 없는 건강염려증만의 특징이다. 이때 두 가지 두려움이 마음이 조장한다. 건강염려증 환자는 자살을 입에 달고 살거나, 아랫사람에게 자살을 거들어달라고 부탁하거나 혹은 스스로 목숨을 끊으려 하지만 성공하는 경우는 거의 없다. 사소한 구실이나 변명거리가 생기면 자살을 미루기 때문이다.

프랑스의 어느 정신병원에서 벌어진 일을 이야기하겠다. 그곳에 수용된 한 약국 주인이 권태에 시달리다가 더는 못 참겠다 싶어 주변 사람에게 자신을 죽여 달라고 사정했다. 결국에는 환자 하나가 그의 소원을 들어주기로 했다. 둘은 호시탐탐 기회를 노리다가 뒤뜰로 통하는 창문을 넘어 주방으로 갔다. 요리사가 쓰는 큼지막한 칼을 찾은 후, 약국 주인은 도마에 머리를 올려 두었다. 환자는 그의 머리를 단칼에 베었다. 이후 환자는 현행범으로 체포되어 재판에 회부되었고, 법정에서 자초지종을 자백했다. 그러고는 살기 싫은 사람이 있다면 언제든 흔쾌히 죽여 줄 거라는 소신도 덧붙였다!

고대 로마의 집정관이었던 캐키니우스는 통증과 권태로 삶의 의욕을 잃자 아편을 복용했다. 또한, 하슬럼J. Haslam 박사는 신경통에서 벗어나기 위해 스스로 목숨을 끊은 중년 신사의 이야기를 들려준 적이 있다. 기록에 따르면, 문법학자인 세르비우스 Maurus Servius Honoratus도 같은 질병으로 독약을 마셨다고 한다. 플라니우스는 지인인 코렐리우스 루푸스가 진통을 줄이기 위해 별별 수단을 다 써도 소용이 없자, 끝내 예순일곱의 나이로 자살했다고 이야기했다. 한편, 폼포니우스 아티쿠스Titus Pomponius Atticus 와 고대 그리스의 철학자 클레안테스도 같은 이유로 인해 먹는 것을 거부하는 식으로 자결했는데, 이때 굶는 데에 따른 통증이 없었다고 한다. 아마도 몸이 수척해지고 기력이 쇠해져 그랬던 게 아닐까 싶다. 두 사람은 임종이 올 때까지 버텼다. 고통은 언젠가는 극복될 테니 물러설 마음이 전혀 없었던 것이다.

술과 자살 충동의 관계

공립학교를 다닐 때에 한번 몸에 밴 음주 습관이 종종 자살을 부추긴다는 사실을 아는 사람은 그리 많지 않은 것 같다. 청소년 음주가 심각한 사회적 병폐임은 확실하다. 대놓고 즐기진 않겠지만 말이다. 의사들은 유해 음료가 자살 충동으로 이어지지 않도록, 문제의 경중에 따라 청소년의 몸과 마음에 개입해 왔다.

해로운 음주 습관에서 비롯된 것 중에서 신경계와 관련된 질병이 자살로 이어지는 경우가 비일비재하다. 필자가 조사한 수많은 자살 사건 중에도 이 같은 원인이 상당히 많았다. 폭음은 뇌와 신경계를 손상시켜 종종 정신 질환, 우울증, 건강염려증이라는 최악의 결과를 초래한다.

또한 질병으로든 내장 기관이 잘못되었든, 이러한 이유로 자살 충동을 느낀다면 습관적인 음주가 원인일 수 있다. 통계에 따르면, 정신병원이나 신경정신과에 입원한 정신 질환자 중 상당수가 알코올중독자일 가능성이 높은 것으로 나타났다.

뇌와 신경계는 '술잔을 자주 들이키면' 손상을 입게 되어 있다. 섬망증, 뇌물질 변성, 뇌전증, 뇌졸중, 그리고 건강염려증이 음주의 결과임이 매일 보도되고 있다.

팔레트J. P. Falret의 말에 따르면, 취기가 오를 때마다 목에 칼을 대려는 사람이 있었다고 한다. 어떤 설득으로도 술을 끊게 할 수 없었단다. 암담한 결과를 일러 준다거나, 정신병동에 가두겠다고 협박해도 통하지 않았다. 어느 일요일 저녁, 그는 어김없이 독주 몇 잔을 비웠다. 만취할 만한 양이 아니었지만, 그는 자신의 가슴에 칼을 꽂고는 몇 분 만에 사망하고 말았다.

술꾼이라면 흔히 만성 소화 장애와 간 질환에 시달린다. 그런데 뇌도 완전히 달라진다는 사실을 아는지 모르겠다. 처음에는 당연히 모를 테고, 증상이 시작돼서도 의식하기 어려울 것이다. 그러나 얼마 후면 증상이 확연히 드러날 것이다. 이때 의사는 매우 두려운 적수를 만나게 된다.

장기간 음주로 정신이 온전치 못했던 한 청년은 자해를 시도하곤 했다. 특히 마음에 들지 않는지, 오른쪽 눈을 뽑아내려고 안간힘을 썼다. 다행히 휴식, 절주, 격리 요양, 그리고 약 처방으로 상태가 호전되었고 2주 후에는 정상으로 돌아왔다.

내부 원인에서 비롯된 자살 사건 중 간에 반응하는 뇌가 상당수를 차지하는 것으로 나타났다. 독주 탓에 우울증을 앓아본 사람이라면 필자의 말에 수긍할 것이다. 이 같은 원인으로 발생한 사건이 다수를 차지하기에 일부 전문의는 뇌의 조직에 손상이 발견되지 않으면 내장 질환만을 원인으로 지적한다. 또한, 간이 회복되면 정신이상 증상도 그친다는 필자의 연구 결과로 미루어 볼 때, 뇌 질환 외에 자살의 원인이 있다는 주장은 타당하다고 본다.

쉰 살의 J. C. 씨는 2년간 정신이상 증상을 겪었다고 한다. 왕년에는 장래가 촉망되는 작가였지만, 몇 차례 자살 시도 후에는 줄곧 술고래로 살아왔다. 그러다가 간 질환이 심해졌다. 한웰 정신병원[주치의는 윌리엄 엘리스(William Charles Ellis) 경]에 입원할 당시에는 몸이 매우 쇠약해진 상태였다. 제대로 걷지 못하고, 얼굴과 몸은 발진투성이였고, 혀에는 백태가 끼었고, 대변은 검은 빛을 띠었다. 또한, 우울증에, 머리는 저리며 열이 나고, 팔다리는 쑤신다며 늘 우는 소리를 냈다. 이틀에 한 번씩 머리에 콜드 로션과 거머리 요법을 쓰고, 칼로멜calomel[12]과 콜로신스colocynth로 장을 비우고 나서 따뜻한 물로 목욕하니, 병세가 많이 호전되었다. 물론 신음 소리는 끊이질 않았다. 백태도 그대로고 변 색깔도 좋지 않았다. 이틀에 한 번 저녁마다 알약을 다섯 알씩 처방했다가 이후 잠시 중단했다. 병세에 차도는 보이지 않았다. 이후 약을 다시 두 달간 복용하고 나니 증상이 호전되었다. 백태가 사라지고 우울증도 누그러진데다, 기력도 회복되고 담즙 분비량도 늘었다. 얼마 전에 복직하고 나서는 건강이 회복되었다고 한다.

---

12) 염화제일수은으로 설사약으로 사용된다.─옮긴이주

신체적 증상에 따른 정신적 문제

자살의 원인 중 내장 질환보다 더 빈번하게 거론되는 것은 없다. 내장 질환은 보통 우울증과 건강염려증으로 발전하기도 한다. 의학계는 건강염려증이 정신적 문제에서 비롯되었는지, 아니면 신체적 문제에서 비롯되었는지를 두고 많은 논쟁을 벌여 왔다. 정신 질환이 내장 질환에 중요한 역할을 한다고 보는 견해가 많았지만, 간과 위가 손상될 때 나타나는 부차적인 것으로 보는 견해도 적지 않았다. 대개 그렇지만, 진실은 양극단 사이에서 찾을 수 있을 것이다. 건강염려증과 우울증의 일부 사례에서는 정신에 원인이 있음을 알 수 있지만, 위장이 잘못되어 증상이 발현되는 사례도 상당히 많다. 근본적인 원인이 무엇이든, 두 질환이 참담한 결과를 초래한다는 점만은 의심할 여지가 없을 것이다. 버턴은 건강염려증의 공포를 매우 생생하게 술회했다.

낙숫물에 바위가 패이듯, 우울증도 정신을 꿰뚫는다. 대개는 무덤까지 달고 간다. 의사는 증상을 완화시킬 뿐, 완치는 불가능하다. 한동안 숨어 있다가도, 폭음뿐 아니라 대수롭지 않은 계기로 재발하면 훨씬 더 매섭게 휘몰아친다. 마치 풍상을 겪은 머큐리Mercury 상 같다고나 할까. 도금으로 표면이 매끈하고 깨끗했지만 지금은 미세한 틈새에 금가루가 보이는 상처럼, 건강한 몸이 염려증에 오염되면 우울증이라는 잔재가 계속 남아 있어 제거하기가 쉽지 않다. 물론 염려증으로 죽는 사람은 없지만, (매우 불행하게도) 환자가 목숨을 포기하면 결과는 달라질 것이다. (감당할 수 없는 고통에서 벗어나기 위해 자해나 자살의 충동을 느끼는 경우가 대부분이다.) 밤에도 쉴 수 없고, 설령 잠이 든다 해도 악몽이 그 사람을 괴롭힌다. 또한, 고기라면 구역질이 날 것이다. 그렇게 고통이라는 족쇄에 묶여 죽음의 문턱까지 이르게 되는 것이다. 욥처럼 그들도 별을 저주할 것이다. 욥도 절망에 빠질 정도로 우울해했고 거의 미칠 지경이었으니까. 아침 해가 떴다는 사실에도 진저리가 날 테지만, 죽기 두려울 것이다. 즉, '살기도 싫고, 죽기도 싫다vivere nolunt et mori nesciunt.' 이솝우화에서 물고기가 프라이팬을 뛰어나와 불 속에 몸을 던진 것처럼, 의술로 완치를 기대했다가 비참한 최후를 맞는 경우도 있다. 운명을 의사라는 배심원에 맡겼다손 치더라도, 천상의 의사가 은혜와 자비를 베풀어 그를 치료해 주지 않는다면(신이 손을 써야만 효험이 있다) 환자에게는 전혀 도움이 되지 않을 것이다. 환자가 고통으로 보낸 하루는 100년과 같고, 오감은 통증으로 시달리고 정신은 마구 요동치니 지옥이 따로 없다. 지상에 지옥이 있다면 우울증 환자의 마음속일 것이다. 육체적인 고문도 족히 비교가 되지 않으며, 숱한 아픔도 격동하는 해협이 삼켜 버릴 것이다. 우울증에 걸린 사내는 역경의 화신이기도 하다. 이제 몸이 앓는 병은 대수롭지 않을 테니까 말이다! 즉, 코카서스에 결박된 프로메테우스요, 지금도 독수리에게 창자를 뜯기고 있는 티티오스인 셈이다.

뉴캐슬 공작의 부인인 마가렛 캐번디시Margaret Cavendish는 이렇게 말했다.

흐릿한 수심-
수심은 미미한 소음에도 흠칫 놀라게 한다
그러면 기묘한 환영이 눈에 보인다
목소리는 낮고 둔탁한 소리가 난다
수심은 빛을 싫어하니 어둠 속에서 우연히 만난다
깜빡이는 등잔 곁에 앉아 있기도 하고,
담에 나타난 여러 그림자가 점차 희미해지기도 한다
불협화음을 내는 소리 말고는 좋아하는 것이 없다
강에 보금자리를 틀고 개골개골 우는 개구리처럼
쉰 소리를 내는 까마귀와 둔탁한 신음 소리를 내는 멘드레이크
처럼
밤에 홀로 날며 날카롭게 우는 부엉이처럼
망자를 기리기 위해 울리는 종처럼
물이 사방에 흐르는 방앗간처럼
수심은 희미한 달빛을 받으며 걷기를 좋아한다
그러다 거무튀튀한 수풀이 나오면 희열을 느낀다
텅 빈 동굴과 초가집과 지하방에서 즐겨 살며, 거기에 홀로 있다

에스키롤의 주장을 더 들어 보자.

146

다양한 원인으로 무기력증과 우울증에 빠지는 사람이 더러 있다. 식욕이 떨어지고 머리가 지끈거리고 위와 장에 열이 느껴지는가 하면, 배에서 꾸르륵 소리가 나고 변비에 걸리기도 한다. 그러나 이렇다 할 병의 징후는 거의 혹은 아주 보이지 않는다. 여성의 경우는 분비가 억제되기도 한다. 병세가 악화되면 얼굴에 수심이 가득하고, 핏기가 사라지거나 안색이 누렇게 뜬다. 배 윗부분에 꽉 조이는 듯한 통증이 동반되는가 하면, 무언가가 머리를 꽉 누르는 것 같아 집중력을 발휘하거나 생각을 정리하기 어려워진다. 게다가 몸도 나른해지고 무기력해져 활동량이 급격히 감소한다. 그래서 이러한 사람들은 외출을 싫어하고 소파에 축 늘어져 있는 것을 좋아한다. 운동을 운운하면 버럭 화를 내기 일쑤다. 여가도 그만두고 가정에도 소홀해지다 보면, 가까운 지인에게도 무관심해진다. 즉, 대화나 공부는 물론이거니와 읽기와 쓰기, 사람과의 만남 자체를 기피하고, 지인의 부탁이나 질문에도 견디기 힘들어한다. 이때 그들은 마음속에 번민이 가득하고(음흉한 마음일 수도 있다) 더는 나아질 수 없다는 좌절감에 빠진다. 그래서 죽기를 바라거나 그럴 마음을 품는 것이다. 자신이 사회에 별 도움이 되지 않는다는 생각에 스스로 목숨을 끊는 경우도 더러 있다. 사람들과 이야기를 나눌 때는 지극히 정상이지만, 여가나 본업을 할 때 자살 충동이 강해질 것이다. 나는 이 같은 질환이(질환이라고 봐야 마땅하다) 수개월간 지속된 환자를 본 적이 있다. 증상이 심했다가 건강을 되찾은 환자도 있고, 6개월간 정신이 이상했다가 회복된 환자도 있는가 하면, 6개월간 우울증과 자살 충동에 시달린 환자도 있었다.

그럼 이번에는 에스키롤의 주장을 입증할 만한 사례를 살펴보자. 서른두 살의 어느 남성은 혼인한 지 몇 년 만에 사업이 휘청거리자 절망에 빠졌다고 한다. 다행히 건강에 문제가 생기진 않은 듯했다. 이후 그는 전망이 밝은 사업에 뛰어들었다. 비즈니스에 부지런히 매진했지만 한 달 만에 다시 난항을 겪자 이번에는 심각한 좌절감에 빠지고 말았다. 자살할 생각도 했다. 그는 아내와의 잠자리를 거부하고, 직원 감독도 제대로 하지 않았다. 자신이 업무를 감독할 만한 재간이 없다는 자격지심 때문이었다. 복부에 열이 오르고 머리도 아팠다. 아내와 자녀에 대한 애정도 비즈니스로 위축된 몸과 마음을 일으켜 주진 못했다. 사업은 진지하게 따져보면서도, 정작 자신을 구제할 노력은 전혀 하지 않았다. 그로부터 8일이 지난 후, 그는 왠지 모르게 건강해진 몸과 마음으로 활기찬 아침을 맞았다. 비즈니스도 가족에 대한 사랑도 다시 정상으로 돌아왔다. 하지만 평소 같으면 대수롭지 않게 넘겼을 사소한 견해차에도 앞서 말한 증상이 10~12번씩 나타났다. 자살 충동이 다시금 밀려왔지만, 다행히 비극적인 결말로 이어지진 않았다.

1819년 11월 23일, 살페트리에르 병원[13]에 입원한 여성이 있

---

13) 당시 프랑스 파리에 있던 정신 질환자 격리 수용 시설이자 병원으로, 살페트리에르 (Salpetriere)는 여성 수용 시설, 역시 파리에 있던 비세트르(Bicetre)는 남성 수용 시설이었다. ─편집자주

었다. 그녀는 결혼 14년차에 나이는 서른넷이었다. 그녀가 말하기로, 스물하나에 첫 아이를 낳은 뒤로 발에 궤양이 났다가 6개월 만에 회복되었는데, 그때부터 속이 자주 쓰렸다고 한다. 처음에는 경미했지만 점차 통증이 심해져 먹은 것을 토하기까지 했다. 그전까지 그녀는 즐겨 하던 일에 싫증을 내는 등, 행동에 일관성이 없었다. 이후 몸에 문제가 생기자 그녀는 집안일을 그만두고는 실의에 빠졌다. 자살 시도도 두 번 이상 했다고 한다. 그러다가 병원에 입원한 것이다. 그녀에게 희석제와 저칼로리 식단 등이 처방되었다. 얼마 후, 회복될 조짐이 보이자 주치의는 퇴원을 허락했다. 하지만 그녀는 금세 우울증에 시달렸고, 회복이 어려울 거라는 절망감에 빠져 세상을 떠나고 싶다고 푸념을 늘어놓기도 했다. 주부의 본분도 감당할 자신이 없어 모두 그만두고 싶어 했다.

월리엄 쿠퍼의 사례에서는 염려증이 (자살 충동을 느끼는) 정신장애로 발전한 경우를 조명해 볼까 한다. 쿠퍼가 자살을 기도했을 때에 정신이 온전치 못했다는 점은 그를 잘 아는 사람이라면 눈치챘을 것이다. 그는 염려증에서 해방된 적이 없어 보였다.

낙원에는 갈 수 있을 것 같소. 육신을 떠날 수 없다면 우울증이 철거머리처럼 붙어 있겠지만, (죽으면) 그러진 않을 테니 말이오.

헤스케스 여사에게 보내는 편지에 그는 이렇게 적었다. 언젠가 지인이 그를 상원 의사관[14]에 앉힌 적이 있었다. 공식 석상에 자신을 드러내는 것이 '치명적인 독'일 만큼, 쿠퍼가 평소에 긴장을 많이 한다는 것을 몰랐기 때문이다. 업무를 감당하는 게 불가능하다는 생각에 쿠퍼는 침울해졌다. 결국 쿠퍼의 요청으로 의사당 사서로 보직이 변경되었으나, 쿠퍼는 임용 전에 치러야 할 공개 시험에 다시금 압박을 받았다. 비참하기 짝이 없었지만, 거절할 용기도 없었다. 친구의 체면과 자신의 명성이 눈에 밟혔지만, 무엇보다 재정적 지원이 끊길 수 있다는 생각에 소신을 밝힐 수 없었던 것이다. 올리버 골드스미스Oliver Goldsmith[15]가 노래한 나그네와 같이 참담한 심정이었다고나 할까.

'멈추자니 두렵고, 그냥 가자니 어지럽구나.'

쿠퍼는 기관지를 분석하는 사무실에 6개월간 하루도 빠짐없이 출근했다. 신뢰를 주어야 하니 어쩔 수 없었겠지만, 마음은 사형장에 선 죄수와도 같았다. 사무실에서 늘 책을 봤지만, 중요한 정보는 티끌만큼도 얻어내지 못했다. 시험 날짜가 가까워지는 만큼 걱정이 더해졌다. 차라리 미치는 게 낫지 않을까 하는 생

---

14) reading clerk. 의회 출석을 기록하거나 증인에게 선서를 낭독시키는 일을 전담한다.—옮긴이주

15) 아일랜드 태생의 영국 소설가(1730~1774)로, 대표작으로 《웨이크필드의 목사》, 《호인(好人)》 등이 있다.—편집자주

각도 하고, 자살할 결심도 했다. 양심은 그러지 못하게 말렸지만 말이다. 어떤 논리로도 자살이 정당해 보이지 않았지만, 절망감이 극심한 나머지 그는 약제사에게서 극약을 손에 넣었다. 그러다 공개 시험 하루 전날, 우연히 신문에 실린 기사가 눈에 들어왔다. 정신에 문제가 있는 사람이 악의로 자신의 명예를 훼손한다는 인상을 주는 글이었다. 그는 신문을 집어던지고는 농장으로 뛰쳐나갔다. 수로에서 죽을 작정이었다. 불현듯 이 나라를 뜨면 그만이라는 생각이 스쳐 갔다. 당장이라도 떠날 듯 허겁지겁 채비를 했다. 그런데 여행 가방을 챙기는 데에 한창 정신을 쏟다가 마음이 또 달라졌다. 그는 사륜마차에 황급히 올라타고는 마부에게 타워 부두에 가자고 주문했다. 강에 투신할 참이었지만, 공공장소에서는 눈에 띄지 않을 수 없다는 점을 미처 생각지 못했다. 강에 가까워질 무렵, 짐 위에 앉아 있는 인부가 눈에 띄었다. 쿠퍼는 다시 마차에 올랐다. 말 머리는 법학원 숙소를 향하고 있었다. 그는 마차에서 아편틴크를 들이키려 했으나, 몸에 경련이 일어나 병을 입에 대지 못했다. 기회를 놓쳤다는 게 아쉬웠지만 그로서는 어쩔 수가 없는 일이었다. 쿠퍼는 정신적 고통으로 초주검이 된 채 아파트에 도착했다. 문을 닫고 침대에 몸을 던진 그는 곁에 둔 아편틴크에 손을 대려고 안간힘을 썼지만, 내면 어딘가에서 연신 만류하는 듯했다. 그에 손을 뻗을 때마다 경련으로 손가락이 움츠러들었다. 이때 동거인 몇 명이 들어왔다. 불안 증상을 숨기고 이후 방에 홀로 남게 되자, 또다시 심경에 변화가 찾아왔다. 그는 너무도 추악해 보이는 자신에게 실망하며 아편틴크를 팽개쳤다. 약병이 산산이 부서졌다. 그렇게 잠이 들었다가 새벽 3시에 눈을 뜬 쿠퍼는 주머니칼을 꺼내 그 위에 엎드렸다. 칼끝은 심장을 가리켰다. 그러나 칼이 부러져 가슴을 파고들지 못했다. 이번에는 멜빵을 목에 감은 뒤 침대 틀에 묶어 두었지만, 체중을 견디지 못해 틀이 부러지고 말았다. 문 경첩에 단단히 잡아매고 나니 제대로 숨이 막혔다. 그렇게 쿠퍼는 문에 매달린 채 의식이 사라져 갔다. 그러나 얼마 되지 않아, 멜빵이 끊어져 몸이 바닥에 떨어졌다. 목숨은 부지했지만, 마음은 감당할 수 없을 만큼 무거워졌다. 형언할 수도, 상상할 수도 없는 모멸감이 밀려왔다. 길을 나설라치면 야유와 분노가 서린 눈들이 자신을 노려보는 듯했다. 신에게 너무도 중한 죄를 저지른 탓에 용서받을 수 없을 것 같았다. 그렇게 극심한 가책이 마음을 온통 짓눌렀다.

쿠퍼는 자살을 결심했을 때 집 밖을 나가면 어김없이 자살 충동에 사로잡혔다. 세상이 그를 자살로 몰아가려고 모의라도 한 것 같았단다. 용기를 내어 거리로 뛰쳐나갔다가 자살 시도에 그치고 나면 지독한 수치심과 의구심에 시달려야 했다. 쿠퍼의 자서전에서 아래 발췌한 구절만큼 그의 고통을 심도 있게 묘사한 대목은 없을 것이다.

집을 나서면 행인이 나를 조롱하고 얕잡아 보는 것 같았다. 언성을 높이지 않으면 그들의 말에 수긍하기가 어려웠다. 지인들은 나를 일부러 피하는 듯했고, 야유를 퍼부을 때만 말을 거는 듯싶기도 했다. 시내에서 노래하는 시인의 작품을 샀다. 주인공이 나인 것 같아서였다. 어두운 여관이나, 자주 숨는 세관의 컴컴한 구석에서 혼자 끼니를 때웠다. 밤에는 대개 한 시간만 자는데, 그럼에도 악몽에 시달리곤 했다. 눈을 뜨면 조금 있다가 식당으로 통하는 복도를 거닐었다. 취한 사람처럼 몸을 제대로 가누질 못했다. 사람의 시선을 두려워하진 않았지만, 신이 나를 지켜본다고 생각하니(분명히 그럴 것이다) 괴로워 견딜 수가 없었다. 지인이나 책에 주의를 빼앗길라치면 머릿속에 지옥불이 쏟아질 것만 같았다. 그러다 "이미 저주를 받았는데 이건 또 뭔가요?"라고 혼잣말이 나왔다.

섬세함과 천재성을 겸비했지만 염려증으로 삶이 비참해진 인물은 쿠퍼 외에도 많다. 앞서 바이런이 죽음에 굉장히 민감했다는 점을 밝혔으니, 도대체 염려증이 시인의 정신에 어떤 영향을 주는지 궁금할 것이다. 바이런의 일기를 보면 '아침에 눈을 뜰 때마다 좌절하고 낙담하는 까닭은 무엇일까?'라는 글귀가 있다. 바이런은 광기를 가장 두려워했다. 우울증을 두고는 식단이 가장 중요하다고 판단하여 식이요법을 꼼꼼히 지켰다(육류는 모두 피했다). 메뉴라고는 매일 먹는 말린 비스킷 여섯 조각과 차뿐이었다고 한다. 어느 날에는 저녁을 즐긴 후 이런 글을 남겼다.

"저녁을 무르면 안 되는지 신에게 기도했다. 포만감 때문에 죽을 지경이다. 생선하고 부셀라스bucellas[16] 1파인트(약 0.5리터) 말고는 먹은 것이 없는데 말이다! 소화가 안 되면 어쩌지!"

그는 이윽고 말을 이었다.

"머리는 아프라고 달렸던가."

로버트 번스Robert Burns[17]도 염려증을 부추기는 소화 장애로 고생이 이만저만이 아니었다. 한때 그는 친구 커닝햄에게 이런 글을 써서 보낸 적이 있다.

마음의 병을 치료해 줄 순 없겠나? 고통의 바다에서 허우적거리는 영혼에게 평화와 안식을 빌어 줄 순 없겠는가? 길잡이가 되어 줄 별 하나 없이 풍랑이 두려워 떨고 있지 않은가? 공포로 몸을 가누지 못하는 자에게 풍파를 이기는 바위처럼 억세고 강한 힘을 주지 않겠는가? 할 수 있는 일이 전혀 없는데, 왜 나는 질문으로 불안을 가중시키는 것일까?

번스는 위의 기능이 떨어져 두통을 호소했고 심장박동도 불규칙했다. 어느 편지에는 이러한 질환에 대한 공포감을 다음과 같

---

16) 포르투갈 리스본 근교의 부셀라스에서 나는 백포도주. ─옮긴이주
17) 영국 스코틀랜드의 시인(1759~1796). 주로 스코틀랜드어로 연애시, 자연시, 풍자시를 썼다. ─옮긴이주

이 묘사하기도 했다.

남모를 불안으로 운신조차 힘든 때가 있었다. 실망감과 자긍심이 마음을 찌를 때 느끼는 통증과 후회가 마치 독수리처럼 내 인생에 둥지를 틀었을 때, 나의 주의력은 사회의 요구와 변화무쌍한 시상에도 요동하지 않았다. 사회가 축제로 시끌벅적할 때, 나의 마음속은 사형집행인의 손에 죽을 죄수의 광기처럼 시끌벅적했다. 존재에 독을 탄 우울증, 그 얼룩이 깊이 밴 까닭에, 내 몸은 '애당초ab origine' 만신창이가 되어 있었다.

관찰력이 웬만큼 있는 의학도라면 수많은 환자에게서 염려증이 발전하는 양상(특히 정신에 미치는 영향)을 지켜보는 것만큼 흥미로운 일은 없을 것이다. 염려증 환자의 초기 증상으로는 무기력감과 우울감이 꼽힌다. 그러다가 병든 신경에서 비롯된 무의식적 암시와 선천적 감각이 충돌할 때 느끼는 묘한 기분을 '현실'이라고 확신하기 시작하면 이성적 판단력이 제 기능을 발휘하지 못하게 된다. 지각의 대상은 무엇이든 어느 정도 힘을 받기 전에는 발현될 수 없다. 몸에서 나타나는 모든 암시는 원래 모호하다. 장기간 지속되거나 자주 반복되어야만 분명하고 뚜렷해지는 것이다. 따라서 어느 정도 현실감각이 있어야만 염려증이 이성의 작용을 파괴할 수 있다.

우리는 염려증 초기 단계 환자를 알게 모르게 매일 마주친다. 지각에 문제가 없는 사람이라면 지인이 의사라도 울적한 기분이나 기묘한 증상을 털어놓지 않는다. 그들은 자신의 증상이 비이성적이라는 점을 인정하지만 머릿속에서 그것을 쉽게 떨쳐 버리지 못한다. 이성과 망상 사이에서 버둥거리는 심정은 염려증 환자가 쓴 일기에도 잘 나타나 있다. 발췌한 몇 단락을 읽어 보자.

- 11월 14일. 누군가 나를 죽일지도 모른다는 생각이 불현듯 떠올랐다. 그렇게 생각할 이유가 없음을 잘 알고 있다. 나를 해코지할 사람은 없으니까. 그런데 누군가 지팡이를 들고 있으면, 그 사람이 살인자로 보인다. 시내에 갔을 때 시골뜨기가 나를 따라왔는데, 순식간에 공포감이 밀려와 그가 지나갈 때까지 멈칫 서 있었다. 내가 시비조로 여기가 어디냐고 묻자, 그는 질문에 대답하고는 갈 길을 갔다. 내 뒤에 없으니 그제야 살 것 같았다. 저녁에는 컵에든 물이 눈에 띄었다. 평소에 마시던 건데, 돌연 누군가가 거기에 독을 탄 것 같다는 의심이 들었다. 컵을 깨끗이 씻었다. 하루 이틀마신 것도 아닌데 말이다.

- 11월 18일. 이따금씩 이런 의심이 든다. 온 인류가 나를 죽이려고 모의를 하지 않을까 하고 말이다. 그러니 직장에서 해고되어 굶어 죽을 것이 뻔하다. 미래도 암울할 거라는 생각에 마음이 쓰렸다. 나는 지금 사랑했던 사람을 원수로 여기고, 가까운 친구도 만

나지 않고 있다. 아내는 나의 마음속에서 본모습보다 훨씬 더 악랄해졌다. 지인을 비롯하여 아무런 잘못이 없는 사람에게서 느끼는 반감과 언짢은 기분은 극복해야겠지만 어떻게 해야 할지 잘 모르겠다. 일단 기분이 상하면 누구든 열외는 없다. 나중에는 후회하지만 그 당시에는 자존심 때문에 잘못을 인정하지 못한다. 멍청하고 얼빠진 듯한 얼굴을 보면 속이 뒤틀린다. 녀석의 뺨을 때리고 싶은 심정이다. 그걸 참는 게 쉽지 않다.

- 11월 20일. 호색가처럼 생긴 꼬마와 마주치자 마음이 조급해졌다. 아이가 딱히 불쾌한 짓을 한 것도 아닌데 이렇게 귀띔해 주고 말았다. 단언컨대, 너는 교수형으로 세상을 뜰 거라고.

- 11월 23일. 감정이 극단으로 치닫는 때가 더러 있다. 그럴 땐 절친한 친구라도 감당할 수 없다. 친구가 나를 배려한다고 한 이야기를 고의로 무시하거나 불쾌하게 대꾸해 버린다. 왜 이렇게 민감해졌는지 잘 모르겠다. 친구 두 사람이 내 앞에서 쑥덕거리면 마음이 조급해지고 이성을 잃고 만다. 나를 험담한다고 생각해서다. 겁을 주려고 면전에 대고 빈정거린 적도 있다. 누군가가 카드놀이를 할 때 나를 흘끗 보거나, 하프시코드를 연주할 때 옆에 앉으면 괜스레 불안감과 두려움이 몰려온다.

의학계의 저명한 권위자는 이러한 증상에 대해 다음과 같이 말했다.

제가 관찰한 사례만 보더라도, 비뚤어진 지성 탓으로 치부하던 반감, 혐오감, 심한 감정 기복, 그리고 비정상적인 언행이 실은 몸이 원인인 경우가 상당히 많았습니다.

걸핏하면 화를 내고, 우울해하고, 머뭇거리는 등, 순전히 정신적 요인으로 간주되던 증상들이 술을 끊고 약물을 조금씩 투여했더니, 완치는 어렵더라도 크게 호전되는 사례가 많았습니다. 정신력을 송두리째 소진시키거나, 소화 장애 환자가 그림자나 혹은 그보다 못한 대상에 공포를 느끼는 마법 같은 증상은 원인이 가지각색이라 꼭 짚어 설명하기가 어렵습니다.

보잘것없는 사람도 그렇지만, 제아무리 훌륭한 사람이라도 이같은 증상에서 빠져나올 수 없을 겁니다. 설령 그럴 수 있다 해도, '우리를 두렵게 하는 양심conscience which make cowards of us all' 외에 다른 변수가 작용할 테고, 잠시나마 위장에 문제가 생기면 '대망으로 가던 길이 어긋나enterprise of vast pith and moment' '어찌할 바를 모르는lost the name of action' 불상사가 벌어질 수 있다는 것이 제 결론입니다.[18]

그동안 철학자와 형이상학자들은 인간의 행동을 두고 잘못된 결론을 도출하는가 하면, 근거 없는 가설을 세우기도 했습니다. 몸의 상호작용을 잘 몰랐으니까요. 공복에는 기분 좋은 상상이 샘솟지만, 위에 문제가 있으면 잔혹하고 무자비한 명령을 내리게 됩니

---

18) 작은따옴표에 병기한 구절은 셰익스피어의 《햄릿(Hamlet)》을 인용한 언어유희다. -옮긴이주

다. 그러니 집 밖에서는 존경받는 위인일지라도 집안에서는 소화장애로 얼간이가 될 수 있지요.

다음 사례는 소화가 정신에 어떠한 영향을 주는지 잘 보여 준다. 어느 젊은 여성이 분식으로 배를 채운 후에 갑자기 명치에 열이 나는 것을 느꼈다. 열은 상반신이 모두 불덩이가 될 때까지 계속 올랐다. 그녀는 벌떡 일어나 길거리를 내달렸다. 정신이 돌아오자, 뇌리에 자리 잡았던 끔찍한 생각을 털어놓았다. 자신이 너무도 사악하여 지옥불 안으로 끌려 들어갔다고 했다. 이번이 끝은 아니었다. 그녀는 열이 오를 때마다 무시무시한 망상이 떠올랐고, 주변에 잡히는 것은 무엇이든 움켜쥐었다. 지옥에 끌려가지 않으려고 안간힘을 쓴 것이다. 그러고 나면 혼자 있는 것을 매우 두려워했다. 불안장애와 불면증으로 건강은 더 악화되었다고 한다.

한편, 새뮤얼 존슨 박사는 아버지에게서 '지독한 우울증'을 물려받았다고 주장했다. 때문에 '평생 미치광이로 살아왔거나 아주 미치진 않았어도 정신이 말짱한 적은 없었다'라고 하였다. 제정신이 아니라서 두려워하며 살아왔다는 것이다. 보즈웰에 따르면, 존슨은 위대한 철학자로서 평범한 사람의 머리로는 이해할 수 없는 견해를 보이곤 했는데, 그때 그가 제정신이 아니거나 혹은 그에 가까운 상태임을 알게 되었다고 한다.

머피A. Murphy는 이렇게 증언했다.

존슨은 죽기 수년 전부터 (피할 수 없는) 죽음에 대한 두려움으로 대화를 잇지 못할 때면, 그 자리에서 셰익스피어의 글을 입버릇처럼 되뇌곤 했다. "어디서 죽고, 어디로 가야할지 알 수 없구나"라고.

존슨은 메타스타시오와는 달리, 가급적이면 '죽음'이란 말을 삼가도록 했다. 언젠가는 보즈웰이 대화 중에 그걸 화제로 삼았다가 그의 분노를 산 적도 있었다. 존슨은 죽음이 두렵지 않은 적이 한시도 없었다고 털어놓았다.

존슨은 1년 동안 한쪽 다리를 살리려 애써 왔다. 세상을 떠나기 사나흘 전, 그러니까 임종을 앞두었을 때도 그 열정만은 남달랐다. 존슨 박사의 제안에 따라, 주치의는 수종을 가라앉히기 위해 다리에 조그마한 구멍을 뚫었다. 이때 그가 소리쳤다.

더 깊이! 더 깊이! 더 살고 싶을 뿐인데, 내가 아플까봐 망설이고 있군요. 나는 통증은 두렵지 않소.

신체적 질병으로 죽음을 두려워하지 않았다 해도, 존슨 박사의 최후를 보면 아무래도 그 반대의 경우가 아닐까 싶다.

자살 유전자

자살에 관한 가장 명쾌한 사실은, 자살에 유전적 요인이 있다는 것이다. 인체의 여러 질환 중, 뇌 질환보다 유전성이 강한 것은 없다. 물론 세대마다 자살 성향이 두드러지게 나타난다는 법은 없다. 정신이상임에도 자살 충동이 동반되지 않는 경우가 있는가 하면, 자살 유전자가 한 세대를 건너뛰는 경우도 종종 있다. 그러나 자살 유전자를 가진 가족을 면밀히 살펴보면 자살 조짐이 쉽게 눈에 띌 것이다. 이때 변덕이 죽 끓듯 하거나 특이한 언행을 하기도 하고, 또 엉뚱한 것을 좋아하거나 싫어하며 기분이 엎치락뒤치락하는 등, 염려증과 우울증이 동반된다. 보도에 따르면, 어느 남성은 특별한 이유 없이 돌연 자신의 목에 칼을 댔다고 한다. 그의 가족을 보니, 아버지는 다혈질인지라 신경을 건드리면 아주 난폭했고, 남동생은 충동적인 성격으로 뭐든 마음이 내키는 대로 해서 믿을 만하지 못했다. 여동생은 특정 색깔이나 향에 대한 두려움이 강해서 노란 드레스를 보면 실신할 지경이었고 마른풀 냄새를 맡으면 신경이 극도로 예민해졌다. 끝으로 할아버지는 살인죄로 유죄판결을 받아 2년간 정신병원에 수용되었다.

한편, 앤드랄 교수는 뇌 질환으로 사망한 가장의 사례를 들려주었다(부인의 뇌는 정상이었다). 자녀는 아들 셋, 딸 셋으로 도합 여섯

명을 두었다. 먼저 사내아이를 보면, 장남은 괴짜였다. 둘째는 엉뚱한 습관이 있었는데 나중에는 정신병원에 수용되었고, 셋째는 성격이 모질었다. 반면, 장녀는 뇌일혈이 있어 정신이 온전치 못했고, 둘째 딸은 아이를 낳을 때 정신이상 증상을 보이다 목숨을 잃고 말았다. 그리고 셋째 딸은 콜레라로 세상을 떠났다. 하지만 정신이상 징후를 보이기 전에는 모두 건강했다고 한다.

이보다 더 기묘한 사례도 있다. 어느 가정은 유전의 여파로 특정 연령에 이르렀을 때 식구 모두가 자살 충동을 느꼈다고 한다. 굳이 자살 성향을 자극할 필요가 없을 정도였는데, 이를 극복하려고 노력하거나 사람들에게 이때 겪는 심정을 토로하지도 않았다. 오히려 그들은 목적을 달성하기 위해 부지런히 머리를 썼다. 두 가지 사례를 보면, 약물과 정신치료로도 자살 성향이 어느 정도는 누그러지지만, 자살 충동은 그간 억눌린 만큼 머릿속을 확고히 점령한다는 것을 알 수 있다.

쉰일곱 살의 재혼 남성 A. K. 씨는 구두 만드는 일을 하고 있지만, 교육을 제대로 받지 못한 탓에 아내가 그의 일거수일투족을 살펴야 했다. 어릴 적에는 머리를 크게 다친 적이 있어 이따금씩 두통을 앓았다. 그런데 술이 들어갔다 하면 감정을 절제하지 못했다. 아무하고나 싸움판을 벌이고 일을 게을리했으며, 아내를 때리는가 하면 흥청망청 사치를 부리기도 했다. 그러다 언제 그랬냐는 듯, 기분이 우울해져 한숨을 내쉬었다. 그리고 "오,

불쌍한 머리통아! 또 정신을 놓고 말았구나!"라며 소리를 지르곤 했다. 이후 마음이 가라앉으면 본업에 충실했고, 아내와 가족에게 애정을 표현하였다. 특히 아내에게는 잘못을 뉘우치며 용서를 빌었다. 하지만 며칠 간격으로 정신이 들락날락하던 그는 결국 목을 맬 작정으로 밧줄을 구했다. 언제든 세상을 뜨기 위해 수개월간 주머니에 이를 넣고 다녔고, 이성을 잃었을 때 자살을 결행했다. 그의 할아버지도 목을 매 숨졌고, 남동생과 여동생 또한 자살을 기도한 전력이 있었다.

갈 박사는 자살 성향이 몇 세대에 걸쳐 발현된 가정을 소개하였다. 이 중에 주목해 봄직한 사례는 아래와 같다.

간티에라는 사람이 상품 집산지로 이용할 가옥 몇 채를 파리의 방벽 바깥쪽에 짓고, 일곱 명의 자녀에게는 200만 프랑 정도 되는 재산을 나누어 주었다. 자녀 모두 파리나 파리 근교에 살며 아버지에게서 물려받은 재산을 잘 보전했다. 투기로 재산을 늘린 자녀도 있었다. 또한, 심각한 사고를 당한 사람 없이 모두 건강했고 사회에서 유력한데다 평판도 좋았다. 그럼에도 자살 충동이라는 망령의 희생자가 되고 말았다. 일곱 자녀 모두 서른에서 마흔 사이에 스스로 목숨을 끊었다. 몇몇은 목을 매 숨졌고, 강에 투신하거나 총기로 머리를 날린 자녀도 있었다. 첫째인지 둘째인지 정확히는 모르지만, 둘 중 하나는 어느 일요일 저녁 식사에 지인 열여섯 명을 초대했다. 초대 손님이 하나둘씩 모이고 식탁에는 만찬이, 의

자에는 지인이 가득 채워졌다. 그러나 집주인을 아무리 불러 봐도 끝내 모습이 보이지 않았다. 얼마 후, 그는 다락에서 목을 매 숨진 채로 발견되었다. 한 시간 전까지만 해도 집사에게 조곤조곤 주문을 하고 지인과 잡담을 나누기도 했는데 말이다. 막내는 리슐리외 거리에 있는 집에 2층을 더 올렸다가 막대한 비용에 혀를 내둘렀다. 자신이 파산할 거라 생각하니 살기가 싫어졌다. 자살 충동 세 번까지는 어떻게든 막았지만, 결국에는 권총으로 스스로 목숨을 끊고 말았다.

팔레트는 연구를 통해 자살 충동만큼 유전성이 강한 정신이상은 없다고 확신했다. 예컨대, 어느 모녀가 자살 충동을 일으키는 우울증에 시달렸는데, 할머니 또한 같은 이유로 샤랑통 정신병원에 입원했었다고 한다. 어떤 이는 파리에서 자살한 형의 장례식장을 찾았다가 시신 앞에서 이렇게 절규했다.

"이렇게 죽다니! 아버지하고 삼촌도 당신 손으로 목숨을 끊었는데, 형도 그렇게 갔구나! 나도 여기 오면서 센 강에 몸을 던질 생각을 스무 번도 더 했는데!"

갈 박사는 또 어느 염색업자의 사례를 들려주었다. 평소 성격이 과묵했던 그에게는 아들 다섯과 딸 하나가 있었다고 한다. 장남은 같은 동네에서 가정을 꾸리고 사업도 제법 번창했지만, 수차례의 자살 기도 끝에 자택 3층에서 투신해 세상을 떠났다. 다소 말이 없었던 둘째는 도박으로 재산 일부를 탕진하고 가정불화로 괴로워하다 목을 매 자살했다. 당시 서른다섯 살이었다. 셋째는 두 팔로 날갯짓을 하는 척하며 정원이 내다보이는 창밖으로 투신했다. 다행히 크게 다치지 않았다. 또한, 넷째는 권총을 턱밑에 대고 쏘려다가 가족에게 저지당했다. 다섯째는 까다로운 성미에 우울증 기질이 있었지만, 과묵히 일만 했다. 다행히 다섯째 아들과 딸은 다른 형제와 달리 자살 성향을 보이지 않았다. 한편, 사촌 중에서 자살자가 한 명 있었다고 한다.

뇌 질환의 숨겨진 비밀

자살을 초래하는 물리적 요인을 물으면 으레 뇌 질환을 꼽는다. 뇌 부검에 동의하지 않는 경우가 더러 있지만, 대다수의 사례를 통해 자살자의 뇌가 심각하게 변질되었다는 사실을 확인할 수 있었다. 만텔G. Mantell 박사는 이에 대해 이렇게 말했다.

지난 25년간 살펴본 바로는 망상이 자살로 이어진 경우 중 상당수가 뇌에 경미한 손상이 있었습니다. 그러나 환자나 지인은 이를 대수롭지 않게 넘겼습니다. 또 다른 사례에서는 비정상적인 징후가 나타나지 않고 정신적으로도 아무런 하자가 없었지만 부검해 보니, 뇌의 일부에 경화나 연화가 진행되었고, 때로는 유착 혹은 팽창한 뇌막이 눈에 띄기도 했습니다. 신경 질환이나 염려증 중 다수는 일반적으로 망상으로 치부하거나 감정에 좌우된다고들 알고 있지만, 이는 물리적 요인으로도 볼 수 있으며 경미한 뇌손상에서 비롯되는 경우도 빈번합니다.

갈은 자신의 소견을 뒷받침하기 위해 몇 가지 사례를 덧붙였다.

쉰에서 예순 사이로 보이는 어느 소매상이 있었습니다. 그는 성품이 점잖고 사람들에게 존경도 받아 왔는데, 하루는 선거 유세 현장에서 넘어져 땅에 머리를 부딪치고 말았습니다. 충격에 잠시 실신했다가 곧 의식이 돌아왔는데, 깨어나 보니 관자놀이 오른쪽 윗부분에 멍이 들어 있었습니다. 그 뒤로 불편한 점이 없어 대수롭지 않게 넘겼습니다.

6개월이 지난 후, 어느 날 오른쪽 이마에 통증이 오면서 오한 증상이 나타났다고 합니다. 현명하게 처치하여 땀이 멎었고, 이튿날 아침에는 증상이 말끔히 사라졌습니다. 하지만 유사한 증상이 대엿새 동안 매일 나타났기에 언제 또 그럴지 몰라 그는 수시로 약초를 먹었습니다. 주말이 되니 병세가 호전되었지만, 이후 오른쪽 이마에 다시금 통증이 느껴졌습니다. 그는 죽을 때까지 이러는 건 아닌가 하는 생각에 우울해졌습니다. 이런 증상은 짧게는 며칠에서 길게는 3주까지 갔는데, 조금씩 병세가 호전되어 예전의 기력을 되찾았습니다. 그 덕택에 사업도 확장할 수 있었습니다.

사고가 있은 지 약 2년이 지난 후, 그의 지인이 부탁하기에 그를 한번 만난 적이 있습니다. 그는 심한 좌절감에 빠져 있었는데, 가족 말로는 종교에 심취한 것 같다고 하더군요. 그런 이유로 병원에서 치료를 받았다고 들었습니다. 저는 2년 전에 입은 상처를 추적하려 했지만, 환자와 지인들은 현재의 증상과 타박상은 아무런 관계가 없다고 단정했습니다. 전신 및 국소에 사혈, 즉 피를 뽑아내는 것이 필요해 보였습니다. 이후 그는 식이요법을 엄격히 하니 원기를 회복하여 몸이 수년 전보다 좋아졌다고 했습니다. 사혈을 위해 가끔 거머리를 사용했고, 발효한 술은 철저히 삼가게 했더니 한동안 기력이 왕성해졌습니다. 하지만 업무상 폭식이 잦았고, 와인이나 맥주가 들어간 음식을 먹다 보니 망상을 동반한 우울증이 다시 기승을 부리기 시작했습니다. 즉, 몸이 차분한 상태에서는 뇌 기능이 손상되지 않았지만, 흥분이 일면 머리에 이상 현상이 벌어진 것입니다.

우울증이 도지자 그는 칼로 목을 그어 몇 시간 만에 세상을 떠나고 말았습니다. 숨이 끊어질 무렵, 과다 출혈로 기력이 소진되었지만 지각은 온전했습니다. 환자는 자신이 왜 이러한 짓을 저질렀는지는 알 수 없지만, 자살 충동을 극복할 수 없었다고 했습니다.

그를 부검했을 때 이상했던 점은 전두엽 우측 위로 경뇌막에서 연뇌막에 이르는 부위에 지름 5센티미터가량의 유착이 발견되었다는 것입니다. 몇 년 전에 다친 곳의 맞은편에 말입니다.

이 사례를 언급하는 이유는 사람들이 잘 알고 있는, 대수롭지 않은 사건에 대한 저의 소견을 밝히고자 함이 아닙니다. 주목할 만한 증상이 나타나지 않는 경미한 부상이라도 수년 후에 끔찍한 결과를 초래할 수 있음을 당부하고자 하는 것입니다. 아울러, 정신적 요인만으로 치부했던 숱한 자살 사건이 어쩌면 신체적 요인으로 벌어진 것일지도 모릅니다. 어쨌든 신체 기관을 통해 정신이상 증상이 발현되니까요. 신체적 요인도 염두에 둬야만 의학자가 비운의 망자에 대한 정보를 파악할 수 있고, 유가족에게도 평생 잊지 못할 위로를 전할 수 있을 것입니다. 사람들은 누가 자살했다 하면 경솔하게 손가락질부터 해대지 않습니까?

뇌와 관련된 질환만큼 쥐도 새도 모르게 진전되는 병은 없을 것이다. 머리에 경미한 타박상을 입었을 때, 당장은 뇌에 이상 징후가 보이지 않더라도 이후 몇 가지 요인에 노출되면 급성 뇌질환에 걸릴 가능성이 있는 것으로 알려졌다. 다음 사례는 정신적 자극이 물리적 부상 못지않게 뇌에 장애를 일으킨다는 점을 단적으로 보여 준다.

어느 중년 신사는 어릴 적 미쳐 버릴 정도로 신경이 예민한 적이 있었다. 누군가가 이따금씩 망치로 자신의 머리를 가격하는 듯한 기분이 들었다고 한다. 몇 년이 지나자 증상이 사라진 듯했지만, 이탈리아를 여행할 때 증상이 재발하여 두통과 현기증을 느끼고 소화도 잘 안 됐다. 결국 그는 치료를 받기 위해 이탈리아 명의를 찾아갔다. 의원은 완치를 위해 최선을 다했지만, 증상은 호전되기는커녕 더 심각해져만 갔다. 결국 그는 탈의실 바닥에 죽은 채로 발견되었다. 주머니칼로 목동맥을 끊은 것이다. 뇌를 살펴보니 연화된 조직이 넓게 퍼져 있었다. 이러한 경우, 정신적 충격으로 뇌 구조가 변성되었다고 본다. 즉, 몇 년 만에 나타난 증상이 그를 자살로 몰아간 것이다. 중요한 사실 중 하나는 신경이 예민해지면 물리적 부상을 입었을 때처럼 심각한 뇌 질환을 초래할 수 있다는 것이다. 그러니 자살한 사체의 뇌 질환을 두고는 경솔히 소견을 밝혀서는 안 되며, 개인의 과거를 묻어 둔 채 정신에 하자가 없어 보인다는 이유로 뇌도 그럴 거라는 추정은 금물이다.

몽테스키외는 이렇게 말했다.

영국인은 이렇다 할 이유도 없이 종종 자살을 택한다. 심지어는 경제적으로 넉넉한 사람도 그렇다. 로마인은 교육 때문에 스스로 목숨을 끊었다. 관습과 사상에 원인이 있다는 이야기다. 하지만 영국인의 경우에는 자살은 질병의 결과요, 신체 건강에서 원인을 찾을 수 있다.

부모가 신학생으로 키우려 했던 스물두 살의 청년이 있었다. 하지만 청년은 신학이 너무나 싫어 부모의 희망을 저버리고자 했다. 집을 떠나 저 나름대로 생계를 이어갔지만 언제 일을 그만둘지 몰라 늘 불안해했다. 그러다가 우여곡절 끝에 어느 가정

집에서 숙식을 해결하게 되었다. 융숭한 대접을 받았기에 한동
안 마음이 차분해지는 것 같았다. 하지만 안정도 잠시, 우울하
고 괴로운 상상이 밀려오기 시작했다. 살아가는 게 점점 버거워
지자 그는 삶을 포기할 방법을 모색하였다. 하루는 지붕에서 투
신하려다가 차마 용기가 나지 않아 미루고는, 며칠 후에 권총을
들었다가 겁이 나서 포기하기도 했다. 결국, 청년의 지인이 필립
피넬Philippe Pinel[19]을 찾아가 친구의 계획을 일러 주었다. 모든 수
단을 강구해 봤지만, 아무리 강권하고 충고해도 별 소용이 없었
다고 한다.

　자살 충동이 그칠 기미가 보이지 않자, 청년은 정이 많이 들었
던 하숙집과도 황급히 인연을 끊어야 했다. 형편이 여의치 않아
거리가 먼 지방에는 가지 못했다. 대신 피넬의 조언으로, 힘들지
만 꾸준히 일할 수 있는 인근 직장에 들어가기로 했다. 청년은 그
렇게 블레드Bled 항구에서 일하게 되었다. 인부들은 정해진 분량
을 채우기 위해 일을 악착같이 도맡아 했지만, 청년은 이틀 만에
과로로 쓰러질 지경이었다. 다른 방법을 찾던 차에 파리 인근에
살던 석공이 그를 고용했다. 남는 시간에 외동아들을 가르치면
되니, 그처럼 좋은 조건이 두 번 다시 찾아오지 않을 성싶었다.

---

19) 프랑스의 정신과 의사이자 병리학자(1745~1826). 근대 정신의학의 창시자로 꼽힌
　　다.-편집자주

하지만 아늑한 숙소와 건강 식단에도 불구하고 불안증은 가시질 않았고, 우울감은 되레 악화될 것 같았다. 결국 2주 만에 일을 그만두고는 다시 친구를 찾아갔다. 그러고는 눈물을 글썽이며 괴로운 심정을 친구에게 토로했다. 회의감을 극복하지 못해 죽고 싶은 심정이라고 말이다. 이때 청년에게 돌아온 것은 질책뿐이었다. 결국 그는 극도의 불안과 좌절을 견디지 못하고 조용히 집을 나왔다. 어쩌면 센 강에 투신하기 위해 그랬을지도 모른다.

지금까지 자살의 물리적 요인을 규정하기 위해 뇌 질환과 분비 억제 등이 정신 건강에 미치는 영향력에 대해 필자 나름의 소견을 전개해 보았다. 아울러 자살이 뇌 질환에서 비롯된 결과인가를 두고는 이에 대한 사례를 넉넉히 제시했으니, 재차 요약하지 않아도 될 듯싶다.

자살 충동 처방전

　　종종 자살까지 이어지는 (수그러들지 않는) 정신 질환과 신체 질환의 관계가 매우 중요함에도 불구하고 그에 대한 의학계의 연구는 미흡한 실정이다. 자살의 근본 원인은 물리적 질환에서 비롯되는 경우가 의외로 많다. 그러니 소화 장애나 담즙 분비 장애가 정신에 영향을 준다는 사실을 반드시 알아 두어야 한다. 정신 질환의 흔한 원인으로는 약화된 장 기능을 꼽는다. 볼테르는 둘(정신 질환과 장 기능)의 관계에 관심이 많았던 것으로 보인다. 그는 누군가가 총리나 비서실장 혹은 총리 부인에게 청탁할 일이 있으면, 그 사람에게 상대가 장을 깨끗이 비운 뒤에 만나라고 귀띔해 주었다고 한다. 한편, 드라이든은 집필 전에 장을 비우는 약을 먹었다. 그는 이렇게 주장했다.

"상상의 나래를 마음껏 펴고 싶다면 배 속부터 청소해야 한다."

고대 그리스 논객인 카르네아데스Carneades는 스토아학파의 신조를 반박하기 전에 어김없이 흰 설사약을 먹었고, 바이런 경은 "위염이라는 병에 시달려 상당이 울적하다. 하지만 배변을 촉진하는 약을 먹었으니 내일이면 본모습으로 돌아올 것이다"라고 편지에 쓰기도 했다. 볼테르에 얽힌 일화를 보자.

한번은 영국인 재력가와 독설가 볼테르가 함께 자리했다. 몇 시간 동안 나눈 대화의 골자는 본성의 타락, 왕의 폭정, 핍박과 기근, 불행과 질병(통풍과 결석 등)에 따르는 통증이었다. 그들은 상상 속의 폐단을 두고 열띤 토론을 벌이다, 이튿날 아침 세상을 뜨자는 결론에 이르렀다. 다음 날, 신사는 여전히 같은 마음이었지만, 볼테르는 그러지 않았다. "죄송합니다. 잠도 잘 잤고 장도 편안한데다 날씨까지 화창하네요."

필자의 지인 중에는 하루가 가기 전에 장을 후련하게 비우지 못하면 성질이 괴팍해지는 사람이 있다. 피넬이 기록한 특이 사건에 등장하는 한 남성은 장운동이 원활하지 않을 때마다 정신에 문제가 생겼다고 한다.

일설에 따르면, 극악무도하고 잔인하기로 유명했던 로베스피에르Maximilien François Marie Isidore de Robespierre[20]는 만성 변비에 간 질환이 심했고, 죽은 후에 창자에 혹이 발견되었다고 한다. 병환이 살육 현장에서 살인 충동을 어느 정도까지 자극했을지 상상해 보라.

천재성을 가진 다수의 사람에게서 보이는 극도의 분노가 물리적 질환의 결과라는 데에 이견은 없을 것이다.

포프의 악행과 기이한 성격과 무례한 언행의 대부분은 자신도 억제할 도리가 없는 원인, 즉 위와 간 질환이 염려증을 일으킨 결과였다. 다음은 포프를 관찰해 온 매든Richard R. Madden의 기록이다.

병고(소화 장애)로 치밀어 오른 분노 탓에 그가 문학계의 라이벌을 지독하게 비꼬았을지 누가 알았겠는가? 또한 통증을 느낄 때 분노가 솟구쳐 터무니없는 야유를 보내거나, 비정상적인 감정이 짜증과 투정으로 나타난 것인 줄 누가 알았겠는가? 강인한 정신력이 병고로 떨어진 것인 줄 누가 알았겠는가?

포프가 신체적 질병으로 고생했다는 사실은 존슨 박사의 진술에서도 분명히 드러난다.

---

20) 프랑스 혁명기의 정치가(1758~1794). 자코뱅파의 지도자로서 왕정을 폐지하고, 1793년 6월 독재 체제를 수립하였다. 이후 공포 정치를 추진하다가 1794년 테르미도르의 쿠데타로 물러나 처형되었다. -편집자주

선천적으로 허약한 체질이었던 포프는 건강이 더 악화되어 지속적인 간병이 필요했다. 그리고 지나치게 한기를 느껴, 거친 린넨 셔츠 아래 더블릿doublet[21]을 입었다. 또, 아침에 눈을 뜨면 빳빳한 캔버스 천으로 만든 조끼를 걸쳤다. 끈을 다 묶은 후라야 몸을 일으켰고 그 위에 무명 조끼를 덧입었다. 다리는 너무 말라 스타킹 세 벌로 그럭저럭 다리에 '살'을 붙였는데, 이 또한 하녀가 벗기거나 입혀야 했다. 하인이 없으면 잠자리에 들지도 못했다.

게다가 포프는 잦은 소화 장애로 불행과 절망의 산 증인이 되기도 했다. 지인이나 식구와 심심찮게 다투는가 하면, 심신의 고통을 없애고 싶다며 죽기를 바랄 때도 있었다고 한다. 포프는 이러한 문제가 벌어지면 새뮤얼 가트 경에게 진료를 받았다. 다행히 그는 엄격한 식이요법과 약 처방으로 건강이 회복되었다.

물리적 질환은 만성이 되면 뇌 기능을 저해한다. 포프의 경우에는 뇌에서 압박을 느끼는가 하면 뇌에 공급되는 혈액이 들쭉날쭉하거나 부족한 적도 있었다. 스펜스J. Spence에 따르면, 그는 눈앞에 커튼이 드리워진 것처럼 물체가 희미하게 보이거나, 색깔이 달라 보일 때도 있었다. 병상에서는 다즐리R. Dodsley 박사에게 벽을 뚫고 나온 듯한 저 무기는 도대체 무엇이냐고 물어본 적도 있다고 한다.

---

21) 14~17세기에 남성들이 입던 짧고 꼭 끼는 상의. -옮긴이주

자살 충동 극복 사례

환자가 자살 충동을 느낀다면 전문의는 대뇌에 울혈이 있는지, 두뇌에 공급되는 혈액량이 적지는 않은지 면밀히 살펴보아야 한다. 사혈도 자살 충동을 억제하는 데에 효과가 있는 것으로 알려져 있다. 슐레겔은 어느 여성이 체내에 혈액이 과잉 누적될 때마다 자살 충동을 느꼈다는 일화를 들려주었다. 두 차례의 자살 기도 후에도 착란 증상이 재발했는데, 이때 사혈로 즉각 안정을 되찾았다고 한다.

반도회전[22] 당시, 대검으로 머리를 다친 어느 중년은 크게 흥분하거나 술을 과음하면 자살 충동에 사로잡히곤 했다. 두 번이나 목숨을 끊으려 했지만 다행히 사람들의 눈에 띄어 목숨을 부지할 수 있었다. 유일한 해결책은 두부 주변의 피를 뽑는 것뿐이었다.

다른 장에도 언급했지만, 자살을 시도할 당시에는 정신이 온전치 않았다가 출혈 이후 이성이 돌아왔다면, 자살 충동을 일으키는 뇌 질환의 경우에 사혈이 매우 중요한 역할을 하는 것으로 볼 수 있다.

---

22) Peninsular Campaign. 미국 남북전쟁에서 북군이 버지니아의 요크 강과 제임스 강 사이에 있는 반도를 경유하여 남부연합의 수도인 버지니아의 리치먼드를 점령하기 위해 벌인 전투. —옮긴이주

한편, 두부를 타격하면 자살 성향이 발전한다는 통설이 있다. 뇌 질환은 수년간 조용하다가 갑자기 모습을 드러낸다. 어느 남성은 어릴 적에 말이 자신의 머리를 가격했었다고 한다. 사고 당시 심각한 증상은 없었지만 6년 후 그는 목을 그어 자살하고 말았다. 그전에도 정신 질환 증상은 전혀 없었다. 그런데 부검해 보니 뇌 질환이 뇌 곳곳에 퍼져 있었다. 한편, 어느 남성은 자살 충동을 느낄 때 팔에서 피를 뽑자 이성을 찾았다고 한다.

아무 때나 피를 뽑으라는 이야기가 아니다. 뇌에 공급되는 혈액이 부족한 것으로도 자살 충동을 느끼는 경우가 있다고 하니, 전문의가 환자의 상태를 면밀히 살펴 이러한 경우 사혈을 처방하였으면 하는 바람에 하는 말이다. 물론 자살 사건 중 60퍼센트는 선천적이든 후천적이든 뇌 질환에서 비롯된 것이므로 뇌에 특별히 신경을 써야 할 것이다.

이번에는 일시적인 착란으로 자살할 뻔했다가 사혈로 회복된 환자의 사례를 언급할까 한다. 버로우스G. M. Burrows 박사의 증언을 들어 보자.

지인 중에 성미가 급하고 다혈질인 중년 남성이 있는데, 하루는 공식 석상에서 신랄한 질타를 당하고는 얼마나 충격을 받았는지 망연자실해하더군요. 그날 밤 잠자리에 들지 않고, 이른 아침까지 꽤 오랫동안 정처 없이 돌아다녔지요. 그러다가 저도 모르게 강가에까지 왔는데, 강을 보는 순간 뛰어들고 싶은 충동을 느껴 곧바로 투신했답니다. 마침 지나가던 행인이 그를 건져 내서 인근 진료소로 데려갔지요. 그때까지도 정신이 들지 않았다고 합니다. 행인이 주머니에서 찾은 주소록을 보고 가족에게 연락해서 저도 그리로 가게 되었지요. 의식이 돌아오자 가족은 환자에게 옷을 입히고 그를 마차에 태워 집으로 보냈습니다. 저도 함께요. 그는 입을 다문 채 멍하니 앉아 있었습니다. 돌부리에 마차가 흔들릴 때 정신을 차린 듯, 주변을 두리번거리더군요. 하지만 마차에 같이 앉은 사람들에게는 눈길 하나 주지 않습디다. 그러다 갑자기 난폭해지는데, 매서운 눈초리에 동공은 심하게 흔들리고 얼굴은 벌겋게 달아올랐습니다. 이때 이마의 핏줄이 서고 착란 증상이 나타났지요.

버로우스 박사는 환자의 혈관계가 격렬하게 반응한 것으로 진단하여, 부항을 써서 약 500그램의 피를 뽑고 냉찜질로 두부의 혈관을 풀어주었다. 이후 관장제로 장을 비우게 했다. 환자는 성질이 누그러져 곧 잠이 들었다. 여섯 시간을 자고 일어났는데, 냉정은 찾았지만 가끔 오락가락했다. 이후 영양식을 가볍게 섭취했다. 밤에 온순한 양처럼 눈을 떴지만 기력이 없었고, 이튿날 건강은 회복되었지만 몸은 여전히 나른했다. 불쾌한 비방으로 생긴 트라우마를 조곤조곤 대화로 푼 끝에 병세가 차츰 호전되었다고 한다.

디스레일리의 말마따나 "교수형으로 다스리는 범죄가 있는 것처럼 물리적인 수단으로 범죄자를 쉽게 치유할 수 있지 않을까?" 하는 기대도 무리는 아닐 것이다. 예컨대, 루이 15세를 암살하려다 실패한 다미앵은 결국 가장 잔혹한 고문으로 생을 마감해야 했다. 하지만 그도 끝까지 탄원했듯이 피를 뽑았다면 전날 아침에 왕을 죽이려 하지 않았을 것이다.

한편, 들로르멜M. Delormel은 4월 어느 날, 호출을 받아 아르만 빌레 저택에 사는 샤틀랭 부인을 방문했다. 주치의는 부인을 '우울증, 염려증, 정신이상'으로 진단했다. 게다가 자살 기도 전적도 있어 세심한 주의가 필요했다. 얼마 전, 피를 뽑고 장을 비우고 난 뒤 진경제를 복용했지만 별다른 차도가 없었다고 한다. 들로르멜은 환자를 면밀히 살핀 후, 그녀의 주치의와는 다른 소견을 내놓았다. 서른일곱 살인 환자는 다혈질이지만 적극적이고 사교적인 성격이었다. 그런데 2년 넘게 위장이 쓰리고, 변비, 복통, 생리불순으로 몸이 많이 야윈 탓에 우울증과 염려증 증상이 두드러지게 나타났다는 것이다.

샤틀랭 부인은 건강했을 때에는 남편과 자녀가 보고 싶어 견딜 수가 없었다. 하지만 몸이 아프고 나서부터는 혼자 있기를 바랐고, 이후 스스로 목숨을 끊겠다는 의지가 마음을 장악하고 만 것이었다. 정밀 검사를 통해 만성 위장염이 확인되자, 들로르멜은 거머리 80마리를 배에 붙이고 약을 처방해 주었다. 여기에 식단을 조절하자 부인은 한 달이 채 되기도 전에 몸을 완전히 회복하였다.

환자가 대뇌에 울혈이 있지만 사혈할 형편이 못 된다면, 샤워로 머리를 식혀도 큰 효과를 볼 수 있다. 예컨대, 어느 젊은 여성은 자살 충동에 시달리다 못해 저명한 의사를 찾았다고 한다. 그녀는 기괴한 충동이 든 후부터 건강이 악화되었다고 하소연했다. 다양한 요법을 적용해 봤지만 큰 차도가 없자, 의사는 열흘간 아침마다 냉수 샤워를 하는 것을 권했다. 그 후 자살 충동이 말끔히 사라지고 더는 재발하지 않았다.

적절한 때 장을 비우는 것이 자살 충동을 억제한다는 설도 있다. 에스키롤 주변에는 장운동이 원활하지 않으면 정신이 이상해지는 지인이 있다고 한다.

팔레트가 담당한 한 환자에게는 자살 충동을 동반한 착란 증상이 있었다. 증상이 너무 심각한 탓에 의사는 구속복을 입히고 그를 철저히 감시했다. 하제(설사가 나게 하는 약)로 장을 비우자 지금까지 봤던 것 중 가장 큰 촌충이 몸에서 빠져나왔다고 한다. 얼마 후, 그는 자살 충동이 사라졌고, 건강해진 몸으로 지인과 가족에게 돌아갔다.

한편, 포데레Foderé는 자살한 세 구의 시신을 부검한 적이 있었다. 한 가족이었다는데, 세 사람 모두 장관腸管에 심각한 질환이 발견되었다. 그것이 뇌를 괴롭혀 증상을 악화시켰을 것이다.

앞서 언급한 사례의 공통점은 생전에 물리적 질환의 징후가 그리 심각해 보이지 않았다는 점이다.

위와 간 질환은 자살을 빈번히 충동질하는데, 특히 간 질환은 머릿속을 혼란시키는 요인으로 악명이 높다. 자살 충동을 보인 환자 중 다수는 하제 몇 정으로 완치되었는데, 전문의는 환자의 자궁이나 피부 상태도 유심히 관찰해야 한다고 조언한다. 아이를 낳는 중에 자살 충동이 일어나는 경우도 비일비재하기 때문이다. 어느 여성은 출산 직후에 목숨을 끊겠다고 결심했다. 장 건강에 별로 신경 쓰지 않았다는 사실을 알고 하제를 처방했더니 자살 충동이 말끔히 사라졌다. 또한, 자궁 기능에 이상이 생겨도 이 같은 충동을 느낄 수 있다. 그럴 경우에는 월경촉진제를 쓰면 큰 효과를 기대할 수 있을 것이다.

한편, 그동안 독일의 저술가들은 자살과 발한 장애의 관계를 해명하고자 애썼다. 발한 기능에 신경을 쓰는 건 당연하지만, 발한 장애가 자살에 직결된 사건이 있었는지는 아직 밝혀진 바가 없다.

몇몇 사례에서, 특히 뇌에 울혈이 있다면 사혈이 안성맞춤이라는 사실을 알 수 있었다. 다만, (용어가 정확한지는 모르겠지만 일명) '대뇌 자극cerebral irritation'에 걸리면 사혈은 되레 독이 될 수 있다. 그럴 경우에는 척추 마찰이나 진경제 혹은 하제, 그리고 대체약물을 쓰면 좋다.

지금까지 학계는 자살 성향을 암시하는 증상에 별로 관심을 두지 않았다. 자살 사건 중 3분의 2는 자살자가 자살 전조를 보인 뒤에 자살을 감행했으므로 앞으로 좀 더 신경을 쓴다면 이러한 충동을 막을 수 있을 것이다.

환자의 태도에는 일관성이 없다

무엇보다 자살 사건에서 정신적 증상이 분명히 드러난다는 것은 기정사실이다. 의욕이 떨어지고, 고독을 즐기고, 머리 쓰는 일을 불편해하는 것이 일반적인 증상이다. 가장 가까운 친구도 (진짜 속내가 어떻든) 자신을 죽일 계략을 꾸미고 있다고 의심하고, 가족이 화목해도 아무런 낙이 없을 것이다. 또한, 몸에 생긴 질병이 뇌를 교란시키면, 병고를 운운하며 완치될 기미가 보이지 않는다고 하소연하기 십상이다. 자살을 고민하는 사람은 얼굴에 표시가 나는데, 잘 잊히지 않는다. 어느 대형병원의 의사는 60퍼센트의 확률로 눈매만 보고도 자살 충동 여부를 가려낼 수 있다고 했다. 그러면서 며칠 전 병원을 찾은 젊은이 이야기를 들려주었다. 그는 환자를 면밀히 살펴보고는 간호사에게 이렇게 주문했다.

"아무개 씨는 특별히 신경을 써야 합니다. 조만간 자살할 사람이니까요."

자해에 사용될 수 있는 것은 뭐든 압수했지만 애당초 자살을 결심하고 들어왔는지 부츠에는 이미 펜나이프가 숨겨져 있었다. 그리고 당일 저녁, 그는 목에 끔찍한 칼자국을 남기고 말았다. 하지만 다행히 큰 혈관을 건드리지는 못했다. 그제야 청년은 이실직고했다.

"제 손으로 죽을 운명이니, 그걸 이루려고 했을 뿐입니다!"

그는 즉각 병원에서 쫓겨났고, 며칠 후 스스로 목숨을 끊었다는 소식이 들려왔다.

자살을 작정한 친구가 있다면 의사도 말리기가 힘들 테니 일단 가둬 두고 주의 깊게 감시해야 한다! 지인과 식사를 나누는 중에 한 여성을 만났다는 의사의 경험담을 들어 보자. 며칠 전에도 약삭빨라 보이는 인상 때문에 눈여겨봤는데, 그때 또 마주친 것이다. 처음에는 거칠면서도 변덕스런 언행을 주시했지만, 이번에는 '자살 기운'이 감도는 외모에 더 강한 인상을 받았다고 한다. 의사는 그녀가 자살을 감행할 거라고 확신했다. 그래서 지인에게 진료 상담뿐 아니라, 그녀의 행동을 주의 깊게 관찰하라는 당부를 그녀의 가족에게 전해달라고 하였다. 지인이 그녀의 가족과 잘 아는 사이였기 때문이다. 그러나 지인은 우스갯소리로 치부했고, 그 이야기는 두 번 다시 나오지 않았다. 이틀 후, 여인이 아편틴크 남용으로 세상을 떠났다는 소식이 전해졌다! 조금만 신경을 썼더라면 목숨을 건질 수 있었을지도 모른다.

자살 충동이 분명히 드러나는 경우, 필요하면 구속복을 입혀

서라도 환자를 철저히 감시해야 한다. 이 같은 강요가 초래하는 부정적 결과를 운운하거나, 환자가 구속복을 싫어한다는 이유로 입히지 않는 것은 정신 질환에 대한 치료 경험이 없다는 증거다. 기강을 바로잡는 것이 유익하지 않은 적은 없었다. 다만, 과거의 허술한 관리 방식이 정신병원에 다시 도입된 점은 유감스러운 일이다. 마치 스킬라를 피하려고 정신병원을 찾았다가 되레 카리브디스 소용돌이에 빠진 격이랄까.[23] 자살 충동이 버젓이 보이는데도 이들을 제대로 보호하지 못해 얼마나 많은 환자가 죽어갔던가!

얼마 전엔가 자살을 기도한 여성이 정신병원에 입원한 적이 있었다. 번지수를 제대로 찾은 것만은 분명했다. 스스로 세상을 떠날 기회를 놓치지 않겠다는 결심 탓에 그녀는 특별 보호 대상이 되었다. 시야에서 사라져서는 안 되었고, 듬직한 간호사와 늘 붙어 있어야 했다. 그제야 회복되는 기미가 보였다. 하지만 퇴원 조치는 시기상조인지라 일단 격리시키기로 하고, 의사와 수간호사의 집에서 묵을 수 있게 했다. 그리고 가급적이면 혼자 두지 않도록 했다. 자살 충동이 돌연 재발할지도 모르니까. 몇 주간 의

---

23) 그리스 신화에서 스킬라(Scylla)는 상체는 여성, 하체는 여러 마리의 개나 뱀의 모습을 한 괴물을 말하며, 카리브디스(Charybdis)는 거대한 소용돌이를 일으켜 배를 삼켜 버리는 괴물을 뜻한다. 둘 다 이탈리아와 시칠리아 사이의 메시나 해협에 산다고 알려져 있으며, 현재 지명을 뜻하기도 한다. —옮긴이주

사의 집에 머물면서 증상이 많이 호전되었는데, 그녀는 자신이 스스로 목숨을 끊으려 했다는 사실에 놀라운 기색이 역력했다. 그런 마음을 가졌다는 것 자체를 납득할 수 없다는 반응이었다. 그러던 어느 날, 그녀는 아침 식사를 마치고 나서 수간호사와 자리를 함께했다. 의사는 회진 중이었다. 마침 위층에서 아이 우는 소리가 들렸다. 무엇을 하다 다친 모양이었다. 수간호사는 부리나케 방을 나와 3분 정도 자리를 비웠다. 아니나 다를까, 돌아와 보니 환자는 보이지 않았다. 가슴이 철렁 내려앉았다. 즉시 그녀를 찾아 나섰지만, 아무리 찾아도 보이지 않았다. 이때 응접실 커튼 뒤편으로 환자가 보였는데, 이미 처마 장식에 목을 매 주검이 된 후였다! 여유가 별로 없었을 텐데 용케 목을 매 죽은 것이다. 회복하던 중에 자살 충동이 재발한 것인지, 간호사의 방심을 유도하기 위해 교묘히 충동을 숨겼는지 확신이 서지 않지만, 필자는 후자일 가능성이 높다고 본다. 정신 질환자의 경우, 간교한 습성도 그렇지만 끔찍한 목적을 이루기 위해 간혹 비상한 술책을 보이기 때문이다.

정신이상 증상을 보인 어떤 환자는 목을 매려다가 현장에서 적발되었다. 그 같은 경솔한 짓은 두 번 다시 하지 않겠다고 약속했지만, 다음에는 칼로 목을 긋다가 발각되었다. 다행히 자상이 치명적이지 않았다. 얼마 후, 그는 정신 질환자를 오랫동안 관리해 온 중년 직원에게 보내졌다. 직원은 환자의 일거수일투족을 주의 깊게 살피라는 주문을 받았다. 그 또한 환자의 성향을 아는 지라, 자해에 쓸 만한 도구는 모두 압수했고, 면도도 이발사가 직접 해주었으며, 어떤 연장이든 손에 쥐여 주는 법이 없었다. 9개월간 이렇게 구속되었는데, 훗날 밝혀진 사실로 미루어 볼 때, 하루도 빠짐없이 어떻게 죽을까 고민했던 것 같았다. 결국 그는 어느 날 아침 침대 틀에 목을 맨 채 발견되었다. 심장은 이미 멎어 있었다. 사건을 아는 사람들은 그가 노끈을 구한 경위를 궁금해했다. 마침내 수수께끼는 풀렸다. 가족이 신문과 책을 이따금씩 남자에게 부치고는 했는데, 그게 노끈에 묶여 있었던 것이다. 그는 목을 맬 수 있을 정도로 튼튼한 끈을 만들 때까지 직원 몰래 하나둘씩 숨겨 두었다. 9개월이 다가도록 머릿속에는 온통 자살 생각뿐이었을 것이다. 정신이상 증상은 딱히 보이지 않았지만 자살을 계획했던 것이 틀림없다.

한 여성은 웨이크필드Wakefield 소재 정신병원에서 여러 차례 목을 매려 했지만, 보는 눈이 많아 번번이 물거품으로 돌아갔다. 그러던 어느 날 저녁, 직원이 침실에서 환자의 옷을 회수하다가 속옷 윗자락에서 번쩍이는 뭔가를 발견하였다. 자세히 살펴보니 핀이었다. 잠자리에 들기 직전 스타킹 밴드를 벗을 때, 직원이 주머니도 비우고 옷도 다 가져간다는 점을 알고 속옷에 핀을 끼워 둔 것이다. 윗자락에 꽂아 두면 눈에 잘 띄지 않을 테니 말이다. 하지만 천우신조로 핀이 반짝이는 바람에 이번에도 자살 기

186

도는 물거품이 되었다. 그 후, 자살 충동이 점차 누그러지기 시작했다. 그녀는 이후 한웰 정신병원에서 18년을 보냈다. 엘리스 경은 몇 년 전 그녀를 만났다고 한다. 팔순도 더 된 나이에 전보다는 성격이 차분해 보였는데, 이제는 제 명이 다하기만을 기다리고 있단다.

자살하기로 작정했지만, 감시가 끊이질 않고 자살할 기회를 찾을 수 없다면 환자는 며칠 아니 몇 주라도 활기찬 척할 것이다. 의심을 없애려는 술수인데, 그러다 적당한 기회가 오면 절대 놓치는 법이 없다.

오랫동안 실의에 빠져 있다가 몇 번이고 목을 맸지만 번번이 실패한 남성이 있었다. 어느 날부턴가 그의 증상이 크게 호전되었다. 기분도 좋아 보였고, 사람들과 목초장에서 일하는 것도 마음에 들어 하는 것 같았다. 한동안 야외 작업에 매진하면서 정신 건강이 점차 회복되는 듯했다. 그러던 어느 날 저녁, 작업 현장에서 돌아오고 나서 나머지 인부는 차를 마시러 실내에 들어갔다(건초 작업 때는 얼마든 차를 마실 수 있었다). 그는 목이 마르지 않다며, 날이 아주 더우니 문간에 있겠다고 했다. 환자만 현장에 남아 있었던 것이다. 얼마 후, 관리자가 와서 인부에게 그가 어디 있는지 물었다. 방금 전까지 있었던 곳을 일러 주자 관리자가 언성을 높였다.

"그럼 목을 맸을 거요!"

지난번에 자살을 기도했던 별채가 뇌리를 스쳤다. 그곳에 가
보니 (예상한 대로) 환자는 밧줄에 매달린 채 주검으로 발견되었다.
롤리W. Rowley 박사는 이렇게 말했다.

언젠가는 한 장교가 유력 인사에게 따끔한 질타를 받은 적이 있
었지요. 군대의 태만을 문제 삼았는데, 장교가 어찌나 이를 심각하
게 받아들이던지 (제가 쭉 지켜보니) 여차하면 자살도 서슴지 않겠더
라고요. 흉기나 무기는 전부 치워 두고, 세심한 주의가 필요한 상
황인지라, 웨스트민스터 학교에 다니고 있는 그의 아들(당시 18세)을
불러오기로 했습니다. 아이에게는 우려되는 점 몇 가지를 일러 주
고, 아버지를 잘 살펴야 한다고 당부도 하였습니다. 하루는 제가
몇 시간 자리를 비운 사이, 저명하고 명석하다는 의사 하나가 왕
진차 그 댁을 방문했더군요. 알고 보니 저와는 관계가 좀 불편했던
의사였습니다. 얼마 전에 예의가 아닌 줄 알지만, 뇌졸중에 걸린
어느 여사에게 사혈을 강행해 겨우 목숨을 건진 적이 있었는데, 이
때 그가 제게 욕설을 퍼부어서 앙심을 품게 되었지요. 환자를 주의
깊게 살펴야 한다는 소견에 반기를 든 것인지, 악의가 있었던 것인
지는 모르겠지만, 장교는 결국 모든 구속을 피할 수 있었습니다.
저의 우려는 보기 좋게 외면당하고 말았죠. 사흘이 채 지나기도 전
에 장교는 인생의 종지부를 찍었습니다. 일찌감치 숨겨 둔 (페르디난
트 왕세자가 하사한) 대검으로 가슴 두 곳에 자상을 낸 후 세 번째는 심
장을 찔러 숨을 거둔 겁니다. 사사로운 감정에서 비롯된 오만과 앙
심이 사람의 목숨을 앗아간 셈입니다! 오호, 통재라!

자살과 관련하여 전문의가 늘 명심해야 할 중요한 사실이 있다. 목숨을 끊기로 작정한 사람은 애당초 염두에 둔 방법으로 죽음에 이르는 경우가 종종 있다는 것이다. 이들은 당장 죽고 싶더라도 전부터 계획해 둔 방법이 통할 때까지 몇 달이든 몇 년이든 기다린다. 애초에 강에 투신하려 했던 사람은 목의 혈관을 끊지 않으며, 그 반대도 마찬가지라는 이야기다. 정신이상자의 머릿속에 자주 떠오르는 죽음은 매번 한 가지 방법이기에 이런 망상을 일깨워 주는 수단을 제거하면 자살 충동이 사라질 수 있다.

웨이크필드 정신병원 근방에서 과수원을 운영해 온 일흔 살의 어느 노인이 엘리스 경을 찾아와 가장 '바람직한' 자살법을 가르쳐달라고 한 적이 있었다. 세상을 하직하기로 결심했다는 그는, 딱히 권할 만한 방법이 없으면 목을 매 죽겠다고 털어놓았다. 엘리스 경은 자살이 가증스런 범죄라는 점을 조곤조곤 짚어주고는 목을 매면 숨을 쉴 수가 없어 엄청난 고통을 느낄 거라며 회유했다. 그러나 별 소득은 없었다. 노인의 위장이 크게 망가졌다는 점을 눈치챈 엘리스 경은 약을 처방해 주었고, 부인에게는 남편을 혼자 두지 말라고 단단히 일러두었다. 처방약으로 위 기능이 개선되자 건강은 곧 회복되었다. 그러나 결국에는 연장을 보관하던 과수원 창고에서 죽은 채 발견되었다는 비보가 들려왔다. 애당초 자살에 혈안이 되어 있었기에 그로서는 어쩔 도리가 없었을 것이다. 창고는 허리를 곧추 세우고는 들어갈 수 없을 정도로 천장이 낮았고, 수중에는 노끈이나 밧줄도 없었다. 알려진 바에 따르면, 그는 버드나무 가지를 가져다가 올가미를 만들고, 서까래에 이를 단단히 묶어 두었다고 한다. 사건은 상체를 굽혀 머리를 올가미에 넣고 나서는 질식해 죽을 때까지 두 발을 힘껏 민 것으로 드러났다. 과수원 연못에 투신하거나 항상 휴대하고 다니던 칼로 목을 긋는 편이 더 쉬웠을 텐데 그럴 생각은 애당초 없었던 것이다.

자살 가능성이 높은 환자를 관리해야 할 전문의라면 이를 명심해서 손해 볼 일은 없다. 환자의 '꿍꿍이'를 눈치챘다면 이와 관련한 수단을 손에 넣지 못하도록 조치하고 조금도 기회를 줘서는 안 된다.

버로우스 박사의 증언도 들어 보자.

어느 의사 친구는 넉넉한 형편에 불안을 느낄 만한 일도 딱히 없었는데, 마흔다섯이 되고부터는 속도 안 좋고 기분도 울적하고 주의도 산만해졌습니다. 모임을 하나둘씩 피했지만 의사 동호회에는 꼬박꼬박 나오더군요. 우울증이 심해지자 상담이 필요하다는 말을 아내에게 자주했다고 합니다(아버지와 할아버지가 당신 손으로 목숨을 끊었다는 사실을 이미 알고 있었죠).

어느 날 아침에는 그가 평소보다 늦잠을 자다가 지인이 찾아와서 현관으로 나갔습니다. 가족에게는 이야기하지 않고요. 힘이 없어 보였는데, 갑자기 현기증을 느끼며 쓰러졌답니다. 부축해서 보니 손끝으로 피가 주르르 흐르고 있었죠. 지인이 방에 들어갈 무렵 작은 대퇴동맥을 끊었던 겁니다. 제가 친구를 만난 건 한 시간쯤 뒤였습니다. 정신이 들자 그는 언짢은 마음을 토로하며 증상을 자세히 이야기해 주었습니다. 진작 저를 만났어야 했는데 그러지 않아 아쉬웠지만, 꼭 그래야 한다는 확신이 서지 않았답니다. 이제는 저를 보게 되어 마음이 한결 놓인다더군요. 내 지시라면 뭐든 따르겠다고 했습니다.

나는 베테랑 간병인을 붙여 주고는 도시 근교에 있는 숙소로 자리를 옮기라고 했습니다. 친구는 이를 순순히 따르기로 했고, 치료도 받겠다고 했습니다. 숙소가 정해지기 전 이틀간, 그는 차분하고 정신도 멀쩡했습니다. 하지만 눈에는 '살의'가 느껴졌습니다. 100퍼센트 믿을 만한 상황이 아니었던 것이죠.

사흘째 되는 날 아침, 간병인이 관절염 통증으로 오른팔을 못 쓰게 되자, 면도를 다른 사람에게 맡겨야 했습니다. 면도를 해줄 사람이 화장 테이블에 면도칼을 놓아두고 고개를 돌릴 때, 간병인은 몇 미터 떨어진 곳에서 물을 데우고 있었습니다. 친구는 이를 틈타 면도칼을 낚아채 목동맥을 끊고 말았습니다.

버로우스 박사는 '아무개' 소령에 얽힌 일화도 기록했다. 워털루 전투에서 부상을 입은 한 소령이 몸은 회복되었지만, 이후로 우울증에 시달렸다고 한다. 그에게는 정신이상이 유전형질로 존재했다. 그는 기분이 우울해지고 정신이 산만해지다가 자살 충동까지 보였다. 버로우스는 노련한 간병인이 필요하다고 강력히 권했지만, 가족은 이에 반대하며 어떠한 구속도 허용하지 않았다. 결국에는 간호사 한 명이 그를 관리하기로 했다. 사실 그렇게 반응하는 가족이 한둘이 아니다. 그날 저녁, 소령이 일찌감치 잠자리에 들자, 간호사는 그가 잠든 줄 알고 차를 마시러 나왔다. 이때 그는 속히 침대를 뛰어나와 테이블에 있던 칼을 쥐었다. 간호사가 막지 않았다면 목을 그었겠지만, 다행히 가벼운 자상으로 일단락되었다.

코널리 박사가 입을 열었다.

워릭셔Warwickshire에서 사역하는 어느 성직자가 들려준 이야기인데요. 몇 해 전, 정신 질환을 앓는 이웃을 병원에 이송 조치해달라는 부탁을 받은 적이 있다더군요. 하지만 당일에는 만나지 못했다가 하루 이틀 후에 만났는데, 정신이 말짱해 보였답니다. 지금까지도 정상이라고 하니 천만다행이지요. 저희 마을에서도 서너 달 간 정신에 문제가 보이는 중년이 있었는데, 큰일이라도 저지를까 싶을 정도로 위험해 보였습니다. 하지만 병원에 보내기로 하고, 이를 통보하기 두 시간쯤 전에 봤더니 언제 그랬냐는 듯, 약제사와 조곤조곤 이야기를 나누고 있지 뭡니까. 마음이 누그러진 약제사는 되레 조치를 취소해달라고 말을 타고 환자의 지인에게로 서둘러 달려갔지요. 그런데 1킬로미터도 채 가기도 전에 사환이 뒤쫓아 그를 말렸습니다. 얼핏 보기에는 차분했던 환자가 집을 풍비박산으로 만들 뻔했다면서 말입니다. 화약 600그램을 화로에 던지면서 폭발하는 것을 보고 앉아 있었다는 겁니다. 또, 어느 중년은 몇 차례 자살을 시도했다가 건강이 회복되었다죠. 한동안 아내와 오붓한 시간을 보냈지만, 어느 날 저녁 아내가 잠자리에 들자 거실에서 목을 매어 인생에 마침표를 찍었다고 합니다.

물론 이런 서글픈 사연이 의사의 불쾌한 감정에서 비롯된 것일 수도 있지만, 안전 불감증이 낳은 결과임을 심각하게 반성해야 할 겁니다. 앞선 사례에서 환자의 정확한 상태를 확인하고, 정신 질환자가 타인이나 자신의 안전을 위협할 의도가 있었는지 가늠해 볼 만한 수단이 없었나 의문스럽습니다. 정신이상자는 의심을 받지 않으면 눈치를 살피며 침묵을 지키지만, 누군가가 의심을 품기 시작하면 자신의 의도를 숨기지 못합니다. 즉, 어떤 기억이나 화제 혹은 반감을 느낄 만한 주제나 선입견 등이 대화에서 나오면 환자는 흥분된 감정이나 맹신이나 분노심이나 복수심을 감추지 못한다는 겁니다. 물론 감정이 탄로날까봐 노심초사하지는 않을 테지만요. 예컨대, 조나단 마틴Jonathan Martin은 법 없이도 살 사람이 어디 있을까 싶을 정도로 매사에 상냥하고 말씨도 소박하고 가식이 없었지만, 성경을 집어 올려 그의 광기를 건드리면, 신앙과 넓은 아량은 순식간에 무너져 버렸지요. 감정을 흥분시키는 열쇠를 쥐었을 때, 광기에 익숙지 않은 사람이라면 충격을 받을 수밖에 없습니다.

소박한 즐거움을 느끼는 사람과 동행하고 있다고 칩시다. 들에 핀 꽃과 하늘의 아름다움에 감탄하고, 넉넉하고 유익한 것이라면 무엇이든 상상만으로 만족해하더라도, 어떤 어구나 이름이나 장소에 대한 기억 혹은 사소한 부주의로 광기를 자극하면 돌연 악마로 둔갑하고 맙니다. 억양과 몸짓과 표정과 말씨에서 악당의 면모가 드러나면 끔찍한 범죄로 이어질지도 모릅니다. 그런 증상을 파악하는 게 쉽지 않지만, 혹시라도 의구심이 들면 그를 철저히 지켜보고 구속할 수 있는 조치를 꾸준히 강구해야 할 것입니다.

이번에는 경미한 정신이상 증상이라도 철저히 감시해야 한다는 점을 일러둘까 한다. 전문의라면 이를 명심해야 하며, 일단 조치가 필요할 듯싶으면 무슨 일이 있어도 환자와 소통해야 한다. 때를 놓치면 자칫 목숨을 잃을 수도 있다.

피어리M. Piorry는 군인으로 보이는 건장한 남성이 실신했다는 소식을 듣고 비블리오테크 호텔에 간 적이 있었다. 남성의 증상은 뇌일혈이나 간질로 보였는데, 아프게 된 경위를 물어도 만족스런 답변을 들을 수 없었다. 그러다 얼마 후, 남성은 열쇠를 삼켰다고 실토했다. 호출을 받아 도착한 루 교수가 식도에서 체인이 딸린 길쭉한 구리조각과 이물질을 어렵사리 빼냈다. 이튿날 저녁, 남성은 몇 차례에 걸쳐 스스로 목숨을 끊으려 했다. 처음에는 잠옷으로 목을 매려 하다가 그렇게는 죽지 않을 성싶어 사슬로 목을 졸랐고, 그것도 통하지 않자 열쇠를 또 삼키고 말았다. 발견될 당시에는 거의 죽은 상태였다. 열쇠를 끄집어 낸 이후, 그는 구속복을 입은 채 병원에서 치료를 받았다. 다행히 며

칠 후에는 자살 충동이 수그러들면서 온전한 정신을 되찾았다
고 한다.

한편, 사람들에게 귀감이 되던 한 군인은 극심한 우울증 탓에
권총을 입에 넣고 방아쇠를 당겼다. 처참한 중상을 입었으나, 페
티 박사의 도움으로 목숨은 건질 수 있었다. 병원에 구속된 후,
그는 자신이 자살을 기도했다는 사실에 충격을 받았다고 한다.
이에 주치의와 지인은 그가 더는 자살 충동을 느끼지 않을 거라
고 단정했다. 하지만 이 모든 것은 사람들의 의심을 가라앉히려
는 수작에 지나지 않았다. 그는 연기로 사람들의 경계를 풀고는
병동에서 스스로 목숨을 끊었다.

의사가 갖추어야 할 자세

이번에는 현실에서 쓸 만한 정보를 일러둘까 한다. 보통, 자살
충동이 강한 정신 질환자는 사람들의 의심을 불식시키고자 할
때 말과 행동에서 주도권을 잡으려는 경향이 있다. 버로우스 박
사는 이 같은 경우에 분별력이 뛰어나다는 의사도 감쪽같이 속
았다고 전했다.

어느 날, 버로우스 박사의 지인이 슈터스힐에 올랐다가 어느
중년을 만났다. 지인이 탄 사륜마차가 중년 남성의 뒤에서 가고
있었는데, 그 남성이 갑자기 무릎을 꿇고는 진심 어린 기도를 드

리듯 두 팔을 높이 들어 올렸다고 한다. 이를 본 지인은 역마차를 멈추었다. 모양새를 보아하니 정신이 나간 게 틀림없었다. 그래서 환자를 마차에 태워 런던에 있는 버로우스에게 맡기고는, 환자의 친지에게 자초지종을 알렸다.

　남성의 사연은 이러했다. 남성은 서른다섯에 기갑부대 장교로 워털루 전투에서 두각을 나타냈지만, 전장에서 말 두 필을 잃고, 몸 네 군데에 상처를 입었다고 한다. 처음에는 포탄 파편이 투구 꼭대기에 박혀 머리를 다쳤고, 다음에는 산탄이 허벅지를 관통했다. 말 한 필이 이때 죽었다. 머리와 허벅지 출혈도 심각했다. 또 다른 말에 몸을 의지했을 때는 창에 사타구니가 다치기도 했다. 만신창이가 된 후에는 죽어 가는 군인과 주검의 물건을 약탈하던 프랑스 강도에게 걸려 개머리판으로 관자놀이를 심하게 얻어맞았다. 그는 한동안 정신을 잃은 채 프랑스 진영으로 끌려갔다가, 그날 저녁에 연합군의 승리로 풀려났다. 물론 오랜 시간이 지나서야 의술의 도움을 받을 수 있었다.

　그 후, 부상은 회복되었지만 남성은 자주 두통을 호소했고, 얼굴에는 조바심을 내거나 수상쩍어 하는 기색이 역력했다. 또한 자다가도 진통에 시달리는가 하면, 실의에 빠진 채 고독을 즐기기도 했다. 증상은 날이 갈수록 심해졌고, 마침내는 자신이 형의 노리개에 지나지 않는다는 착각과 아울러 잡다한 망상이 떠올랐다고 한다. 전장에서 받은 충격이 그가 유전적으로 갖고 있던 정신이상 증상에 엄청난 영향을 준 것이다.

이후 그는 전장에서 극도의 고통을 견뎌 냈다는 점을 들어 진급을 신청했다. 그러나 예상과는 달리, 오랫동안 보류되어 달갑지 않았을 것이다. 마침내 1계급 승진한 그는 마음이 크게 들떴다. 그러나 워털루 전투가 끝난 지 1년이 돼도 고통스런 기억은 여전히 남아 있었다. 그런 상태로 런던에 온 것이다.

남성은 평소에는 차분한 성격이었지만, 그전 날 오전에 형이 자신을 도울 수 있을 거라는 생각에 과음을 한 것이었다. 결국, 과음이 정신착란의 도화선이 되었다. 지각은 아주 만신창이가 되고 말았다.

버로우스 박사가 남성을 진찰해 보니 얼굴이 아주 매서웠고 눈은 충혈되어 있었으며 동공은 수축해 있었다. 맥박은 약하고 빠르게 뛰었으며, 혀에는 백태가 끼어 있고, 자주 갈증을 느꼈다. 불면증도 닷새째 시달렸단다. 또한 난폭하고 말이 많은 때가 있는가 하면, 실의에 빠진 채 말수가 확 줄어든 때도 있었다. 기력이 쇠한 까닭은 혈관이 파열되면서 다량의 피가 쏟아졌기 때문이었다.

환자에게 적용한 방법을 조목조목 열거할 필요는 없을 것 같지만, 의술과 관련 있는 경우는 밝혀 두겠다.

먼저, 병실을 지정하고 간병인과 함께 있도록 했다. 3주 정도 지나니 몸이 거의 회복되었지만 손가락이 곪기 시작했다. 환자는 염증 때문에 온몸이 썩어 들어갈 거라는 착란에 시달리다가 생인손 통증이 수그러들자 정신도 크게 호전되었다.

6주 후, 건강이 회복되어 퇴원을 앞둔 그에게 의사는 가을이 가기 전에 여행을 다녀오라고 조언했다. 이튿날, 남성은 집안일로 난폭해졌다가 다시금 상심이 밀려왔다. 이따금씩 과격한 언행을 보였지만, 정신이 자연히 돌아왔다.

그의 아내는 남편이 기분을 전환할 수 있도록 도와야 함에도 그를 도시에 데려와서는 친지와의 자리를 마련했다. 그러자 부부 간에 다툼이 잦아지고, 의심과 상심이 또 다시 그를 괴롭히기 시작했다. 심지어는 아내를 폭행하기도 했는데, 이는 친지와 격리시키라는 의사의 권고를 무시한 결과였다.

부스럼도 하나 났다. 그런데 그 부스럼 하나가 생인손보다 더 고통스러웠다. 몸이 썩어 문드러질 거라는 망상이 심했지만, 부스럼이 곪아 고름이 빠지자 정신이 다시 돌아왔다.

지인들은 (아무리 설득을 해봐도) 그에게 기분 전환할 기회를 주지 않았다. 남성은 하루 종일 앉아 몽상에 잠기는가 하면 종교 책을 읽기도 했다. 그러다 보니 자신이 너무 사악하여 종교적 의무를 저버리고 있다는 망상에 시달렸다. 얼굴에는 살의가 느껴졌다.

한 달 후 저명한 의사 두 사람과 상의한 끝에, 버로우스 박사의 소견에 따른 치료법이 확정되었다. 하지만 치료는 모두 뒷전으로 물러났고, 종교적 문제나 격리 문제에 관해 환자의 의사를 존중해 주기로 했다. 3주차가 되니 증상이 악화되어 사설 병원으로 후송되었다. 며칠 후, 환자는 병원 밖을 나와 강에 몸을 던졌다. 다행히 간병인이 그를 건져냈다. 환자는 실의에 빠진 채 몇 달을 보내다가 건강이 회복되는 듯했다. 주치의도 그리 판단하여 귀가 조치키로 했다. 이틀이 지나자, 그는 다시 병원에 입원시켜달라며 의사에게 간곡히 부탁했다. 당일 입원한 그는 이튿날 극약으로 세상을 떠났다.

애당초 그는 자살하겠다는 의지를 포기한 적이 없었을 것이다. 자신의 속내를 교묘히 숨기며 자신이 정신을 회복했다고 착각하게끔 하였는데, 이는 어디까지나 밖에서 극약을 손에 넣기 위해 깔아 둔 포석에 지나지 않았다. 넉넉한 양을 입수하고 나니, 자신의 죽음을 애통해할 아내가 눈에 밟혀 병원에 다시 발을 들인 것이다.

이 장에서 필자는 자살 성향이 강한 환자를 관리해야 할 전문의를 위해 원칙 몇 가지를 소개했다. 환자의 병력을 훤히 꿰면 치료는 성공을 거두게 되어 있다. 모든 사례에 일괄적으로 적용되는 원칙은 없다. 전문의의 판단이 가장 중요하겠지만, 뇌가 어떤 식으로 동요하든 자살은 경우를 막론하고 뇌 질환이 근본 원인이므로 뇌의 상태에 각별히 관심을 두어야 할 것이다.

광기만이 비극의 결과인가?

자연에서의 가장 보편적인 법은 위험을 초래하는 환경에서 생명을 보존하고, 안전을 도모하는 것이다.

사람이라면 누구나 자기 몸을 미워하지 않고 오직 양육하여 보호하게 마련이다. (에베소서 5:29)

성경 구절이긴 하지만, 이성에 바탕을 둔 금언이기도 하다.

이에 대해 어느 시인은 "삶이 그림자뿐인 꿈이고, 이승과 저승을 잇는 부실한 지협에 불과한 탓에 바람이나 파도를 견딜 수 없다"라며 체념하였다. 그러면서도 한편으로는 부귀영화가 가져다 줄 명예를 누릴 바에야 차라리 지상에서 며칠, 아니 몇 시간이라도 더 사는 편이 낫다고 역설하기도 했다.

난봉꾼이라도 만나련다

호메로스가 살아간 나날과, 그가 죽고 난 지금까지의 세월을

내일이 그에게 모두 준다면

—에이브러햄 카울리—

"제가 해드릴 수 있는 게 있을까요?"

테일러Taylor가 임종을 맞이한 월코트Wolcott에게 묻자, 월코트
는 더 살고 싶다고 답했다. 저명한 피터 핀더Peter Pindar[24]마저 "젊
음을 돌려주오"라는 말로 삶을 마친 것이다.

한편, 존슨 박사는 지나치게 죽음을 두려워했다. 하루는 죽음
이 가까울수록 정신력이 더 강해지지 않느냐는 보즈웰의 질문에
정색하며 이렇게 대꾸했단다.

그만하시오! 사람은 어떻게 죽느냐보다 어떻게 사느냐가 더 중
요한 거요. 죽는 꼴을 말해야 뭣하겠소? 금방이면 주검이 될 텐데.

그래도 보즈웰이 말꼬리를 물자 심기가 불편해진 그는 언성
을 높였다.

---

24) 월코트(Wolcott) 혹은 존 월코트(John Wolcot)로 불렸던 영국 작가의 필명.—편집자주

"그만합시다!"

이때 존슨 박사의 표정은 자못 진지했다고 한다. 그러고는 이렇게 말했단다.

"내일은 만나지 맙시다!"

> 심령이 강한 그대여!
> 세상과 그대가 다짐한 서약은
> 결코 깰 수 없으리라!
> −존 웹스터John Webster의 《백마The White Devil》에서 주인공 브라치아노Brachiano의 대사−

나폴레옹의 보좌관 중 하나인 몽트벨로Montebello 공작에 얽힌 일화는 생명을 보존하려는 인간의 본능을 잘 보여 준다. 독일 남부 지역에서 전투를 벌이던 공작은 포탄의 파편에 맞아 중상을 입고 만다. 살아날 가망은 전혀 없었다. 의원을 불러 치료를 명령했지만, 의원은 상처가 깊어 도리가 없다고 했다. 기력이 다해 가던 공작은 조금이라도 더 살고 싶어 광기를 부렸다. 의사에게 살리지 못하면 가장 무거운 형벌을 내리겠다고 협박한 것이다. 그러고는 나폴레옹 장군을 불러오기 위해 병사를 보냈다. 장군의 권능이라면 말 몇 마디에 피가 멎고, 자연도 복종할 테니 말이다. 마침내 당도한 나폴레옹은 두려움에 사로잡힌 채 안간힘을 쓰고 있는 충신을 보았다. "나폴레옹 장군! 살려주소서!" 그러나 생명의 등불은 곧 꺼지고 말았다.

프랑스의 루이 11세도 죽음이 임박할 때 목숨을 부지하려고 안간힘을 썼다. 당시 그는 야만족의 관습에 따라 아이의 혈관을 끊어 그 피를 게걸스레 마셨다고 한다. 그렇게 해서라도 생명의 불씨가 다시 타오르기를 바랐다.

한편, 영국 법조계에서 명성을 떨치던 변호사는 병세가 심각하여 죽음의 그림자가 성큼 다가오자, 신에게 '죽지 않겠다'고 과감히 맹세했다. 그는 하느님께 화를 내며 침대를 어렵사리 빠져나와 계단을 비틀대며 내려갔다. 하지만 기력이 없어 복도에서 주저앉고 말았다. 이 비운의 사나이는 목숨이 제 손에 달려 있고, 기력이 쇠잔해 가는 속도를 얼마든 늦출 수 있다고 착각한 듯했다.

스펜스는 이런 이야기를 들려주었다.

살비니는 정말 별난 사람이었다. 결근도 잦았고 게을렀는데, 임종을 앞두었을 때도 마찬가지였다. 그는 세상을 하직할 무렵 "정말 죽기 싫다Je ne veux pas mourir, absolument!"라고 외쳤다.

현세의 삶은 늙을 수 있고, 병들 수 있고, 가난할 수 있고, 투옥
될 수 있어
고단하고 혐오스럽겠지만
죽음의 공포 앞에서는 낙원과 같으리라
—윌리엄 셰익스피어의 희곡 《자에는 자로Measure for Measure》에서 클
로디오Claudio의 대사—

죽음에 취하다

이 주제를 골상학적으로 살펴볼 생각은 없다. 하지만 선악에
대한 선천적 성향이 개인에 따라 천차만별로 발달한다는 주장에
대해 골상학을 지지하든 반대하든 상관없이 동감하는 바다. "인
간의 마음속은 속임수가 가득하고 매우 사악하다"라는 것은 학
자가 아니더라도 누구나 할 수 있는 말이다. 성경이 이를 각인시
켜 주었기 때문이다. 어떤 '용어'는 논란을 불러일으킬 수 있지
만, 인간에게 생명을 없애려는 성향이 있다는 데에는 논란이 없
을 줄로 안다. 남이 무언가를 죽이는 모습을 보고픈 욕구에서,
자신이나 남을 직접 죽이려는 욕구에 이르기까지 사람마다 그
수위는 다르다. 타고난 성향이 그러하므로, 강인한 정신력이 이
를 억제하지 못하면 광기가 나타나고 말 것이다. 생명을 파괴하
려는 감정은 개인의 의식과 맞물려 존재하기에 신과 인간의 법

에 대립되는 범죄는 일어나게 되어 있다. 갈 박사는 이 같은 성향이 기형적으로 발달한 사례를 열거했다. 이를테면, 어떤 학생은 곤충이나 새 혹은 가축을 괴롭힐 때 희열을 느꼈는데, 그 만족감 때문에 의학을 전공하기로 했단다. 또, 한 남성은 살인 욕구가 너무 강해 사형집행인이 되었고, 어느 네덜란드인은 육류를 대량 공급하는 정육점 주인에게 소를 도축하도록 허락해 준 대가로 금품을 지급했다고 한다. 이러한 사례는 본성이 비정상적으로 발달한 경우를 뜻한다. 기형적으로 발달한 성향을 촉발시킬 만한 요인이 제공된다면 그들 또한 자신과 남을 살해할 것이다.

갈 박사는 오스트리아 빈에 사는 어떤 이의 사례도 덧붙였다. 그 사람은 사형수가 죽는 것을 보고는 살인 충동에 사로잡혔다고 한다. 사태가 심각해지자 그는 자신의 머리를 치고 손을 비트는가 하면, 지인에게는 자신에게서 멀리 떨어지라고 경고하기도 했다. 또한, 피넬은 겉은 멀쩡해 보였지만 살인 성향이 강하다고 고백한 남성에 얽힌 일화를 들려주었다. 그 남자는 아내를 살해할 뻔했고, 자살을 기도한 적도 있었다고 한다.

1805년, 영국 노리치Norwich에 사는 한 남성은 아내에게 부상을 입히고 아이의 목을 그은 죄책감에 스스로 목숨을 끊으려 했다. 소문에 따르면, 그는 자신과 남에게 피해를 주지 않으려 일주일간 손을 묶고 다녔다고 한다. 또 어떤 남성은 갑작스런 사업 부진 이후에 동네방네 소리를 지르고 다녔다. 이렇게 말이다.

"제발 저를 가둬 주시오. 내가 구속되지 않으면 나와 아내가 죽을 거요! 흉기가 될 만한 것을 없애지 않으면 기어이 일을 저지르고 말 거요. 그러니 나를 가둬 주시오. 허공에 있는 무언가가 말했소. 내가 그럴 거라고 말이오!"

자극받은 감정에 휘둘리고 이성이 작용하지 않으면, 앞서 언급한 정신력은 체질에 따라 다르겠지만 대부분 비정상적으로 발달한다. 이러한 성향은 특히 전장에서 다양하게 나타난다. 이를테면 피를 볼 때 살육에 취하는 군인이 있는가 하면, 실신하는 군인도 있다. 월터 스코트Walter Scott 경은 배넉번Bannockburn 전투를 암시한 시에서, 교전이 한창일 때 드는 다양한 감정을 넌지시 묘사했다. 읽어 보면 알겠지만 스코트 경이 집중한 인물들은 사람을 살상할 때 쾌감을 느꼈다.

> 오! 무의미한 인명 낭비 중에도
> 싸움에 불을 붙이는 동기는 참으로 다양했다!
> 포부가 큰 귀족은 명예를 위해 피를 흘렸고
> 애국자는 조국을 위해 피를 흘렸다
> 기사는 젊은 혈기를 증명하고
> 연인의 사랑을 얻는가 하면
> 몇몇은 피를 갈구하기 위해 싸웠다
> 습성이나 무모한 근성 때문에
> 그러나 험악한 악당과 선한 군인과

귀족과 노예는

거친 길도 같고

핏빛이 서린 아침도 같지만

어두컴컴한 숙소인 무덤으로 걸어가는 명분은 달랐다

앞서 밝힌 사실에서 추론할 수 있는 결론은 무엇일까? 바로 인간에게는 무언가를 파괴하려는 성향이 있으며, 이것이 지혜와 신의 섭리로 억제되고 있다는 것이다. 이 소견이 맞다면 자살 사건 중 대다수는 선천적 감정이 기형적으로 발달한 데서 비롯된 결과이고, 감정의 비정상적인 발달은 1차적 혹은 2차적 뇌 질환의 결과다. 이는 법의학적 관점에서 매우 흥미로운 주제인 만큼 좀 더 면밀히 살펴볼 필요가 있다.

정신이상에 대한 고찰

그렇다면 자살행위는 정신 질환의 결과일까? 만족스런 답을 찾기에 앞서 '이견이 분분한 문제vexata questio'인 '정신이상'의 정의부터 짚어 봐야 한다. 정신이상에 대해 우리가 절대적인 기준을 마련한 적이 있었던가? 진실에 얼마나 가까운지 헤아릴 수 있는 '시금석' 말이다. 혹시라도 정상과 비정상의 경계선을 규정할 수 없다고 주장한다면 학계로부터 뭇매를 맞을지도 모른다. 정설에 연연하지 않더라도, 도덕적 징후든 지성이든 건전한 정신 상태에서 벗어난 것은 모두 광기라고 단정해도 그렇다. 공감할 법한 견해가 아주 없지는 않지만, 먼저 법이 규정한 비정상과 의학이 규정한 비정상을 구분해 두어야 한다. 비정상을 둘러싼 결정적인 차이를 염두에 두지 않은 탓에 무의미한 추론과 비난이 난무해 온 것이다. 물론 친구와 다정하게 지내면서도, 한편으로는 한없이 고독해하고 자신을 동정해 줄 사람이 아무도 없다고 착각하는 사람이라면 법조계든 의학계든 누가 봐도 정상은 아닐 것이다. 그러한 사람들은 자신이 유리로 만들어졌다고 여겨서 깨지기 쉬운 엉덩이 때문에 의자에 앉는 것도 두려워할 것이다. 한편, 고대에는 비참한 현실을 노래하다가 작품을 마치고 난 뒤 스스로 목숨을 끊은 시인도 있었다.

번민에 사로잡혀 늘 고통에 시달리는 사람은 언제든 정상적인 판단력을 발휘할 수 없다. 꿈이든 생시든, 불행이 찾아오면 어떻게든 위안을 찾아야 하기에 그러하다. 인생에 닥친 먹구름으로 낙담한 사람에게는 황량하고 절망적인 것 말고는 어떤 길도 보이지 않을 것이다. 어찌 그가 조물주나 사회를 위해 감당해야 할 의무를 헤아릴 수 있겠는가? 또, 대부분의 사람은 진퇴양난에 빠져도 희망을 찾아내겠지만, 그들은 버거운 인생의 굴곡을 어찌 감당할 수 있겠는가? 인생에서 불행은 깊은 수심에 빠진 채 삶을 포기한 사람이 기억하는 한 점의 그림과 같다. 한편에는 삶의 불행이 있고,

다른 한편에는 삶을 포기했을 때 얻을 수 있는 위안이 그려져 있다고나 할까.

뇌에 병이 생기면 정신이 이상해진다. 사람이 죽으면 뇌에 외상이 발견되지 않는 경우가 대부분이지만, 그렇다고 해서 물리적 손상이 아주 없다고 단정하기는 어렵다. 정신이상은 물리적 질병의 결과일 뿐이며, 다른 질환과 마찬가지로 그에도 초기와 말기 단계가 있다. 전문의들은 그동안 정신착란의 전조에는 별로 주목하지 않았다. 그들은 정신이상에 대한 기준을 임의로 세워 두고는, 증상이 그에 부합하지 않으면 정상적 지각에서 벗어났더라도 이를 비정상으로 규정하지 않았다. 정신이상이 늘 같은 증상을 보이는 질환인 듯 포장해 온 터라, 정신이상의 정의도 그런 식으로 틀이 잡혔다. 그러고는 그 틀에 따라 지각의 건전성을 시험해 온 것이다. 물론 시험의 오류 여부는 거론하지 않고 말이다. 뇌는 다른 장기와 마찬가지로 다양한 질병에 걸리며 경미하거나 심각한 타격을 입기도 한다. 정신이상에 대해 자의적인 기준을 세우면 초기 증상을 간과하기 쉽다. 정상적인 지각에서 벗어나더라도 이를 정신이상으로 간주하지 않는 부작용 말이다. 정신 질환의 초기 증상은 물리적 질병이 발전했을 때처럼 증거가 남고, 확실히 감지할 수 있어 누구라도 망설이지 않고 환자를 가려낼 수 있다. 자살을 정신이상의 결과로 볼 수 없다고 주장해 온 전문의들은 그동안 정신 질환이 눈에 쉽게 띄는 질병처럼 역설했지만, 이 분야에 경험이 있는 사람이라면 정신병만큼 가려내기 힘든 병이 없다는 데에 동감할 것이다. 자살을 감행했지만 이렇다 할 이상 증상이 발견되지 않았으니 당시에는 정신이 멀쩡했다고 결론을 내린 꼴이다. 관점의 폭을 넓히면 그런 결론이 나오지 않는다. 대다수의 자살 사건을 면밀히 살펴보면 알겠지만, 비운을 맞은 사람은 과거나 현재에 극심한 절망감을 비롯하여 뇌 질환의 여러 증상을 겪었을 것이다. 물리적 혹은 정신적 요인으로 좌절을 겪지 않았음에도 자살을 감행한 경우는 매우 드물기 때문이다. '법적' 정의에 따르자면, 기분이 울적하다고 해서 이를 정신이상 증상으로 치부할 수는 없다. 당연한 이야기다. 하지만 정신적 동요와 불안이 마음을 흥분시킨다면, 정신이상의 초기 증상에 시달리고 있다고 볼 수 있다. 정신병의 유전적 성향까지 감안한다면 이러한 견해의 설득력은 더욱 높아진다.

에스키롤은 이렇게 말문을 열었다.

경제력도 든든하고 명예를 마음껏 누리며 살다가 친구와 의기양양하게 작별을 고하거나, 말짱한 정신으로 비즈니스 레터를 쓰고 난 후 돌연 삶을 포기하는 사람이 있다는 점도 지적해야겠군요. 그런 사람도 일단 스스로 목숨을 끊었으니 정상은 아니라고 봐야합니다. 제정신이라고는 보기 어려울 테니 당연한 그래야죠. 편집광 또한 평소에는 정신이 온전하다가도 망상을 일으키는 어떤 생각에 '꽂히면' 그때부터는 화제가 달라지지 않던가요? 망상에 시달리더라도 노골적으로 드러내지 않는다든가, 아니면 정신이상 증상을 알아서 숨길 수는 없었을까요? 그러나 자살에 대한 욕구가 세력을 떨치면 정상인도 예외는 아닐 겁니다. 심한 통증을 느끼거나, 예상 밖의 인상을 받거나, 정신 질환으로 고통 받거나, 추억에 젖거나, 경솔한 제안을 받거나, 글을 읽을 때에 자살 충동이 솟구칠 것입니다. 얼마 전까지만 해도 몸이 멀쩡했는데 말입니다.

대개 정신이 온전치 못한 사람에게는 고통에서 벗어나고픈 마음뿐 아니라, 천재라는 인상을 풍기고 싶은 마음도 있다. 그래서 '진짜배기' 환자는 광기를 표출하지 않고, 지각이나 기억력이 떨어진다는 사실이나 엉뚱한 행동을 감추기 위해 안간힘을 쓴다(대부분 들통이 나지만). 알렉산더 크루던Alexander Cruden은 두 번째와 마지막에 정신병이 도졌을 때 혹시 전에도 그런 적이 있느냐는 질문을 받았다. 이때 그는 "전처럼 지금도 정신이 나갔고, 그때도 지금처럼 정신이 나갔었죠. 즉, 정신이 나가지 않은 적이 한시도 없었다는 소리요"라고 대꾸했다.

필자의 소견에 반기를 든 전문의는 정신이상의 독특한 특징 중 하나를 망각한 것 같다. 바로 정신 질환자의 간교한 술수, 즉 어떤 사람이 (보기에는) 비정상인 게 확실하지만, 그것을 입증하기가 쉽지 않은 경우다. 예를 들어, 어떤 환자는 자신을 정신병원에 가뒀다는 이유로 정신과 의원인 먼로 박사를 고소했다. 웨스트민스터에서 박사를 고발한 그는 온갖 심문과 검사를 받았지만 정신에 문제가 있음이 밝혀지지 않았다. 최종 판결을 앞두고, 심스 박사가 증인으로 법정에 출두했다. 환자의 상태를 잘 알고 있던 박사는 한 가지 질문으로 그의 광기를 밝혀냈다. 얼마 후, 환자는 런던에서도 먼로 박사를 고소했다. 이전 사건 때 상상 속의 공주를 연모하고 있다는 사실을 시인한 탓에 패소했음을 감안하여, 이번에는 훨씬 더 간교한 '수작'을 부렸다. 법정 사상 최고로 혹독한 심문을 당했지만 정신 질환은 끝내 입증되지 않았다. 이는 자살 사건에서 정신 질환 여부를 가늠할 때 꼭 염두에 두어야 할 특성이다. 아울러 정신이상은 명백한 증거를 남기지 않기에 이를 섣불리 부정해서는 안 된다.

쉰다섯 살의 체격이 건장한 어느 상인은 림프성 체질[25]이었지만 아량이 넓고 점잖은 성격으로 많은 자녀를 둔 가장이자 성공한 사업가로서 살아왔다. 몇 차례 불화를 겪긴 했지만 명성에 해가 된 적은 없었다. 그런데 약 1년 전, 아들에게 큰 가게를 마련해 주고 난 후부터 평소와 달리 적극적인 성격으로 변했다고 한다. 늘어나는 매출에 기쁨을 감추지 못하는가 하면, 가게에 나

---

25) lymphatic, 안색은 창백하고 활기가 없으며 정신이 둔한 것이 특징이다.—옮긴이주

오지 않는 날도 잦았다. 그런데도 가족과 지인은 그의 정신을 의심하지 않았다. 하루는 그가 출타했을 때 한 행상이 집에 찾아온 적이 있었다. 행상은 자신에게 이름과 주소를 일러 준 중년 신사가 합의했다며 그림 두 점 값으로 금화 50루이를 요구했지만, 아들은 행상을 내쫓았다. 그러고는 얼마 후 집에 돌아온 아버지가 그림에 대해 아무런 말을 하지 않자, 아들은 상인이 수작을 부려서 돈을 주지 않고 쫓아냈다고 말했다. 그러자 아버지는 잔뜩 화를 내더니 그림이 근사한데다 비싸지도 않으니 다시 주문하겠다고 하였다. 오후가 되자 말싸움은 더 심해졌고, 환자 즉 상인은 협박에 헛소리까지 해댔다. 이튿날부터 에스키롤이 그를 관리했다. 환자의 자녀들은 아버지의 병뿐만 아니라, 아버지가 그림을 구매했다는 사실에 놀라며 장부를 훑어보았다. 그런데 장부에 공백이 많았고, 현금도 크게 부족했다. 상인의 이상 증상은 6개월 이상 지속되었는데, 아들이 이 이야기를 꺼내지 않았더라면 명망 있는 사업가 집안이 며칠 만에 풍비박산이 났을지도 모를 일이다. 막대한 액수의 환어음 만기가 다가오는데, 이에 대한 조치를 취하지 않은 상태였기 때문이다.

한편, 프랑스에는 세 번째 자살 기도로 입원한 인부가 있었는데, 이별의 아픔을 이기지 못해 그만 '자살병'이 도졌다고 한다. (자살하지 말라는) 의사의 경고로 낙심이 컸지만, 그는 눈물을 흘리며 자신의 결심을 포기하겠다고 의사와 약속했다. 그러나 10분 뒤,

집에 오던 길에 밧줄이 보이자 그것으로 올가미를 만들었고, 결국 나뭇가지에 목을 매 숨진 채로 발견되었다! 이러한 사건은 다른 장에서도 언급하겠다.

재차 강조하지만, 정신이상은 정신의 병일 뿐 아니라 지능의 병이기도 하다. 지능에 아무런 문제가 없다 하더라도 정신 질환 증상은 얼마든지 나타날 수 있다. 그동안 정신 질환은 전문의의 주목을 충분히 받지 못했다. 전문의가 관심을 둬야 할 만큼 중요한데도 말이다. 지각에서 벌어지는 망상과는 별개로, 정신이상은 정신력이 떨어질 때 나타나는 경우가 더러 있다. 여러 자살 사건을 둘러싼 역사를 들여다보면, 정신이상이 그 중심에 있다는 사실을 알 수 있을 것이다. 어느 남성은 선천적으로 악한 성향임에도 불구하고 자신이 무의식중에 죄를 저질렀다는 가책에 시달리다 총으로 자신의 머리를 쏘고 말았다. 지각에는 문제가 없었지만 정신력이 저하되어 죽음에 이른 것이다. 법정에서도 주목받은 적 있는 노인성 치매는 정신력에 이상이 생긴 결과로 봄직하다. 즉, 자신이 노환임을 의식하면서도 감정을 억누르지 못하는 경우가 있다는 것이다. 그래서 "능력이 없는데 살아봐야 뭣해"라며 목을 그은 노인도 있다. 정신력이 떨어져 정신에 이상이 생긴다는 점에 동감한다면 지능(지각)에 이상이 발견되지 않는다는 이유로 정신에 문제가 없다고 단정해서는 안 될 것이다.

마요T. Mayo는 이에 대해 다음과 같이 언급했다.

지능에 아무런 문제가 없어도 자살에 끌리는 경우가 있는데, 이
때 자살 충동에 저항하는 정신력은 이미 소진되었을 것이다. 정신
과 관련된 증상에 관심을 두지 않기에 자살을 감행한 후에야 비로
소 이를 눈치채게 된다.

정신이상자의 사례

정신이상의 공통점은 사람 사이의 애착이 왜곡된다는 것이
다. 가족 간의 관계에서 비롯되는 애정과 친절이라는 감정이 되
레 상대를 괴롭히고, 심기를 불편하게 하는 것이다. 이는 환자의
가정을 보면 알 수 있으며, 가정의 화목은 주체할 수 없는 감정
과 포악한 행동으로 짓밟히는 경우가 대부분이다. 프로이센 프
리드리히 대제(프리드리히 2세)의 부친인 프리드리히 빌헬름 1세에
게 정신적 문제가 심각했으리라는 데에 이견이 없을 줄로 안다.
그가 아들을 학대하고 가족의 감정이나 안위를 무시한 이유가 바
로 여기에 있다. 죽기 10여 년 전에는 음주벽으로 건강이 악화되
고 건강염려증 환자로 전락하자, 종교 생활의 강도를 갑절로 높
였다. 가족에게 종교 이야기 외의 발언은 금했고, 매일 설교를
듣고 찬송을 부르게 했으며 이를 지키지 않으면 혹독한 징계를
일삼았다. 왕세자와 공주는 차츰 미운털이 박혔다. 빌헬름은 이
둘에게 건강에 해롭거나 역한 음식을 강제로 먹이는가 하면, 그

릇에 침을 뱉으며 온갖 욕설을 퍼붓고, 목발을 들어 구타도 서슴지 않았다. 그러던 어느 날, 빌헬름은 목을 매고 자결하려 했으나 왕비의 도움으로 겨우 목숨을 건졌다. 그 이후, 왕세자에 대한 폭력은 도를 넘었다. 어느 날 아침에는 멱살을 부여잡고 침실에 들어가서는 힘이 다할 때까지 지팡이로 무참히 구타했고, 또 어떤 날에는 머리끄덩이를 잡아 창가로 끌고 가기도 했다. 창밖에 던져 버릴 심산이 아니었나 싶다. 이때는 시종이 왕세자의 비명을 듣고 달려와 구해 주었다. 이 같은 학대에도 성이 차지 않았는지, 언젠가는 아버지를 피해 달아나려는 왕세자의 계획을 일부러 모른 체하기도 했다. 군법회의에서 왕세자의 사형이 선고되기를 바랐던 것이다. 결국 계략이 불발로 끝나자, 이번에는 왕세자를 가두고는 기독교로 개종시키려 하였다. 아들과 관련된 망상이 이때 처음으로 언급되기 시작했다(전에도 없지 않았겠지만 말이다). 왕세자를 맡긴 군목에게 왕세자가 신과 왕에게 극악무도한 죄를 저지른데다 사탄의 독이 마음에 퍼졌다고 서한을 보낸 것이다. 빌헬름은 왕세자가 잘못을 뉘우친 데에 흡족해하면서도 왕세자를 감옥에서 내보내지 않았다. 지저분한 독방에 가둔 채, 생필품은 고사하고 펜이나 종이도 주지 않았다. 음식은 굶어 죽지 않을 정도로만 넣어 주었다. 게다가 공주 또한 감옥에 가두기도 했다. 훗날에는 학대를 그쳤다지만, 그는 정신병을 죽을 때까지 안고 갔다.

위 일화에서 기억해 둘 만한 점이 있다면, '자살 기도'는 정신이상에서 '최초로 표출된 행동'일 때가 '종종' 있다는 것이다. 예를 들어, 어느 젊은 아가씨는 예전에는 멀쩡했는데, 테이블에 앉아 있다가 돌연 창문으로 달려가 투신하려 한 적이 있었다. 여러 명이 달려들었지만 구속복을 입히고 나서야 광기가 누그러졌다. 그 후로 정신이상은 죽을 때까지 사라지지 않았다. 이에 대해 슈발리에T. Chevalier는 "다행히 오래 살진 못했습니다"라고 회고했다.

그동안 자살 기도 후에 이를 후회하는 사람은 스스로 목숨을 끊으려 했지만 정신은 온전했다는 게 통념이었다. 칼로 목을 긋고 난 후에 환부를 압박해 피를 멎게 했다는 새뮤얼 로밀리Samuel Romilly 경의 일화는 저명한 권위자들 사이에서 이를 입증하는 사례로 회자되어 왔다. 그런데 한 가지 명심해야 할 점은 자살 사건을 살펴보면 뇌의 울혈에 따른 정신이상이 원인일 때가 많았다는 것이다.

이 경우, 자살을 시도할 당시에는 정신이 이상했지만, 그 후로 즉각 정신이 정상으로 돌아왔다고 생각하기 쉽다. 자상으로 심한 출혈이 일어나면, 뇌를 압박해 정신이상을 일으킨 과잉 혈액이 혈관 밖으로 빠져나가면서 뇌가 안정을 되찾기 때문에 정신이 돌아오는 경우가 많다. 이 같은 사실은 새뮤얼 로밀리 경의 경우를 보더라도 명백하다. 이를테면, 그가 정신착란으로 목을 그었다는 데는 이견이 없을 테고, 살려는 욕구가 발현된 것은 출혈로 뇌가 안정을 찾았기 때문이라는 것이다.

스폴딩Spalding에 사는 밀러라는 사람도 정신착란으로 목을 그었지만 사흘간 두려움에 떨다가 죽었다. 사흘 동안 그는 자살을 시도한 데에 대해 깊이 반성하며, 흐르는 피를 보고 나서야 자신이 무슨 짓을 저질렀는지 깨달았다고 고백했다. 그는 유서를 남기고, 온전한 정신으로 지인과 대화를 나누다가 세상을 떠났다.

몇 개월 전에는 사업상 손해를 입은 어느 상인이 큰 충격을 받아 목숨을 끊어야겠다는 의지가 솟구쳤다고 한다. 하지만 많이 배우고 유능한 사람인지라 자살 충동에 과감히 맞서기로 했다. 어느 날에는 과중한 스트레스로 하루를 보내다 극심한 우울증이 찾아왔다. 그는 회계실을 나와 퇴근하려는 직원에게 머리가 무겁고 아프다며 내일이 오기 전에 뭔가 일이 생길 것 같다고 털어놓았다. 직원은 병원에 가보라고 귀띔했지만 그는 굳이 그렇게까지 할 필요가 있을까 싶어 대수롭지 않게 넘겼다. 그런 채로 잠자리에 들었다가 한밤중에 심란한 마음으로 눈을 떴다. 어떤 말로도 자신의 감정을 표현할 수 없었다고 한다. 위안을 삼을 만한 돌파구는 자살뿐이었다. 그는 침대를 나와 하인에게 의원을 불러오라고 했다. 그러고는 근방에 사는 의사가 도착하여 방문을 여는 순간 이렇게 외쳤다고 한다.

"피를 뽑아 주시오, 그러지 않으면 목을 긋겠소!"

의사는 즉각 피를 뽑았다. 정맥에서 피가 흘러나오자, 그가 다시 입을 열었다.

"오, 하느님 감사합니다! 다행히 자살은 면했습니다!"

그로부터 자살 충동은 말끔히 없어졌다.

다음은 자살한 앳킨스 대령의 주머니에서 발견된 쪽지 내용 중 일부를 발췌한 것이다.

내가 죽은 경위를 궁금해할 테니, 내 손으로 죽었다고 자백해야 할 듯싶다. 첫째는 돈이 궁해서고, 둘째는 지긋지긋한 신경성 질환 때문이었다. 특히 이 녀석이 정신에 달라붙어서 목숨을 잇기가 어려웠다.

대령의 경우에 뇌를 압박하는 부담을 덜어 주었더라면 손에 피를 묻히지 않았을지도 모른다.

지성을 갖춘 사람이라도 정신착란을 면할 수는 없다. 명백한 사실이니 이견은 없을 것이다. 어느 스코틀랜드 상인은 목을 그어 숨지기 전, 몸 안에 있는 악마를 보고는 그것이 목에 있다는 게 느껴진다고 호소했다. 자살 현장에서 유언을 적은 쪽지 두 장이 발견되었다. 한 장에는 유언을 집행하는 사람이 의원을 고용하여 시신을 부검해달라는 글이 적혀 있었다. 그는 몸을 절개해 보면 악마가 죽은 채로 발견될 것이고, 그 후로는 악마가 아무도

해치지 않을 거라고 덧붙였다.

자살행위가 정신이상의 결과라는 점을 보여 주는 사례는 이 밖에도 많다. 이를 입증하라면 얼마든지 이야기할 수 있다. 자살 성향을 보이더라도 정신이상 증상에 따라 전문가의 견해가 다른 탓에 혼동이 난무했던 것이다. 그 문제를 두고는 에드먼드 버크Edmund Burke[26]의 정치철학을 의학에 적용해도 무방할 것이다.

안정을 과신해서 망할 바에야, 차라리 소심해서 욕을 먹는 편이 낫다.

함부로 판단하지 말라

자살 욕구를 드러낸 사람이라면 일단 정신 질환을 의심해 봄 직하다. 크게 빗나가지 않을 것이다. 스스로 목숨을 버리려 한 전적이 있는 사람이라면 평소 정신이 멀쩡하더라도 믿어서는 안 된다. 자살 의지가 있는 사람이 목적을 이루기 위해 벌인 기상천외한 사례를 들려주면 놀랄지도 모르겠다. 예컨대, 극형을 선고받은 어느 여성은 사형집행인의 손에 죽지 않으려고 100마리의 거머리에게 피를 뜯기려고 했단다. 과다 출혈로 목숨을 끊으

---

26) 영국 정치 · 사상가(1729~1797). 1765~1795년경에 크게 활약했으며, 영국 정치사에서 중요한 위치를 차지하고 있다. 저서로 ≪프랑스 혁명론≫이 있다. -옮긴이주

려 한 것이다. 또, 벌떼의 공격을 받아 죽으려 했던 여성이 있는가 하면, (예전에 말한 적이 있지만) 돌덩이로 머리를 깨려 했던 약제사도 있었다.

한편, 어느 건축업자는 고용주에게 흠이 잡힌 후에 우울증에 시달리다 자살을 결심했다고 한다. 그는 바퀴가 달린 것이라면 무엇이든 거북이걸음을 해야 할 만큼 가파른 비탈에 올라갔다. 여기서 무거운 화물을 실은 왜건wagon(짐을 싣는 마차)이 나타나자, 한쪽 바퀴에 투신하여 몸이 으스러지고 말았다.

목에 자상을 낸 여성도 있었다. 다행히 치명상은 아니었는데, 그럼에도 지인들은 정신에 이상이 있다고 생각지 않았다. 며칠 후, 상처는 회복되었지만 그 과정에서 자살 충동을 느꼈다는 증거가 포착되었다(정신에는 문제가 없었다). 먼젓번에 복권을 샀다가 당첨되지 않은 적이 있었다는데, 주변에서는 그것 때문에 그녀가 자살을 기도했다고 봤다. 완쾌 후 안정을 되찾자 그녀는 위층에 있는 침실로 들어갔다. 너무 오래 있다 싶어 들어가 보니, 그녀는 손에 칼을 든 채 화장대 거울 앞에 앉아 있었다. 턱 아래로 피가 흘러 대야에 떨어졌다. 마치 의사가 수술을 집도하듯 다시 세심하게 목을 그었다. 이번에도 회복되었지만, 그 다음에는 목적을 이루었다.

한편, 어느 환자는 언동이 난폭한데다 자살 성향까지 강해 병원에 감금되었다고 한다. 병원 당국은 어떤 물건이든 자살 도구가 될까 싶어 모두 압수했다. 하루는 평소와 달리 조용해졌다는 주변 사람의 말에 간수는 문 틈새로 그를 보다가 기겁했다. 깨진 자기 조각으로 자신의 눈을 도려내고 있었기 때문이다! 흉기는 갈기갈기 찢어 낸 매트리스에서 찾아낸 것이었다. 얼굴이 햇빛에 확연히 드러났다. 그는 간수가 미처 조치를 취하기도 전에 무시무시한 짓을 벌이고 말았다.

프랑스에서 정치적 영향력이 컸다는 어느 중년 신사가 뇌일혈에 걸려 다량의 혈액을 뽑았던 적이 있었다. 그로부터 몇 년 후, 낙마로 머리를 심하게 다쳐 몇 주간 정신착란을 동반한 열병에 시달렸다고 한다. 그런데 사고 후, 정신이상 징후가 나타났다. 뜬금없이 '지구촌 시민을 통일시키자'는 구호 아래 정부 요직을 그만두고 시골 저택에 돌아온 것이다. 그러고는 박애주의적 통일을 기념하는 건물을 짓는다며 저택을 헐었다. 지인들이 말리자 이번에는 파리로 활동 무대를 옮겼다. 그러던 어느 날, 그는 퐁네프 다리에서 센 강 한복판에 뛰어들었다가 헤엄쳐 안전히 돌아왔다. 쾌거에 흥분한 그는 자신이 전능하다고 느꼈다. 그래서 이튿날에는 마차가 달리는 길에 막무가내로 뛰어들고는 운전자에게 절대 다칠 일이 없으니 신경 쓰지 말라며 너스레를 떨었다! 아니나 다를까, 그는 사람들에게 붙잡혀 집에까지 끌려와야 했다. 그 일이 있은 지 하루 이틀 후에는 창밖으로 몸을 던져 거리에 추락하기도 했다. 결국 그는 에스키롤 박사의 환자가 되었고, 아무도 못 고칠 미치광이로 전락하고 말았다.

　프랑스 혁명 당시, 비세트르 병원에서는 착란 증상을 보이지 않는 정신 질환자 하나 때문에 별난 사건이 벌어진 적이 있었다. 어느 날, 감옥에서 학살을 자행한 폭도가 병원에 난입했다. 폭도는 옛 독재 치하의 희생자를 해방시킨다는 명분으로 정신 질환자가 아닌 사람을 추려 낼 작정이었다. 그들은 무기를 든 채 독방을 차례로 훑어가며 죄수를 심문했다. 명백히 이상이 있는 환자는 지나쳤다. 마침 차꼬를 채운 한 환자가 그들의 이목을 끌었다. "날 미친 사람으로 오해해서 족쇄를 채웠으니 이런 망신이 어디 있는가!"라며 그가 평소처럼 불만을 토로했는데, 폭도의 귀에는 정신이 멀쩡한 사람의 말처럼 들렸다. 또 시작이라는 둥, 뜬금없이 헛소리를 지껄인다는 둥, 주변에서 야유를 보냈지만 그는 이를 물리치며 말을 이었다.

　"이런 부당한 작태가 또 어디 있단 말이오!"

　그는 자신을 해방시켜달라고 폭도에게 간청했다. 환자의 탄원에 현장은 술렁이기 시작했다. 무장한 폭도는 병원장을 소환하여 가슴에 칼을 들이대고는 환자의 행동을 설명해 보라고 요구했다. 하지만 그들은 병원장이 경위를 밝히려는 찰나에 입을 막았다. 착란 증상은 없지만 이따금씩 욱하는 성질에 위험한 짓을 저지르는 환자의 이야기를 들려주려 했지만 아무런 소용이 없었다. 병원장의 아내가 과감하게 개입하지 않았다면, 병원장은 다수의 횡포에 희생되었을 것이다. 폭도는 석방을 명령하고 나서 의기양양하게 "공화국 만세!Vive la Republique"를 연신 외치며 환자를 철창 밖으로 인도했다. 하지만 수많은 무장 폭도와 소란스런 환호성과 와인으로 불그스레해진 얼굴이 교차하자, 속이 뒤집힌 환자는 옆 사람이 차고 있던 단검을 빼앗아 막무가내로 휘둘렀다. 해방을 도왔던 사람들이 되레 부상을 입었다. 신속히 제압하지 않았다면 적절치 않은 인도주의를 두고 내내 후회했을 것이다. 폭도는 그를 독방으로 돌려보내기로 했다. 수치스럽기도 하고 내키지도 않았지만 병원장의 경험과 판단에 굴복해야 했다.

자살을 정신의학으로 살펴야 하는 이유

고금을 막론하고, 지금까지 거론된 자살 사건 중 다수는 정신질환 증상이 동반되지 않았다는 견해가 많았다. 카토, 클레오파트라, 카시우스 등의 고대 인물에게서 추론해 낸 결론이 요즘에는 통하지 않을지 모르나, 앞선 사례에서 정신이 멀쩡한 사람도 목숨을 끊었다는 사실로 볼 때 필자의 주장에 이보다 더 부합하는 사례가 없을 것이다.

이를 두고는 카토의 자살 사건이 자주 회자된다. 국익을 위해 자신의 목숨을 버린 사람으로 타의 모범이 되기 때문에 중요한 사건으로 인정하는 것이다. 카토라는 로마 영웅의 행동을 귀감으로 삼아 과감히 내세에 뛰어들 수 있는 사람이 과연 몇이나 될까!

그렇다면 카토는 멀쩡한 정신으로 자살했을까? 필자는 그렇지 않았을 거라고 본다. 자살 직전의 기록을 보면 그가 정신적 혼란에 시달렸다는 정황이 드러난다. 좌절감에 판단력은 흐려졌고, 수년간 품은 야심과 희망도 한순간에 무너져 버렸다. 그는 오직 오랜 폭정에서 벗어나고자 칼로 목숨을 끊은 것이다.

근대에 벌어진 사건 중 냉정하고 침착한 모습으로 목숨을 끊었다는 증거도 적잖이 인용되어 왔다. 일설에 따르면, 《라콘La-con》을 저술한 콜턴Colton 목사는 자살할 당시 정신이 온전했다고 한다. 권총으로 목숨을 끊기 전, 그는 이런 격언을 글로 남겼다.

'인생은 견딜 수 없고, 죽음은 바람직하며, 자살은 정당하다.'

콜턴은 마지막 몇 주 동안 괴로움에 시달렸다. 형편이 궁한 탓에 친구의 도움 없이는 기초 생활조차 힘들었고, 통증이 심한 질병으로 고생했다. 이처럼 몇 가지 악재가 겹치자 결국에는 목숨을 포기할 수밖에 없었던 것이다. 전기 작가는 콜턴이 자살 당시 제정신이 아니었다는 데에 의심의 여지가 없다고 술회했다. 주변 사람들도 그렇게 알고 있었다. 새뮤얼 로밀리 경의 사례에서도 콜턴의 경우처럼 정신이상의 증거를 확인할 수 있다. 당시 로밀리 경은 사랑하는 아내를 여의며 깊은 상실감에 빠졌다. 그가 자살하기 직전, 확연히 드러난 뇌 질환 때문에 주치의가 목덜미에 부항을 뜨라고 주문하기도 했다. 영국의 정치가 캐슬레이 Viscount Castlereagh 경의 정신이상 증상도 확연히 눈에 띄었다. 목에 자상을 낸 당일, 그의 행동을 지켜본 사람이라면 누구나 그가 제정신이 아니었다고 했을 것이다. 얼마 전에는 하원에서 기이한 행동을 보이기도 했다. 이후 웰링턴 공작이 그에게 의사를 보냈다. 진료가 필요할 것 같아서였다. 정황 증거가 워낙 명백해서 공작의 판단에 이의를 제기한 사람은 없었다. '경'의 칭호를 받고 난 후의 사적을 보면, 자살 당시 정신이 온전했다는 결론을 성급히 내리기 힘든, 특이한 사건이 적지 않다.

이번에는 런던데리 후작에 얽힌 일화를 소개할까 한다. 35년도 더 된 사건인데, 당시 런던데리 경은 아일랜드 북부에 사는 중년 신사의 저택에 체류하고 있었다. 저택은 유령이 산다는 소문이 돌만큼 음침했다. 후작이 묵고 있는 방도 고풍스런 분위기를 비롯하여, 어두운 벽판 장식, 무덤 입구를 연상시키는 큼지막한 굴뚝, 벽을 따라 걸려 있는 창백한 안색의 남녀 초상화, 어둠이 짙게 깔린 나무 그늘, 유서 깊은 홀에 들어온 불청객을 쏘아보는 듯한 적대적인 분위기, 그리고 창문을 가린 휘장(넓고 거무스름하고 육중한데다 얽히고설킨 휘장은 마치 관 주변에 상복이 걸려 있는 듯이 보였다)을 보면 그런 기분이 절로 들었다. 런던데리 경은 방을 유심히 살펴보았다. 그리고 저택을 소유했던 선조들의 용모에 익숙해졌다. 그들은 흑단 액자 안에서 상체를 꼿꼿이 세운 채로 앉아 경의 인사를 받았다. 경은 하인을 돌려보내고는 잠자리에 들었다. 머리 위에 걸린 휘장에서 어렴풋한 빛이 드러나자 곧이어 촛불이 꺼졌다. 난로 안에는 불씨가 남아 있지 않았고, 커튼을 친 탓에 방 안은 아주 컴컴했다. 경은 조금 전에 누군가가 방에 몰래 들어왔을 거라고 짐작했다. 빛이 이동하는 쪽으로 몸을 돌리자 후광에 둘러싸인 소년의 형체가 눈에 띄었다. 경은 소스라치게 놀랐다. 혼령은 침대와 약간의 거리를 두고 서 있었다. 심신미약으로 헛것을 보고 있는 것이 아니라, 저택에 초대받은 수많은 손님 중 몇몇이 저를 속이고 있는 게 아닐까 싶었다. 런던데리 경이 혼령 쪽으로 다가가자 혼령은 뒷걸음질했다. 그러기를 반복하다 음침한 굴뚝 안으로 들어가 흔적 없이 사라지고 말았다. 경은 다시 잠자리에 들었으나 편히 쉴 수가 없었다. 혼령이 자꾸 떠올라 당최 잠을 이룰 수 없었다. 생시였을까, 상상이었을까? 미스터리는 풀리지 않았다.

다음 날 아침, 런던데리 경은 내색하지 않은 채 가족의 얼굴을 면밀히 살펴보며 혹시 모를 속임수를 잡아내려 안간힘을 썼다. 투숙객이 식당에 모이자 경은 살짝 올라간 입꼬리나 먼가 알고 있다는 표정 혹은 속닥이는 대화에서 어젯밤 일을 꾸민 정황을 찾으려 했으나, 별 소득은 없었다. 평소와 다른 점은 전혀 없었다. 화기애애한 분위기에서 대화가 오갔고, 누구도 속임수를 썼다거나 그에 가담했다는 낌새는 보이지 않았다. 하는 수 없이 그는 자신이 겪은 기이한 사건을 빠짐없이 털어놓았다. 사람들은 그에 말에 귀를 기울이며 저 나름의 의견으로 이를 밝혀 보려 했다. 마침내, 저택 주인이 개입했다.

"오랜만에 오셨거나 소년의 가문에 얽힌 전설을 모르는 분이라면 묘한 기분이 들었겠지요."

그는 런던데리 경에게 고개를 돌렸다.

"경은 '후광 소년'을 본 겁니다. 하지만 안심하셔도 됩니다. 사업이 번창할 사람만 보인다니까요. 앞으로 이 이야기는 그만하셨으면 합니다."

훌륭한 소년,

자긍심에 스러져 간, 잠 못 이루는 영혼이여

소년을 노래한 채터턴Thomas Chatterton[27] 이야기가 나왔으니 하는 말인데, 설령 비운의 소년에 얽힌 전설을 훤히 꿰고 있었다고 해서 그를 정상으로 볼 사람이 몇이나 있을까? 채터턴은 감수성이 뛰어나고 머리도 비상한 시인이었다. 그러나 롤리T. Rowley의

---

27) 영국의 시인(1752~1770). 열다섯에 중세 시인 롤리의 작품을 자신의 시집이라고 발표하였다가, 사실이 탄로 나자 열일곱의 나이에 자살하였다. 훗날 뛰어난 상상력을 인정받아 18세기 선구적인 낭만주의 시인이라는 평가를 받았다. —편집자주

시를 표절했다는 사실이 발각되자 그는 심한 충격을 받았다. 친구도 하나둘씩 그를 떠나갔다. 장밋빛 희망은 절망이 되었고, 그를 소중히 여기던 세상은 그에게서 등을 돌렸다. 불행이 겹치자 채터턴은 번민과 고통으로 광기에 사로잡히고 말았다. 사망할 당시 그는 생필품도 제대로 갖추지 못한 채 살며, 자신이 노래한 주인공을 그대로 재현했다.

노숙인은 일천 가구의 집 주변을 서성이고,
일천 개의 테이블 주변에 있어도 먹을 것이 없어 애걸복걸했다

정황이 이렇다면, 채터턴이 혼미한 정신으로 자살을 감행했으리라는 짐작이 억측은 아닐 것이다. 그는 세상을 떠나기 며칠 전에는 어머니에게 이렇게 서신을 띄웠다.

배은망덕한 조국을 뜰 생각입니다. 아프리카 사막과 조국을 맞바꿀 수 있다면 좋겠습니다. 아프리카 호랑이는 인간보다 천 배는 인정이 많을 테니까요.

채터턴과 관련하여 염두에 두어야 할 점은 정신이상이 집안 내력이었다는 사실이다.

지금까지 비교적 장황하게 주제를 살펴보았다. 그만큼 중요

한 주제였기에 그러했다. 자살을 감행한 사람의 정신 상태를 추정할 때, 검시관과 배심원은 다음 사항을 조사해야 한다. 첫째, 증거를 입수할 수 있다면, 십중팔구는 자살 전에 여러 원인으로 좌절에 시달렸다는 사실이 발견될 것이다. 둘째, 위나 간 질환에 대한 병력을 조사해야 한다. 이 또한 정신에 악재로 작용했을지 모른다. 셋째, 자살자는 언제가 되었든 머리를 다쳐 뇌에 부상을 입는 경우가 적지 않은데, 이때 뇌 손상의 후유증이 오랫동안 잠복해 있다가 갑자기 나타난다. 마지막으로 집안에 정신 병력이 있는지 따져 봐야 한다. 환자의 인성이 어떤지, 다혈질인지, 예전부터 자살할 마음이 있었는지, 편집광인지, 별난 행동을 하는지 등, 정신 질환이 의심된다면 이 같은 항목을 조목조목 살펴보기 바란다.

Part

3

자
살
의

본
색

법의학으로 본 자살 사건

간혹 죽은 채 발견된 사람이 자살인지 타살인지 가리기 어려운 경우가 더러 있는데, 그럴 때는 증거를 밝히기 위해 의사가 법정으로 호출된다. 법의학 조사와 관련된 문제는 공공 분야에서도 의미하는 바가 클 뿐 아니라, 의사의 인격과 원대한 목적(사건을 해결하는 데 참고할 만한 증거를 철저히 파악해야 한다는 목적)을 위해서라도 전문의의 신성한 의무로 봄직하다. 범죄 기록을 보면 극악무도한 살인죄를 저질렀다는 사람이 법의학 증거 덕분에 극형을 면한 경우가 수두룩하다. 반면, 처음에 자살로 추정되었다가 수사후에 타살이 입증되는 경우도 적지 않다. 진상을 밝히기 애매한 사건이라면 전문의의 증거가 대단히 중요한데, 이를 확보하지 못한다면 정의는 구현되지 못할 것이다.

자살과 타살 사이

어떤 이가 목을 매 죽었다면 의문점은 크게 두 가지다. 첫째는 죽기 전에 목을 맸는지 죽은 후에 매달렸는지, 둘째는 자살인지 타살인지다. 죽임을 당한 후에 매달리는 경우도 있고, 온갖 수단이 통하지 않자 자신에게 총을 쏘거나 목을 긋고 나서 목을 매는 경우도 있다. 자살 기도 후에 스스로 목을 매는 사람이 아주 없지는 않다. 실제로 그런 사건이 가끔 벌어진다고 한다. 아무튼 전자라면 타살을 자살로 오해하기 쉽고, 후자라면 자살을 타살로 착각하기 쉽다. 목을 매서 죽었을 경우에는, 얼굴이 검푸른 빛을 띠고 일그러져 있으며, 눈은 돌출되어 있고 핏기가 서린 경우도 종종 있다. 혀는 치아에 상처를 입은 채 쭉 내밀고 있을 것이다. 밧줄이 반지연골(후두의 아래 끝부분에 있는 물렁뼈) 아래에 묶여 있으면 혀가 나오지만, 갑상연골(후두의 뼈대를 이루는 연골) 위를 압박하면 혀가 보이지 않는다. 과거에는 목을 매면 뇌일혈로 사망한다는 것이 통설이었지만, 브로디B. Brodie 경을 비롯한 생리학 연구진의 실험을 통해 뇌일혈이 아니라 질식이 사망 원인인 것으로 밝혀졌다. 클라인Klein에 따르면, 목맴 자살의 경우에 목둘레에 검푸른 끈자국이 일정하게 남지 않는다고 한다. 목맴 자살 사건 중 열다섯 건에서 자국이 발견되지 않았다. 최근 리머W. Remer는 이에 주안점을 두고, 목을 매 죽은 사람 100명 중 89명에만 끈자국이 남았다는 사실을 발표했다. 아울러 밝혀진 목맴 징후로는 구부러진 손가락, 퍼렇게 멍든 손톱, 거의 쥐어져 있는 손, 그리고 부은 가슴, 어깨, 팔, 손을 꼽을 수 있다.

몸이 허공에 매달리지 않고 바닥에 닿았거나, 밧줄이 느슨한 데다 그 밖의 수단이 보이지 않는다면 여지없이 자살을 의심할 수밖에 없다. 발가락이 바닥에 닿기만 해도 목을 당기는 힘이 조금 떨어질 수 있지만, 다음 사례를 보면 이것이 사망으로 이어진다는 점을 수긍할 수 있을 것이다. 몇 년 전, 일흔다섯의 한 남성이 어느 날 아침, 침댓가에서 목에 밧줄을 감은 채 자살하였다. 그는 숨이 끊어질 때까지 몸을 앞으로 숙였다. 사건 당시, 수년간 병상에 몸져누워 있던 아내가 방 안에 있었지만 자초지종을 전혀 몰랐다. 또한, 어느 죄수는 감옥 쇠창살에 단단히 끈을 묶어 목에 감고는 한 손으로 몸을 밀어내 죽었다.

목을 매 죽은 사람 중에는 부상을 입은 경우도 있는데, 밧줄을 잘못 묶으면 고통이 길어져 죽기 위해 발버둥을 쳐야 한다. 발라드Ballard에 따르면, 어느 젊은 사제는 칼로 목을 긋고 나서 밧줄로 목을 맸다고 한다. 그런 경우, 사인을 밝히기 어렵지 않을 것이다.

프랑스에서 발간한 한 저널에는 목을 매 죽은 자살자의 사례를 담은 비망록이 실려 있다. 여기에는 자살 자세와 방법이 상당히 기묘한 경우도 있었다. 예컨대, 곡식창고에서 발견된 남성은 가로지른 로프에 면 손수건을 묶어 거기에 매달려 있었다. 무릎은 굽히고 두 다리는 뒤쪽으로 수직을 이룬 상태였다. 발은 곡식더미 위에 둔 채 매달린 자세였다. 또한, 어느 죄수는 수직으로 매달린 채 발견되었다. 발뒤꿈치를 창받이널에 올려 둔 자세였다. 파리에서 수감 중이던 한 영국인은 아치형 지붕 아래쪽에 있는 격자창이 난 독방에서 스스로 목숨을 끊었다. 격자창 꼭대기가 남성의 키에 미치지 못했음에도 격자창에 목을 맨 것이다. 발견 당시 그는 거의 앉은 자세였는데, 두 다리는 앞으로 쭉 뻗고 엉덩이는 45센티미터 정도 뜬 채로 매달려 있었다. 첫 사건과 유사한 사례도 있다. 침대 커튼을 지탱하려고 벽에 박아 둔 큼지막한 철핀에 목을 매 숨진 사례다. 자살자는 두 발을 수직으로 구부린 채 침대에 얹어 두었다. 어느 여성은 매달린 지점이 낮은 탓에 두 발을 앞으로 뻗어야 했다. 사망 당시 한쪽 발은 뒤꿈치, 다른 한쪽 발은 그보다 약간 뒤편에서 발가락이 바닥에 닿아 있었다. 또 다른 여성은 침댓가에서 주검으로 발견되었는데, 다리, 허벅지, 왼쪽 엉덩이는 바닥에 닿았지만 상체는 들려 있었다. 병원 침대에서 쓰는 밧줄로 목을 맨 것으로 밝혀졌다.

1832년에는 런던 서쪽 끝자락에서 사내가 무릎을 꿇고 발을 바닥에 얹은 채 목을 매 숨진 사건이 있었다. 사후경직이 일어난 것으로 미루어 죽은 지 좀 지난 듯했다. 가림막(자살자는 정비 일을 하고 있었다) 끝에 매듭을 만들어 머리에 두르고, 가림막 다른 끝은

문 너머로 던진 뒤 문을 닫아 단단히 고정해 두었다. 그러고는 까치발로 몸을 일으킨 뒤 발에 힘을 풀었다. 자살 경위는 대강 이러했다. 아마도 체중 때문에 가림막이 심하게 늘어났을 것이다.

1833년 10월, 런던 명문 학교에 보조 인력으로 고용된 남성이 그늘진 계단에서 죽은 채 발견되었다. 신고한 학생의 말로는 당시 그가 계단에 앉은 자세를 취하고 있었다고 한다. 좀 더 조사해 보니, 난간에 묶어둔 넥타이로 목을 맨 사실이 확인되었다. 난간에 실크손수건과 밧줄도 달린 점으로 보아, 앞서 두 번이나 자살을 기도했을 것으로 짐작되었다. 그러나 주검을 발견한 몇몇 사람은 그가 죽었다고 보지 못했을 것이다. 전신이 계단에 의지하고 있는데다, 행여 넥타이가 미끄러졌다손 치더라도 두 발은 계속 계단에 닿아 있었을 테니 말이다.

콩데 가문, 비극을 맞다

최근 프랑스에서 일어난 루이 앙리 조제프Louis Henri Joseph[1] 부르봉 공작 자살 사건보다 법의학 수사가 흥미로웠던 적은 없었던 것 같다.

---

1) 루이 조제프(Louis Joseph)의 아들로, 프랑스 명문 가문인 콩데(Condé)가의 후손이다. 이후 그가 자살하면서 콩데가의 맥이 끊겼다.-편집자주

1830년 8월 27일, 부르봉 공작은 생뢰st. Leu에 있는 저택 침실에서 목을 맸다. 사망 당일 오전, 그의 사망을 두고 사법 청문회가 열렸다. 목격자의 증언과 전문의, 부검의의 소견에 따라, 사건은 공작이 일시적인 정신착란으로 인해 자살한 것으로 일단락되었다. 이후 부르봉 공작의 유언이 공개되면서 큰 화제가 되었다.

고인은 수년을 동고동락해 온 퓨셰레 남작 부인을 위해 유서를 남긴 듯했다. 방대한 땅은 그녀에게 남기고, 나머지 재산은 프랑스의 어린 왕자인 오말 공작(앙리 도를레앙)에게 물려주었다. 그러자 방계 자손인 로한 왕자들이 자신들은 상속 대상에서 제외되었다는 사실을 알아채고는 유서에 입김이 개입됐다며 유서의 무효를 주장했다. 이듬해 12월에는 파리 민사재판소에서 청문회가 열렸다. 청문회는 유서의 타당성보다는 재판 당시 제기된 의문점(공작은 자살했는가? 살해당한 후 목이 매진 것은 아닌가?) 때문에 대중의 호기심을 자극했다.

의사 보고서proces verbaux에 따르면 사건의 전말은 이러했다.

고인(부르봉 공작)은 1830년, 7월 혁명의 여파로 프랑스 전역에 만연했던 불안증을 앓고 있었다. 가까운 지인의 증언에 따르면, 그는 목숨을 끊기 전 새로운 질서가 불러올 결과를 암울하게 전망했다고 한다. 27일 아침 8시쯤에 하인이 침실 문을 두드렸으나 반응이 없었다. 하인은 수상쩍은 낌새를 눈치챘다. 이후 퓨셰레 부인이 방문을 열어 보았지만 문은 잠겨 있었고, 큰 소리로 불러도 아무런 대답이 없었다. 문을 부수고 침실에 들어서자, 고인의 주검이 창틀 꼭대기에 매달려 있었다. 목에는 리넨 손수건이 감겨 있었다. 사망 당시 고개가 약간 수그러진 채 혀가 입 밖으로 튀어나왔고, 얼굴에 핏기가 없었다. 또한, 입과 콧구멍으로 콧물과 가래가 흘렀고 두 팔은 축 늘어져 있었으며 주먹은 꽉 쥐어져 있었다. 발끝은 카펫에 닿아 있었다. 바닥에서 시신이 매달린 지점까지는 2미터가 약간 안 되었다. 맨다리에 난 상처가 눈에 띄었다. 옷을 제대로 갖춰 입지 않았다는 이야기다. 정황증거로 미루어 볼 때 고인은 창가에 둔 의자와 침대를 이용한 것으로 추정된다.

부검의는 발견 직후 주검이 차갑고 손끝과 발끝이 경직된 것으로 보아 사망한 지 약 8~10시간이 경과한 것 같다고 밝혔다. 그렇다면 사망한 때는 8월 26일 자정이 된다. 2차 부검 후, 담당 의가 사법 당국에 보고서를 제출했다. 다섯 명의 부검의는 청문회에 출석하여 사후 증거, 즉 고인이 목을 매 숨진 점, 폭행을 당했거나 저항한 흔적이 발견되지 않는 점으로 미루어 고인이 자살했다는 소견을 냈다. 그들은 한쪽 팔의 타박상과 두 다리에 난 찰과상이 창가에 둔 의자의 튀어나온 가로대에 쓸려 생겼을 것이며, 목에 난 끈자국이 큼지막한 타원을 그리며 꼭지돌기(귓바퀴 뒤편 아래쪽에 위치한 양쪽 관자뼈의 돌기) 쪽으로 번진 점으로 보아 자살로 판단된다고 하였다.

또한, 고인이 평소에도 자살을 생각해 왔고, 이에 대해 이야기를 나누었다는 증언도 확보했다. 28일 아침, 수사관이 창틀에서 회수한 종잇조각을 맞춰 보니 매끄럽게 연결되진 않았지만, 종이에 적힌 글에서 앞날에 대한 절망과 두려움을 읽을 수 있었다.

프랑스 국민과 조국의 번영을 위해 이제 남은 것은 죽음뿐이로다. 잘 있거라. 영원히!

그는 글 아래에 서명하고 나서, 먼저 세상을 떠난 아들 앙기엔 공 옆에 묻어달라는 당부도 덧붙였다. 고인이 숨질 당시 침실에서 소란이 벌어지지 않고 조용했다는 점도 눈여겨볼 대목이다.

반면, 고인이 숨지기 전에 우울해했다고는 하나 평소에도 그랬다는 증언도 있었다. 도의적 관점으로 보나 정황으로 보나, 자살은 상상도 못할 일일 뿐 아니라, 물리적으로도 불가능하다는 주장이다. 고인은 손수건으로 매듭을 지을 줄 모른다고 말한 사람이 있는가 하면, 높은 곳에 올라가 목을 맬 수도 없거니와 의자가 자살에 이용될 수 없었을 거라고 말하는 사람도 있었다. 고인의 자세로는 목을 매더라도 죽지 않는다는 소견도 나왔다. 안에서 잠긴 문은 볼트가 밖으로 밀리면 풀린다. 공이 자살을 비판해 왔다는 것을 비롯하여, 사망 당일 지인을 만나기로 한 점과 평소 소소한 일상을 즐겼다는 주장은 앞선 가정을 정면으로 반박한다.

의학적 증거를 조작하기 위해 범인이 공을 교살하거나 질식시키고 나서 목을 매달았을 거라는 가설이 제기되기도 했다. 혹자는 범인이 주검의 목에 손수건을 묶고 있는 동안 공범이 이부자리 아래서 다리를 잡고 있었고, 그 와중에 찰과상을 입었을 거라고 주장했다. 범인이 손수건이 아니라, 베개로 입을 틀어막아 공을 죽였으리라는 추측도 나왔다. 그렇다면 시신을 질질 끌고 가야 목을 맬 수 있을 터인데, 이때 범인의 손이 공의 목과 손수건 사이로 밀려들어 갔다면 피부에 남은 찰과상이 어렵지 않게 밝혀질 것이다.

항소인 측 변호사는 부검에 참여한 검시관을 맹렬히 비난했다. 죄를 물을 수 있는 잘못을 범했다는 것이 그 이유였다. 그는 공작이 목을 매 질식으로 죽었을 거라는, 두 전문의의 소견을 조롱했다. 그러고는 목을 맨 사람에게서 흔히 나타나는 반상출혈(피부에 검보랏빛 얼룩점이 생기는 내출혈)이 눈에 띄지 않는다는 점으로 미루어 고인은 목을 매기 전에 이미 숨져 있었다고 역설했다.

대립되는 증거가 있기는 하지만, 콩데 왕자(루이 앙리 조제프의 또 다른 칭호)의 죽음과 관련된 물리적 사실과 정신적 상태를 감안해 볼 때 객관적으로 자살이 아닌 다른 견해를 개진하지는 쉽지 않다. 사건의 구체적인 경위는 프랑스 저널에서 찾을 수 있으며,

전문의라면 한 번쯤 정독해 볼만하다.

자발적인 교살이 가능한가를 두고는 그동안 의문이 적잖이 제기되었지만 관련 사건이 하도 많아 이제는 의심의 여지가 없는 편이다. 예컨대, 어떤 이는 건초 다락에서 손수건에 목이 졸려 숨진 채 발견되었는데 알고 보니 막대기로 손수건을 조였다고 하며, 동인도에서 군함에 올랐다는 한 말레이 사람은 여러 차례 자살을 기도했다가 방법을 달리하고 나서 목숨을 끊었다고 한다. 그 방법이란 손수건을 목에 감아 묶은 뒤 그 사이에 작은 막대기를 끼우고, 이를 적당히 돌리고 나서 귀에 건 것이다. 그러면 손수건이 풀리지 않는다. 그는 질투심을 극복하지 못해 자살한 것으로 밝혀졌다.

샤를 피슈그뤼Jean-Charles Pichegru 장군도 나폴레옹 집정 당시 감옥에서 목이 졸린 채 발견되었다. 이 사건으로 숱한 추측성 소문이 난무했다. 주검은 침상 왼편에 편안한 자세로 누워 있었는데, 무릎은 굽히고 두 팔은 왼편 아래로 늘어뜨린 자세였다. 그리고 목을 감은 검은색 실크 손수건 안쪽에서 막대기가 발견되었고, 한쪽 뺨에 막대기 끝에 쓸려 난듯한 상처가 보였다. 결국 사건은 자살로 일단락되었다.

사건의 진실을 밝히다

벡T. Romeyn Beck 박사가 《법의학Medical Jurisprudence》에 기고한 한 사례에는 우리가 염두에 둘 만한 교훈이 담겨 있다. 주변에서 무고한 사람이 누명으로 애먼 고생을 하다가 뒤늦게 진실이 밝혀지는 경우가 종종 보이는데, 이 사례도 그중 하나다.

사례의 주인공은 마르크 앙투안 칼라스다. 프랑스 툴루즈Tou-louse의 청렴한 상인이자 개신교 신도인 일흔 살 장 칼라스의 아들인 그는 스물여덟 살로 강직한 성격이지만 가끔 우울증에 시달리곤 했다. 법학을 공부할 당시, 가톨릭이 아니라는 이유로 변호사 면허를 따는 데 발목이 잡히자, 그는 목을 매달아 죽기로 결심했다. 그리고 아버지의 가게와 창고로 통하는 문에 끈을 매달아 목숨을 끊었다. 주검은 두 시간 후에 발견되었는데, 그의 부모는 시신에서 끈을 풀고는 자살 증거를 은폐했다. 부검도 원하지 않았다. 이때 종교적 편견을 가진 주민들이 앙투안 칼라스의 시신을 회관으로 옮겼고, 이튿날 의사 두 명이 파견되었다. 의사들은 자살 현장이나 끈을 보지 못한 탓에 그가 교살된 것으로 결론을 지었다. 타살에 무게가 실리자 아버지는 1761년 툴루즈 의회에서 유죄판결을 받았다. 이윽고 형차에 매달린 장 칼라스는 목숨이 다할 때까지 자신의 무고함을 신에게 호소했다고 한다.

뒤늦기는 하지만 다행히 수사가 다시 진행되었다. 앙투안 칼라스에게 우울증이 있었다는 점, 사망 당시 집에서 수상한 소리가 나지 않았다는 점, 옷이 조금도 흐트러지지 않은 점, 그리고 끈자국 외에 시신에 다른 상흔이 보이지 않은 점이 고려되었다. 이러한 증거는 자살에 무게를 실어 주었다. 또한, 볼테르가 유가족의 명분을 지지함으로써 부당한 사형판결에 유럽의 이목이 집중됐다. 이후 사건을 재심한 최고 행정 법원이 1765년 5월 19일, 장 칼라스의 무죄를 선언하며 기존의 판결을 뒤집었다.

한편, 강에서 발견된 시신 중에 투신 전 사망했는지, 투신 후 사망했는지 판단하기 어려운 경우가 상당히 많다. 이때 법의학자는 강변을 유심히 살펴보고, 방어흔(방어하면서 생기는 상처)이 있는지 확인해야 한다. 1818년 12월 영국 혼지Hornsey에서 일어난 테일러 씨 살해 사건을 보면, 뉴 강 근방에서 깊이 팬 발자국이 발견되었고, 시신의 손에 둑에 나는 풀이 쥐어져 있었다. 물론 몸에 난 상처가 사인을 정확히 짚어 내기도 하지만, 오류도 아주 없지 않다. 흉기로 자살을 기도했다가 강에 투신하는 사례도 있었고, 익사체가 급류에 떠밀리다 바위나 말뚝에 부딪쳐 중상을 입는 경우도 있었다.

몇 년 전, 어느 남성이 세 개의 다리에서 한 번씩 투신해 봤지만 목숨이 끊어지지 않아 또 다른 다리를 찾았다고 한다. 결국 런던교에서 자살에 '성공'했다. 시신을 보니 두 팔의 관절이 탈구된 것으로 확인되었다. 수평 자세로 입수했기 때문이다. 손발이 끈에 묶인 채 익사한 사람도 더러 있었는데, 이를 두고는 누구든 타살 가능성을 염두에 둘 것이다. 사실, 확실히 죽으려고 그런 수를 쓰는 사람도 적지 않다. 1816년 6월, 몇 주간 행방이 묘연했던 측량기 제조업자가 템스 강에서 주검이 되어 떠다니고 있었다. 물에서 건져내 보니 손목과 두 발이 꽁꽁 묶여 있었다. 조사 결과 그는 2년간 정신 질환을 앓아 왔고, 몸에 묶인 끈은 그의 침대에 달린 것과 동일한 것으로 밝혀졌다. 사망자가 평소 수영을 잘하는 편이라, 혹시나 죽음에 대한 두려움으로 의지가 꺾일까 싶어 자신의 손발을 결박한 것으로 추정되었다.

아내와 아이를 둔 어느 가장은 실직으로 큰 고통을 겪자, 어느 날 직장을 얻기 전까지 돌아오지 않겠다고 집을 나섰다. 그러나 이튿날, 뉴 강에서 두 손과 다리가 묶인 채 주검으로 발견되었다. 시신의 주머니에서는 집 주소가 적힌 카드 한 장이 들어 있었다고 한다.

다음은 1832년 엘리자베스 마틴이라는 사람이 강에서 사체로 발견된 사건이다. 용의자는 베일리라는 사내였는데, 사건 전 강둑에서 두 사람이 말다툼을 했다는 목격자의 증언이 나온 상태였다. 하지만 베일리는 엘리자베스가 사고로 빠졌다고 주장했다. 조사에 따르면, 시신의 얼굴은 강바닥을 보고 있었고, 한쪽 손이 주머니에 있었다고 한다. 판사는 용의자의 말대로라면 여성이 실족해서 물에 빠졌을 때, 살기 위해 주머니에서 손을 뺐을 거라고 반박했다. 결국 베일리는 살인죄로 유죄판결을 받아 이후 사형을 당했다.

타살된 시신이 강물에 가라앉는지, 아니면 떠다니는지를 두고도 이견이 분분했다. 다수의 사례에서 검증된 바와 같이, 교살된 사람이 다른 시신보다 물에 더 잘 뜬다. 오래전, 군법에 회부되어 교수형을 당한 나폴리 해군의 카라치올로 제독의 시신이 관례에 따라 깊은 바다에 수장되었다. 그로부터 13일 후, 갑판 위를 거닐던 왕은 무언가를 보고 공포에 질려 소리쳤다.

"아니, 이럴 수가! 저걸 보라!"

제독의 주검이 가슴 아래만 물에 잠긴 채 군함 쪽으로 다가온 것이다. 시신에 묶어 둔 닻줄이 별로 무겁지 않은데다, 사체가 부패하는 과정에서 기체가 생성된 탓이었다. 때문에 시신이 물보다 가벼워져 모습을 드러낸 것이다.

아일랜드 학살[2] 이후, 한동안 소동을 일으킨 포터다운교 유령 사건도 이와 같은 원리다. 석양이 질 무렵에 수많은 혼령이 육안으로 보였는데, 혹자는 허리 아래만 물에 잠긴 여인이 두 주먹을 들고 이동했다고 증언했다. 미신을 믿는 사람이라면 한 번쯤 보고 싶어 할 만큼 섬뜩했다고 한다. 강가에서는 괴상한 소리도 났다지만 그리 놀랄 만한 일은 아니었다. 소리는 단순한 착각일 뿐

---

2) 1641년 아일랜드의 반란 당시 일어난 학살 사건을 말한다. −편집자주

이었지만, 허리를 곧추 세운 시신이 떠다닌 것은 틀림없는 사실이었기 때문이다.

한편, 1829년 10월에 성누가 병원에 입원한 어느 여성이 욕조에서 목숨을 끊은 일이 있었다. 죽기 얼마 전, 그녀는 건강이 회복되는 기미가 보이자 욕조 열쇠를 두는 간호사실에 자연스레 출입할 수 있었다. 어느 날, 남몰래 열쇠를 가져온 그녀는 자살 준비 작업에 돌입했다. 취침 시간이 되면 간호사가 병실 문을 잠 갔는데, 간호사의 눈을 속이기 위해 잘 보이는 곳에 옷을 벗어 두고, 이불 안에 옷가지를 넣어 누워 있는 사람처럼 보이게 했다. 어찌나 감쪽같았는지 병원을 같이 쓰는 환자조차 빠진 사람이 없다고 보고할 정도였다. 만반의 준비를 갖춘 그녀는 조심스레 욕조에 몸을 담갔다. 이튿날 그녀는 얼굴을 바닥에 두고 몸을 쭉 뻗은 상태로 죽은 채 발견되었다. 물이 그리 깊지 않아서 죽기 위해 그러한 자세를 고집한 것으로 보였다. 욕실 문은 안에서 잠겨 있었고, 열쇠는 사망자 주머니에 있었다.

1800년, 워릭셔의 작은 마을에서 젊은 남성이 혼인을 앞두고 돌연 자취를 감춘 일이 있었다. 며칠 후, 물레방아 도랑에서 그의 시신이 발견되었다. 대다수가 자살에 무게를 뒀지만, 그럴 만한 경위는 파악되지 않았다. 시신의 옷을 벗기니 목에 수상한 흔적이 보였다. 익사 외에 다른 원인이 있는지 알아보기 위해 전문의의 도움을 요청했고, 의사는 시체를 세심하게 살피고는 청년이 교살로 죽었다는 소견을 내놓았다. 집에 들어오지 않은 날, 주검이 발견된 곳에서 황급히 뛰쳐나온 사람이 유력한 용의자로 지목되었다. 하지만 용의자가 증거 불충분으로 풀려나 이 사건은 미제로 남겨졌다. 그로부터 10년 후, 그때 그 용의자가 양을 훔치다 적발되어 유배지로 이송되었다. 감옥선에 오른 그는 자신이 청년을 죽였다는 사실을 밝히며, 사형대에서 범죄의 진상을 밝히고 싶다고 털어놓았다. 양심의 가책을 견딜 수 없었다는 게 이유였다. 법정에서 밝힌 사건의 자초지종은 다음과 같다.

사건 당일 저녁, 범인은 피해자가 소유한 농장에서 감자를 훔치고 있었다. 그러다 마침 저를 잡기 위해 반대편 울타리를 넘어 오는 피해자를 보게 되었다고 한다. 범인은 부랴부랴 밭을 가로질러 갔다. 피해자가 그를 추격했다. 워낙 건장한지라 금세 따라잡힐 뻔했다. 범인은 물레방아 도랑을 뛰어넘으려고 했지만 둑이 무너져 하는 수 없이 하천에 뛰어들었고, 피해자도 덩달아 입수했다. 치열한 몸싸움이 벌어졌다. 피해자가 범인을 물속에 집어넣어 익사 직전까지 갔지만, 결국 전세가 역전되고 말았다. 범인이 피해자의 목을 잡아 물속에 집어넣자, 피해자는 곧 숨이 끊어지고 말았다. 이후 범인은 사건 현장을 빠져나갔다.

판사는 증언을 받아들여 이 사건을 자기방어의 일환으로 벌어진 살인으로 판결하고, 그를 석방했다.

법의학자의 의무

미심쩍은 자살 사건을 파헤칠 때 짚어 봐야 할 점이 있다. 첫째, 사망자가 한동안 우울증에 시달렸거나 재산상 손해를 보았거나 혹은 원통한 일을 겪은 적이 있는가? 둘째, 사망자가 죽으면 가족이나 지인에게 이득이 있는가? 셋째, 계절도 변수가 될 수 있다. 딱히 이유를 규정하기 어렵지만, 춘분, 추분과 동지, 하지에 자살 사건이 유난히 기승을 부린다. 넷째, 환자가 신체적·정신적 통증을 호소하지 않고 과묵해지거나, 혼자 있고 싶다며 치료를 거부하는가? 다섯째, 쪽지가 발견되었는가? 자살을 택한 사람은 대개 유언이나 유서를 남긴다. 이는 스스로 목숨을 끊었다는 유력한 증거 중 하나다. 그러나 독극물이 주머니나 방 안에서 발견되었다면 사건은 조금 애매해진다. 즉, 타살과 자살 가능성을 모두 염두에 두어야 한다는 이야기다.

법의학 수사 과정에서 사망자의 몸에 난 상흔이 자해로 생긴 것인지 아닌지 판단해야 할 때도 있다. 판단에 앞서 법의학자는 상흔의 상태를 비롯하여, 상흔의 경중, 상흔의 방향, 사건에 관련된 정신적 정황도 아울러 고려해야 할 것이다.

일반적으로 자살하는 사람은 몸의 뒷부분에 상처를 내지 않는다. 따라서 둔부를 비롯한 후면에 상흔이 발견된다면, 사망 경위에 관심을 두어야 한다. 자살자가 예리한 흉기를 사용할 때는 으레 목과 가슴을 선택한다. 스미스Smith 박사의 말에 따르면, 입 안에 총을 쏴 숨진 경우, 자살로 추정해 봄직하겠지만, 그런 식으로 살해당하는 경우도 아주 없지는 않다고 한다.

얼마 전에 도로에서 시신이 발견된 적이 있었다. 목에 심한 자상을 입어 과다 출혈이 사인이었다. 피가 흥건한 칼이 시신 근방에 있었고, 누군가가 사망자의 주머니를 샅샅이 뒤진 정황이 포착되어 타살이 유력시됐다. 상흔을 조사해 보니 타살이 분명했다. 칼이 귀밑을 깊숙이 파고들어 앞쪽으로 반원을 그리며 굵직한 혈관과 식도와 기도를 끊어 버린 것이다. 때문에 자해로 추정하기에는 무리가 있었다.

상흔의 정도에 대해서는 에식스 백작 사망 사건이 사례로 자주 꼽힌다. 1683년 에식스 백작이 런던타워에서 죽은 채 발견되었는데, 이를 두고 (훗날 제임스 2세가 되는) 요크 공작이 보낸 청부살인업자에게 살해당했다는 소문이 돌기 시작했다. 시신을 조사해 보니 경부혈관과 기도와 식도가 절단되어 목뼈에까지 상흔이 발견되었다. 평결은 자살로 일단락되었다. 이후 1688년 소집된 하원 위원회에서 재심이 확정되었고, 추가로 자해에 쓰인 듯한 칼이 시신 외편에서 발견되었다는 사실이 확인되었다. 백작은 왼손잡이였다고 한다. 또한, 사망자가 맨 넥타이가 끊어졌고, 오른손에 다섯 개의 자상이 있었다는 사실도 추가로 알려졌다.

마지막으로, 사망 사건에서 정신적 정황을 고려해야 하는 경우도 적지 않다. 얼마 전 한 소녀가 죽은 채 발견된 적이 있었는데, 주민들은 아이를 호되게 때린 적이 있다던 아이 엄마를 수상히 여겼다. 그러나 조사해 보니 아이가 평소 자살하고 싶다는 말을 자주 한 정황이 드러났다. 이처럼 수사당국은 사망자의 정신 상태를 비롯하여, 그가 유전적으로 자살 충동에 시달린 적이 있는지, 우울증이나 좌절감에 빠질 만큼 충격을 받은 일이 없었는지 조사해야 한다. 이 같은 변수를 감안한다면, 대다수의 사건에서 정확하고 공정한 결론이 나올 것이다.

자살 보고서

영국은 통계학 연구를 소홀히 한 탓에 그동안 연간 자살건을 비롯한 각종 자살 관련 자료를 확보하는 데에 숱한 어려움을 겪어 왔다. 이 장에서는 구체적인 정보를 싣기 위해 자살에 실마리가 될 만한 저작을 엄선하고, 유력 기관의 자료를 참고하였다.

유럽 주요 도시의 자살 건수

장소	기간(년)	자살 건수(건)	인구 대비 자살률
베를린	1813~1822	360	1/750
코펜하겐	1804~1806	100	1/1000
나폴리	1828	330	1/1100
함부르크	1822	59	1/1800
베를린	1799~1808	60	1/2300

파리	1836	341	1/2700
밀라노	1827	37	1/3200
베를린	1788~1797	35	1/4500
빈	1829	45	1/6400
프라하	1820	6	1/16000
상트페테르부르크	1831	22	1/21000
런던	1834	42	1/27000
나폴리	1826	13	1/173000
팔레르모	1831	2	1/180000

폭력에서 비롯된 자살 · 타살 통계(런던)

년도	사망 원인별 사망자 수(명)									
	자살	사형	피살	독사	미상	익사	화재사	아사	중독사	질식사
1828	41	1	6	7	15	150	47	1	7	10
1829	35	26	4	7	6	36	53	0	3	10
1830	25	7	2	4	13	97	61	0	4	5
1831	48	6	5	7	5	131	35	1	0	5
1832	52	10	2	7	5	149	36	1	1	5

런던에서 발생한 자살 건수(1690~1829)

기간(년)	자살 건수(건)	기간(년)	자살 건수(건)
1690~1699	236	1760~1769	351
1700~1709	278	1770~1779	339
1710~1719	301	1780~1789	224
1720~1729	478	1790~1799	274
1730~1739	501	1800~1809	347

| 1740~1749 | 422 | 1810~1819 | 363 |
| 1750~1759 | 363 | 1820~1829 | 381 |

⊠ 웨스트민스터 자살 사건 파일(1812~1836)

[《런던통계학회 소속 의사회 보고서(Report of Medical Committee of the Statistical Society of London)》(1837)에서 발췌]

처음으로 의회의 관심을 끌어낸 이 자료는 1812년에서 1836년까지 매월 시티앤리버티오브웨스트민스터City and Liberty of Westminster[3]에서 일어난 자살 사건의 통계와 검시 현황으로서 웨스트민스터의 부검시관인 히그에게서 입수한 것이다.

의사회는 자살 건수가 비교적 적기 때문에 성급한 일반화의 오류를 범하지 않도록 주의해야 한다고 조언했다. 웨스트민스터의 검시 결과를 토대로 산출한 연간 평균 자살 건수는 영국 전체 건의 1퍼센트를 넘지 않는 것으로 추정된다. 따라서 25년간 동일 지역에서 자살한 656명은 고

---

3) 영국 미들섹스(Middlesex) 카운티의 행정구역. ─옮긴이주

작해야 영국 전체 자살건의 25퍼센트에도 미치지 못할 것이다. 일부 결론에서는 충분한 자료를 제시했으며, 의사회도 이를 주목하리라 본다.

아래 〈표 1〉을 보면 웨스트민스터의 자살 건수는 남성의 경우 3, 6, 7월에, 여성은 1, 9, 11월에 많은 반면, 8, 9, 10월에는 남성이, 2, 3, 4월에는 여성이 가장 낮은 것으로 조사되었다.

〈표 1〉

기간	총 자살 건수(건) (1812~1816년)			월별 자살률			성비	
	남	여	합계	남	여	평균	남	여
1월	35	20	55	7.3	11.2	8.4	64	36
2월	39	12	51	8.2	6.8	7.8	77	23
3월	52	11	63	10.9	6.2	9.6	83	17
4월	40	11	51	8.4	6.2	7.8	79	21
5월	41	15	56	8.5	8.4	8.5	73	27
6월	60	15	75	12.6	8.4	11.4	80	20
7월	50	16	66	10.5	9.0	10.1	76	24
8월	30	15	45	6.3	8.4	6.9	67	38
9월	30	18	48	6.3	10.1	7.4	62	38
10월	28	15	43	5.9	8.4	6.5	65	35
11월	32	17	49	6.7	9.6	7.4	65	35
12월	41	13	54	8.5	7.3	8.2	76	24
합계	478	178	656	100	100	100	73	27

위 표에서 마지막 두 열은 월별 자살자의 성비를 말한다. 다음은 25년간 각 달에 자살 사건이 전혀 발생하지 않은 횟수를 표시한 것이다.

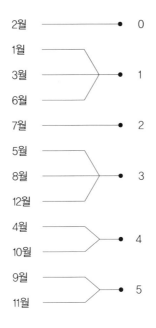

〈표 2〉에 따르면 웨스트민스터의 평균 자살 건수가 5년마다 증가했지만, 인구 대비로 살펴본 〈표 3〉에서는 감소한 것을 알 수 있다.

〈표 2〉

기간(년)	기간 내 평균 자살률			성비	
	남	여	합계	남	여
1812~1816	18.2	7.6	25.8	70	30
1817~1821	15.0	5.2	20.2	74	26
1822~1826	16.4	7.4	23.8	69	31
1827~1831	22.0	7.8	29.8	78	22
1832~1836	24.0	7.9	31.9	76	24
합계 평균	19.1	7.1	26.3	73	27

〈표 3〉

연도	인구(명)	해당 조사 기간(년)	기간 내 평균 자살률	인구 대비 자살률
1811	160801	1812~1816	25.8	1/6232
1821	181444	1822~1826	23.8	1/7623
1831	201604	1832~1836	31.6	1/6379
평균	181283	-	27.06	1/6744

물론 웨스트민스터에서 자살했다고 해서 그가 현지인
이라는 보장은 없다. 도시 접근성이나 기타 변수로 타지
사람이 들어올 수 있기 때문이다. 그러므로 운하가 조성
된 지역 등, 자살에 '보탬이 되는' 주변 시설의 증가나 감
소도 살펴보아야 한다.

통계를 보면, 자살자의 수는 남성보다 여성이 적었다.

또한, 자살자가 청년일 때는 주로 목을 매고, 중년일 때는
총을 쓰고, 노년에는 다시 목을 조르는 것이 유행처럼 확
산되고 있었다.

연령대	권총 자살자 수(명)	목맴 자살자 수(명)
10~20	61	68
28~30	283	51
49~50	182	94
60~70	150	188
80~90	161	256

프랑스 자살 보고서

필자는 게리A. M. Guerry가 1833년에 펴낸《프랑스의 정신 관련
통계에 관한 에세이Essai sur la Statistique Morale de la France》에서 프랑
스 자살 사건에 대한 중요한 정보를 발견했다.

기록에 따르면, 1827년에서 1830년까지 프랑스에서 자살을
택한 사람은 6900명이나 된다고 한다! 연평균 1800명이 스스로
목숨을 끊는다는 이야기다! 이 같은 수치는 법정문서에 근거한
것으로, 자살 기도 후 사망에 이르렀거나 법적 절차를 밟고 있는

사건만 포함한 것이다. 따라서 자살 미수에 그친 사건도 상당히 많을 것으로 추정된다. 물론 확실치 않다.

프랑스에서는 대인범죄[4]가 연간 1900건에 이른다는 사실도 주목해 봄직하다. 이 중 타인의 목숨을 노린 범죄는 600건이 넘는 것으로 나타났다. 이러한 경향으로 볼 때, 사고나 살인으로 사망한 경우가 아니라면 십중팔구는 자살을 택했다고 볼 수 있을 것이다.

게리는 임의로 다섯 개 지역을 구분하여 자살 현황을 조사하기도 했다. 매년 일어나는 자살 사건 100건당 프랑스 각 지역에서 발생한 자살 건수는 다음과 같다.

지역	자살 건수(건)
북부	51
남부	11
동부	16
서부	13
중부	9

자살 건수를 인구 대비로 산출해도 현황을 파악하는 데 도움이 된다.

---

4) 사람을 상대로 하는 범죄로, 폭력이나 폭력적 위협을 가하는 것을 말한다. 예로 살인, 강도, 강간, 폭행 등이 있다. -편집자주

인구 대비 자살률

지역	자살률
북부	1/9853
동부	1/21734
중부	1/27393
서부	1/30499
남부	1/30876

프랑스 86개 지방의 자살건 중 약 6분의 1이 센 강 주변에서 발생했다는 점도 눈여겨볼 만하나, 자살자 중 상당수가 외지인인 것으로 밝혀졌다. 조사 결과, 자살이라는 범죄를 저지른 1000명 중 505명은 북부, 168명은 남부, 65명은 서부, 52명은 중부에 분포되어 있었다. 다섯 개 지역을 인구 대비로 따져 봐도 (비율은 같지 않겠지만) 순위는 같았다.

게리는 표에 대해 설명을 덧붙이면서, 수많은 사람이 자살하는 센 강 지역은 주민 3600명 중 한 명꼴로 자살을 선택하는 반면, 자살 빈도가 비교적 낮은 오트 수아르Haute Soire 지역은 16만 3000명 중에서 자살자가 한 명이 될까 말까라고 전했다.

게리가 도표로 정리한 기록을 분석하면서 흥미로웠던 점은 프랑스 수도에서 가까운 지역일수록 자살 건수가 점차 증가했다는 것이다. 센 강 이남, 오브Aube, 수아레Soiret 등, 대도시에서 떨어진 곳보다는 센 강과 메인 강 인근 지역에서 목숨을 끊는 사람이 더 많았다는 이야기다. 프랑스 남부의 수도라 불리는 마르세유도 마찬가지였다. 마르세유에 가까울수록 인구 대비 자살 건수가 많은 것으로 나타났다.

프랑스 경찰청에서 작성한 범죄 기록을 보면 살인이 잦았던 지역일수록 자살이 드물었다는 흥미로운 사실을 발견할 수 있다. 반면, 인구 대비 자살 건수가 늘어난 지역은 살인 사건이 크게 감소했다. 다른 지역에서는 정확히 법칙의 역이 성립한다는 것이다. 게리는 자살과 관련하여, 다른 범죄의 동기보다 자살의 동기가 훨씬 잘 드러나며, 유서를 적지 않고 목숨을 끊는 사람은 거의 없다고 주장했다. 아울러, 어떻게든 정당성을 확보할 요량으로 자신이 경솔한 짓을 할 수밖에 없었던 이유를 해명한다고 덧붙였다.

홀크로프트T. Holcroft는 파리에서 조사한 자살 사건을 언급하며 이렇게 말했다.

잘은 모르지만, 영국의 1년간 자살자 수가 파리의 1개월간 자살자 수에 맞먹는다는 주장은 선뜻 공감이 가질 않네요. 프랑스 경찰은 관행상 조사관의 입을 틀어막는가 하면 진실을 은폐하기도 하는데, 형편이 여의치 않다 싶으면 권력을 발휘합니다. 때문에 어디를 가든 항상 눈이 따라다니고, 시민을 보호해야 하기 때문에 공격을 당해도 쓰러지지 않아 범죄자도 도망칠 수가 없습니다. 그런데다 팔을 쭉 펴면 위험에 빠진 사람을 모두 구해주니 어딘들 개입하지 못하겠습니까?

파리 사람들은 대개 무지몽매하여 눈에 보이는 것을 그때만 기억하고 맙니다. 분별력이 있는 사람만 정보를 수집하고 결론을 유추해 내죠. 나머지는 신속히 판단하고, 신속히 망각하고 말죠. 건망증 덕택에 마냥 희희낙락하는 겁니다.

영국에서는 기자가 고료를 받아가며 비보를 쓰기 때문에 불행한 소식이 감춰질 틈이 없고 때로는 과장되기까지 합니다. 웬만큼 충격적인 이야기가 아니고서는 신문에 실리지도 않을 테니까요. 진실이 왜곡되는 현상을 두고 하는 말입니다.

프랑스에서는 매일 일어나다시피 하는 자살 사건 중에서 일간지를 보다가 접한 기사가 떠오르네요. 첫 번째는 국방부 청사에서 장교가 권총으로 목숨을 끊은 사건이고, 두 번째는 한 사람이 물을 헤프게 쓰는 사람들에게 "물을 절약하시오!Garde l'eau"라고 외치고는 파리 고층 건물에서 투신한 사건입니다. 보통, 창밖으로 물을 버리는 사람에게 물을 절약하라는 말을 자주 하고는 합니다. 제가 파리에 있을 때 비슷한 사건이 또 있었습니다.

어느 날은 어떤 사내의 시신을 본 적도 있습니다. 그는 샹젤리제Champs Élysées 거리에 있는 오두막에서 아침을 먹은 뒤 거리를 배회하다 스스로 목숨을 끊었다는데, 전에는 연대 장교였다가 강등된 이후 입에 풀칠할 방법이 없다며 하소연했다고 합니다.

그뿐 아니라, 한동안 근무지를 이탈했다가 나중에 발각된 군인들도 이후 익사체로 발견되었습니다. 발각된 군인 중 아홉이 복역을 거부하고는 자발적으로 목숨을 끊었다고 하더군요.

어느 날에는 해가 저물고 나서 튀일리 다리를 건너는데, 어느 남성이 행인들에게 에워싸여 있었습니다. 남자가 투신하려는 것을 막으려고 몰려든 겁니다. 하지만 사람들은 남자의 이름을 물어볼 수도, 가던 길을 마저 갈 수도 없었습니다. 남자는 이미 자살을 결심한 듯싶었습니다. 수비대에 연락하는 것 말고는 딱히 할 수 있는 일이 없었는데, 남자는 마음을 고쳐먹지 않으면 언제든 강에 뛰어들 기세였습니다.

또 다른 날 저녁에도 같은 다리를 걷다가 한 여성을 본 적이 있습니다. 먼젓번과 거의 같은 시간이었는데, 여성은 다리 중앙 난간 근처를 서성였습니다. 강을 살피는 모습이 어쩐 예사롭지 않더라고요. 제가 멈춰 서자 그녀는 단념한 듯싶었습니다. 하지만 다리를 뜨지는 않았습니다. 무엇을 할 것인지는 잘 몰랐지만, 어쨌든 제 눈길은 피하고 싶었던 듯합니다. 다른 두 행인도 제 생각을 읽었는지 걸음을 멈추었다가, 몇 분 뒤에 자리를 떴습니다. 나만큼 걱정이 되지 않았거나 참을성이 없었겠죠. 하지만 저는 지나칠 용기도 없었고, 어떻게 처신해야 할지 몰랐습니다. 일이 잘못될까 겁부터 났으니까요. 마침내 그녀는 다리 끝으로 갔습니다. 저는 운명의 손에 맡길 수밖에 없었습니다. 투신할 마음이 있었는지도 확실치 않은 판에 섣불리 충고를 늘어놨다가 되레 욕을 먹을지 누가 알겠습니까? 결국 저는 답답한 가슴을 안고 귀가했습니다. 달리 방도가 없었다는 변명으로 정당화하려고 했지만, 인간의 의무를 저버렸다는 자책감에 시달리곤 하였습니다.

파리의 실제 자살 건수는 지금껏 알려진 것보다 훨씬 많을 겁니다. 격차가 어느 정도인지는 아무도 모르겠지만 말입니다. 여하튼 시체 보관소의 시신은 대개가 생클루St. Cloud[5]에서 후송된 것인데, 두 곳의 거리는 물길로 약 5~6킬로미터 정도입니다. 어부가 생클루 다리 밑에 밤새 그물을 쳐두면 이튿날 아침 고기와 함께 사체가 딸려 온다고 합니다. 생클루 토박이 어르신께 사체가 전부 그물에 걸리는지 여쭤보았더니, 하루 종일 그물을 물속에 두는 게 아니라, (계절에 따라 다르지만) 보통 반나절 정도만 쳐둔다고 하시더군요. 규정을 지키지 않으면 해운업에 지장을 줄 수 있다고 합니다. 그렇다면 추정컨대, 그물에 걸리는 사체와 그렇지 않은 사체의 수가 거의 일치한다고 볼 수 있을 겁니다.

최근 프랑스 정부는 종래의 방침과는 달리, 어부가 가져온 사체에 대해 보상금을 일체 지급하지 않기로 했다고 합니다. 그러니 어민도 더는 사체를 건져 올리지 않겠다는 입장입니다. 그간 받아온 보상금도 사체로 망가진 그물을 보수하기에 턱없이 부족했다더군요.

---

5) 프랑스 파리에서 북서쪽에 위치한 교외 소도시. —옮긴이주

제네바 자살 보고서

아래 통계는 스위스 제네바에서 자살에 영향을 미칠 수 있는 변인을 열거한 것이다.

제네바 지방정부의 법에 따르면, 개인이 사망할 경우 수사권은 판사에게 있고, 관련 서류는 검사장에게 송달되어, 그가 보관하게 되어 있다고 한다. 프레보스트Prevost는 자살 동기와 자살 사건 수가 감소하게 된 경위를 밝혀내기 위해 1825년에서 1834년까지 수집한 문건을 두루 검토했다. 주요 결론은 아래와 같다.

1. 연령대로 본 자살

연령대	자살자 수(명)	성별로 나눈 자살자 수(명)	
		남	여
10~20	5	3	2
20~30	30	22	8
30~40	18	15	3
40~50	15	13	2
50~60	34	25	9
60~70	19	10	9
70~80	9	6	3
80~90	3	1	2

표를 보면 50~60대의 자살자 수가 가장 많다. 열정이 최고조에 이르는 20~30대는 예상하다시피 수치가 많은 편이고, 아주 어리거나 연로한 연령대는 최하위를 기록했다. 청소년은 아직 걱정거리가 드물고, 어르신은 총인구수에 비해 수가 적어 이러한 결과가 나온 것으로 보인다.

2. 성별 차이와 결혼 여부로 본 자살

먼저 성별로 비교해 보면 자살률은 95대 38, 약 3대 1로 남성이 훨씬 높았다. 기혼(미망인 포함)보다는 미혼이 70대 63, 약 7대 6으로 높았다. 그러나 여성의 경우에는 기혼자나 미망인이 21대 17로 미혼보다 높았고, 남성은 42대 53으로 미혼이 더 높았다. 대체로 기혼이나 혼인 경험이 있는 사람보다 미혼의 자살 빈도가 더 많은 것으로 나타났다. 난관에 부딪친 여성의 끈기와 용기와 에너지를 아는 사람이라면 당연한 결과일지도 모르겠다. 반면, 남성은 여성에 비해 좌절과 불운을 잘 극복하지 못하기에, 총기나 밧줄 등 자살 수단이 필요하면 이를 기꺼이 손에 넣을 것이다.

3. 직업으로 본 자살

자살 건수는 다양한 사업 분야에 종사하는 근로자의 숫자에 비례한다. 예외로는 근로자 대비 자살건 비중이 매우 낮은 농업을 꼽는다. 제네바의 농업 인구는 1만8000명이지만 10년간 자살을 택한 사람은 고작해야 열 명뿐이었다. 다른 분야였다면 서른다섯 명 정도가 스스로 목숨을 끊었을지도 모를 일이다. 바쁘고 힘들지만 먹고살 수 있다면 농부들은 인생의 걱정거리에 신경 쓸 틈이 없을 것이다. 반면 학문을 터득하거나, 수준 높은 상업 분야에 종사하는 엘리트 계층은 자살률이 비교적 높은 것으로 나타났다.

4. 종교로 본 자살

1834년에 실시한 조사에 따르면, 제네바 주민 133명 중 개신교, 가톨릭 신도의 상대적 비율이 77대 56인 것으로 나타났다. (비율별 자살자 수는 다음과 같다.)

주민 133명 중 신도 수(명)		자살자 133명 중 신도 수(명)	
개신교	77	개신교	107
가톨릭	56	가톨릭	26
합계	133	합계	133

이 같은 결과는 개신교의 도덕 · 종교 교육에 관심 있는 사람의 이목을 끌 것이다.

5. 자살 수단으로 본 자살

자살 수단	자살 건수(건)
입수	55
총기 발포	31
질식	18
투신	15
자상	7
음독	7
합계	133

호수가 하나 있고 유속이 빠른 강이 둘 딸린 지방이라면 당연히 익사로 죽은 사람이 가장 많을 것이다. 두 번째는 개인 총기로 자살하는 사람이다. 군대에 있을 때도 그랬겠지만, 남자라면 총한 자루씩은 다들 가지고 있기 때문이다. 남성은 자살을 할 때 총기나 예리한 연장을 쓰는 반면, 여성은 독극물을 먹거나 몸을 던져 세상을 떠나는 경우가 비일비재하다.

6. 계절에 따른 차이로 본 자살

계절도 자살에 영향을 준다. 자살을 택하는 사람이 가장 많은 달은 4월이며, 133건 중 월별 자살 건수는 아래와 같다.

기간(월)	자살 건수(건)	기간(월)	자살 건수(건)
1월	5	7월	15
2월	5	8월	17
3월	10	9월	6
4월	19	10월	14
5월	13	11월	9
6월	17	12월	3

왠지 봄기운이 자살을 부추기는 듯하다. 또, 추운 겨울보다 볕이 뜨거운 여름에 자살 건수가 더 많았다. 한편, 특정한 날이나 특정한 주에 자살하는 사람이 몰린다니 흥미로울 따름이다. 조사에 따르면, 1830년 4월 9일에 두 명이 숨졌고, 당일 전후로 며칠 동안 몇 명이 연이어 목숨을 끊었다고 한다. 1831년 3월 29일에도 두 명이 사망했고, 같은 해 7월 3일과 4일에도 두 명이 숨졌으며, 1833년 4월 20일과 7월 5일에도 각각 두 명이 세상을 떠난 것으로 확인되었다. 기상청에서 내놓은 자료로는 흡족할 만한 답을 찾기 힘들었지만, 아무래도 대기의 변화가 원인이 아닐까 싶다.

7. 자살 추정 동기로 본 자살

자살 추정 동기	자살 건수(건)	자살 추정 동기	자살 건수(건)
신체 질환	34	비행 · 음주	10
정신이상	24	두려움 · 가책	6
재산 손실	19	실연	6
가정불화	15	도박	4
우울증	13	알 수 없음	2

8. 사망자 대비 자살자 수로 본 자살

전체 사망자 대비 자살자는 90명 중 한 명꼴로, 인구 대비 3985 명 중 한 명인 것으로 집계되었다. 지난 10년간 제네바의 평균 인구는 5만 3000명이었다.

년도	자살자 수(명)
1825	6
1826	6
1827	9
1828	13
1829	13
1830	16
1831	18
1832	12

1833	24
1834	16
합계	133

표를 보면 자살자 수가 6명에서 서서히 증가하다가 8년째 되
는 해에 24명으로 늘었음을 알 수 있다. 그러다 마지막 해에 16
명으로 감소했다. 모쪼록 이러한 감소 추세가 이어져 그전과 같
이 증가폭이 크지 않기를 바란다. 그러나 1822년과 1834년의 제
네바 인구가 각각 5만1113명과 5만6655명이었다는 점도 감안해
야 한다. 현재 제네바 경찰은 자살 사건과 관련해 수사력을 모으
고 있으며, 검시도 빈번히 실시하고 있다고 한다.

죽은 자가 보낸 신호

정신이상의 경우와 마찬가지로, 자살자의 시신에서 볼 수 있는 신체 손상도 다양한 만큼 서로 일치하지 않을 때가 더러 있다. 그러나 자살 충동을 동반하는 신체 변화에 대해 정확한 결론을 내려 줄 실마리는 아직 찾지 못했다.

머리가 주는 단서

수많은 관련 사례에서는 두개골이 이상하리만치 두꺼웠지만, 그렇지 않은 경우도 있었다. 그리딩Greeding과 갈 박사도 두개골의 두께에 주안점을 두고 증언했다. 이를테면, 216구를 검시한 결과, 167구의 두개골이 기형적으로 두꺼웠고, 극심한 정신이상으로 숨진 100구의 시신 중에 78구의 두개골이 지나치게 두꺼웠으며, 20구는 너무 얇은 것으로 확인되었다. 게다가 정신박약증 환자 30명 중에 21명과 6명의 뇌가 너무 두껍거나 얇았다. 갈 박사는 우울증·정신병 환자와 노인의 두개골이 뇌가 작아진 것과 관계가 깊다고 주장했는데, 두개골의 두께가 커진 만큼 세포막도 굵어지고 혈관이 경화됐을 것이라 예상했다.

한편, 자살자 중에 두개골 기형이 확인되는 경우도 종종 있었다. 오시안더Osiander는 장기간 두통을 앓고 피로를 호소하다 목을 매어 스스로 생을 마감한 어느 노인의 사례를 제시했다. 머리를 부검해 보니 경동맥관 주변에서 조그맣게 돌출된 뼈가 발견되었다는 것이다. 한편, 란치시Lancisi는 염려증으로 자살한 시신의 람다상봉합[6] 꼭짓점 주변에서 가늘고 긴 돌출부를 찾아냈다고 한다.

자살로 세상을 떠난 1333구의 시신을 분석한 결과는 아래와 같다. 여기에 언급된 구체적인 정보는 피넬, 에스키롤, 팔레트, 포데레, 아르제니우스, 슐레겔, 버로우스, 하슬럼 등의 저서에 수록되어 있다.

---

6) lambdoid suture, 두정골과 후두골 부위의 봉합선.—옮긴이주

주요 신체 손상	해당 자살자 수(명)
두개골의 두께 이상	150
손상 없음	100
뼈 이상 돌출	50
뇌종양	10
단순 울혈	300
세포막 질환	170
폐 질환	100
뇌연화증	100
뇌염	90
위 질환	100
장 질환	50
간 질환	80
분비 억제	15
심장 질환	10
매독	8
합계	1333

　　자살자의 시신에서는 뇌막에 부착물이 있는 경우도 종종 확인되었고, 경막[7]이 경화되거나 연뇌막[8]에 염증이 생길 때도 있었다. 지주막[9]이 두꺼워진 사례도 더러 있었다. 오시안더는 경색

---

7) 머리뼈 내부의 두개강과 척추 내부의 척추강 내에 존재하는 막으로 뇌와 척수의 바깥을 둘러싸고 있다.—옮긴이주
8) 뇌막 안쪽을 뜻하며 뇌와 척수를 둘러싸고 있는 막이다.—편집자주
9) 경막과 연막 사이에 있는 반투명의 얇은 결합조직성의 막이다.—옮긴이주

된 뇌혈관 때문에 자살하는 경우가 종종 있다고 밝혔다.

한편, 오엔브루거Auenbrugger는 장기간 두통을 앓았다는 자살자의 사례를 들려주었다. 그 자살자의 시신을 부검해 보니 뇌교[10] 중앙에 균열이 있었다고 한다.

보이지 않는 해답

폐병변도 정신이상자에게서 흔히 발견되는 질환이다. 에스키롤에 따르면, 우울증 환자의 4분의 1이 폐병으로 죽는다고 한다.

심장이 잘못된 경우도 종종 있다. 이때는 이상 증상이 주로 위와 간과 장에서 일어난다고들 하나, 이것이 자살 성향의 원인인지 결과인지 판단하는 것은 쉽지 않다. 또한 수많은 위 질환 사례를 보면 뇌 조직에 상흔이 발견되기도 하는데, 어떤 기관이 손상을 입었는지 어떻게 밝힐 수 있을까? 위와 장과 간이 흥분의 근원지라면 뇌도 그 여파에 밀려 장애를 겪는 것일지도 모른다. 정말 그럴 때가 종종 있다. 즉, 극심한 정신적 고통을 호소하는 환자라면 내장 질환이 오기도 하고, (원인이 무엇이든) 중증 만성 소화 장애 환자라면 사람에 따라 자살 충동까지 느낄 수 있다는 것

---

10) 대뇌, 소뇌, 연수를 연결하는 백질 섬유의 넓은 띠로서 회백질의 다리핵을 포함한다. ― 옮긴이주

이다. 이러한 경우 위나 부속 기관의 질환이 발견되지 않은 사례는 거의 없었다.

병리해부학의 가치를 폄하하거나 불신할 뜻은 없지만, 메스를 든 해부학자가 자살자의 시신에서 찾아낸 뇌 질환이 그리 중요하다고 생각하기는 어렵다. 병리적 손상은 매우 다양하고 일관성도 없는 까닭에 그것만으로 질병의 근원을 정확히 밝혀낼 수 없기 때문이다. 다수의 사례를 보면, 언뜻 뇌 질환이 없어 보인다 해도, 생리학적으로 보면 경우를 막론하고 지각을 발휘하는 기관이 1차적으로든 2차적으로든 타격을 입게 마련이다. 또한, 뇌가 질병의 근원이라도 사후에 그 흔적을 찾을 수 없는 경우가 허다하다!

특이한 자살 사건

지금까지는 수많은 자살 사건 중 눈에 띄는 사례를 구체적으로 살펴보았다. 신이 숭고하고 고귀한 목적을 위해 베풀어 주신 생명을 (앞선 일화에서처럼) 피도 눈물도 없이 냉정하게 희생시켰으니 씁쓸할 따름이다.

생명을 어떻게 해하는지 보라!
어떤 이는 생명을 칼로 뽑아 버리고,
어떤 이는 권총으로 날려 버리고, 어떤 이는 물속에 처박는다
분명한 사실은,
호라티우스도 우리에게 일렀듯이
언젠가는 모두 죽는다는 것이다

검투사가 죽음을 대수롭지 않게 여겼다는 사실은 놀랍게도 당대의 성향 중 하나였다. 그런 의미에서 사람들은 프랑스 소피스트를 모방하고, 절망적인 상황에 빠질라치면 다른 행위로는 절대 얻을 수 없는 악명에 목숨을 거는 듯하다. 이 같은 자살 동기를 조사하면서 수집한 사례를 보면 뚜렷한 규칙을 찾을 수 없는 경우가 비일비재했다. 딱히 이유가 없는데 목숨을 끊었다거나, 자살 동기가 정확하지 않은 경우도 있었다. 그들은 평범한 사람과는 달랐고, 인간의 이성에 부합하지 않은 기행을 보이기도 했다. 게다가 일상생활도 범상치 않았는데, 죽음을 두고는 강한 열정을 보여 주고 싶어 했다. 이 같은 특이한 정서는 체질에 따른 결과일지도 모른다(정말 그런 경우도 있다). 물론 정신 상태와 교육 수준뿐 아니라, 지성과 인격을 조성하는 데에 영향을 주는 요인도 변수로 작용했을 것이다.

이 장에서 추가한 특이사실은 그동안 자살을 부추긴다고 보고된 이상 증상의 증거를 제시하는 동시에, 형이상학자에게는 사유에 대한 철학을 연구하는 데에 필요한 자료를 제공할 것이다. 물론 일부 사건은 분석이 가능하지만, 이해력이 뛰어나다고 자부하는 사람마저 말문이 막히는 사례가 대다수를 차지한다.

좌절감이 부른 비극

　유스터스 버젤Eustace Budgell은 18세기 초 문학계에서 명성이 자자했다. 몇몇 정기 간행물에 기고하는 저명한 작가로서, 조지프 애디슨과는 친구 겸 친척 사이였다. 유복한 가정에서 자란 그는 정부 요직에 등용되는가 하면, 애디슨의 비호로 정계에 진출하기도 했다. 그러나 애디슨이 세상을 떠난 후로는 정치적 입지가 줄어 허랑방탕한 인생을 보냈다. 남해주식회사 투기 사건으로 막대한 자금을 날리는가 하면, 소송에 휘말리기도 했다. 자신의 처지가 씁쓸하기 짝이 없었던 그는 좌절된 야심에서 비롯된 원통함과 여타 문제로 삶을 포기하기로 결심했다. 또, 그는 애디슨이 세상을 떠난 후 자유사상가를 자처했는데, 자유사상을 둘러싼 애매한 원칙도 이러한 결심에 불을 붙였다. 버젤은 이성을 잃은 채 며칠을 허송하다 격앙된 감정으로 배에 올라탔다. 사공에게는 런던교를 지나가달라고 주문했다. 런던교 다리 아래를 통과할 무렵 그는 배에서 몸을 던졌다. 주머니에는 잊지 않고 준비한 돌이 가득 차 있었다. 1737년에 벌어진 사건이었다. 일설에 따르면, 버젤은 평소 "삶이 버겁기만 하고, 불행과 슬픔을 감당할 재간이 없는 인간에게는 목숨을 포기할 권리가 있다. 고통을 겪으며 사느니 차라리 죽음을 택하는 편이 낫다"라는 견해를 보였다고 한다. 자신만의 원칙이 확고하지 않다면, 애당초 그러할 마음을 먹지 않았더라도 감정이 북받치면 언제든 자살을 결심하게 된다. 설령 이성을 찾으려 해도 흥분되는 감정에서 벗어날 수 없기 때문이다. 버젤은 자살을 하기 전날 아침, 딸에게도 자살을 권했다. 삶에서 더 이상 가질 가치가 없다면서 자살을 권했지만, 딸은 거부했다. 버젤은 자살하면서 경솔하게 목숨을 끊어 미안하다는 뜻으로 종잇장에 다음과 같은 글을 남겼다.

'카토와 애디슨이 인정한 것이 결코 틀릴 리 없다.'

프랑스 극작가 겸 풍자 문학가인 드 부아시de Boissy라는 사람은 큰 좌절을 겪은 후, 스스로 목숨을 끊기로 했다. 자살을 고통에서 해방되는 수단으로 보았기에 아내에게도 자살을 권했다. 다섯 살배기 아이도 데려가야 했다. 각박한 세상에 아이를 홀로 내버려 둘 수는 없었을 것이다. 이제 어떻게 죽느냐만 남았다. 그들은 아사를 선택했다. 몸을 훼손할 필요도, 아이를 폭행할 필요도 없었기 때문이다. 물론, 드 부아시나 아내나 그럴 용기는 없었을 것이다. 그들은 굶은 채 죽음이 오기만을 기다리기로 했다. 그러고는 아파트 문을 잠갔다. 그럼 누군가가 찾아와도 신경 쓸 필요가 없을 테니까. 마침내 부부는 아이와 함께 굶어 죽을 계획을 단행했다. 사람들은 집 앞에 찾아와 이름을 부르다가 문이 잠겨 있는 것을 확인하고 나서는 아무도 없는 줄 알고 돌아갔다. 그러나 그와 각별한 사이였던 한 친구가 드 부아시에게 심각한 문제가 벌어졌음을 직감했다. 최근 감감무소식인데다 집 문이 잠겨 있으니 집에 없다고 판단했기 때문이다. 그는 다시 아파트를 찾았다. 이때 문틈으로 신음 소리가 났든지 수상쩍은 기분이 들었든지 정확히 알 수 없지만, 여하튼 친구는 문을 부쉈다. 드 부아시와 아내가 끼니를 끊은 지 사흘쯤 되었을 때였다. 친구는 드 부아시 눈앞에 죽음의 문이 보일 때쯤, 사경을 헤매는 부부를 발견했다. 누가 들어왔는지조차 모를 만큼 부부의 의식은 흐릿했다. 부부는 서로를 마주본 자세로 의자에 앉아, 바닥에 떨어지지 않도록 서로의 등을 받치고 있었다. 손을 꼭 쥐고 있었는데, 초췌한 얼굴에는 아이를 죽음으로 내몰아 후회하는 기색이 역력했다. 아이는 엄마의 무릎에 매달려 있었다. 본능대로 먹을 것을 달라는 듯 보였다. 친구는 사태를 파악한 후 그들을 나무라지 않고 살릴 궁리에 여념이 없었다. 어찌나 결의가 대단했던지, 부부는 최악의 고비를 넘기고 눈앞에 죽음의 눈이 아닌 피난항이 들어왔다. 친구는 이후 부부를 설득하였는데, 아이가 조그마한 손을 들어 친구의 편을 들었다. 친구의 애원 끝에 지성이면 감천이라 했던가, 부부는 점차 기력을 회복했고 이후 건강을 되찾았다.

다음은 포부르 생앙트안Faubourg St. Antoine의 딸인 르모앙느의 이야기다. 전에도 넌지시 말한 바 있는데, 르모앙느는 가구를 만드는 청년을 좋아했지만, 부모는 오래전부터 재력가인 B에게 딸을 혼인시킬 생각이었다. 그녀는 마지못해 부모의 뜻을 따르기로 했다(이를 '목숨을 건 단념'이라고 했다). 한편, 청년은 몇 년간 파리를 떠나 있었는데, 연인이 보고 싶어 견딜 수가 없었다. 결국 두 사람은 1836년에 상봉했고, 이 소식이 삽시간에 퍼지자 남편은 체면이 구겨졌다. 그 후, 아내는 청년과 어디론가 도망쳤다. 그럼에도 아내를 사랑한 남편은 지인과 경찰을 대동하여 거처를 찾아냈다. 남편은 아내를 설득해 봤지만 아무런 소용이 없었다. 두 연인은 다시 자취를 감추었다가 8일 후, 허름한 아파트에서 팔에 자물쇠가 채워진 채 싸늘한 시신이 되어 돌아왔다. 오로지 목숨을 끊을 목적으로 아파트를 계약한 것이었다. 두 사람은 자살하기 전 석탄으로 벽에 타오르는 두 개의 심장을 그리고 그 밑에 다음의 글을 덧붙였다.

우리는 영원한 사랑을 서약했고, 죽음, 그 몹쓸 죽음으로 우리는 부부가 될 것이오.

한편, 어느 날 한 사공이 센 강에서 변사체를 발견한 일이 있었다. 강물에 쓸려 어렵사리 그곳까지 흘러온 모양이었다. 사체는 두 구였는데, 스무 살로 보이는 여성은 드레스를 근사하게 입었고, 남자는 제8경기병 군복을 입고 있었다. 한 사체의 왼쪽 손발이 다른 사체의 오른쪽 손발에 포개져 있었다. 물에 젖지 않도록 양피지에 고이 싼 종잇장을 보고 나서야 그들의 이름과 죽은 사연을 알 수 있었다.

오, 당신이 누구든, 부부의 연을 맺은 두 시신을 발견했으니 긍휼을 베풀기를 바라오. 우리는 서로를 열렬히 사랑했고, 영원한 부부가 되려고 함께 목숨을 버렸다는 사실을 알아주시오. 그리고 한 무덤에 묻히는 것이 마지막 소원이라는 사실도 알아주시오. 죽음이 맺어 준 부부의 인연은 사람이 나눌 수 없소. −플로린. 고욘.

몇 년 전, 뤼에유 성당에 불빛이 포착되었다. 이 같은 특이 사항이 접수되면 관계자가 직접 현장을 조사하게 되는데, 그가 성당에 접근할라치면 곧 불이 꺼졌다. 이때 복도에서 여성의 코르셋이 발견되었다. 성작 덮개 아래 벽장에 숨어 있던 코르셋 주인은 신성모독을 견디지 못해 이후 물에 빠져 죽고 말았다.

또, 말글라이베라는 장교는 최근 휴직 후 공직에 기용되었다가 재산상의 손해를 입었다고 한다. 그는 지인에게 보낸 2페니짜리 엽서에 '소포가 하나 와 있을 테니 숙소로 가보라'고 썼다. 지인은 그리로 가서 소포를 열어 보았다. 소포에는 편지 한 통이 들어 있었다.

이 편지를 볼 때면 우리 가여운 에르느와 나는 이미 저세상에 가 있겠군. 우리 집 문을 열어 보면 알겠지만 우린 눈을 감고 있을 걸세. 아주 영원히 말이야. 모진 세파에 만신창이가 되었는데, 이를 끝내는 것 말고 다른 방법을 찾을 수 없더군. 아내도 용기와 애정이 남다른 사람이니 내 뜻에 동감했을 거라 확신하네.

그 젊은 부부(남편은 34세이고 아내는 28세이니 젊은 편이다)는 석탄 연기로 질식사하기 위해 만반의 준비를 다했지만, 만일의 경우에 대비해 장전한 권총을 탁자에 올려 두었고 한다.

어느 여사는 별장 야산에서 목숨을 끊었다. 평소 취미로 즐기던 사냥을 자살 방법으로 택했는데, 엽총을 들어 자신의 가슴에 대고는 방아쇠를 당겼다. 엽총에는 실탄 여섯 발이 장전되어 있었다. 재산이 많아도 이를 물려줄 자식이 없다는 게 자살 이유였다.

마르세유 근방에 살던 어느 어부는 가정불화로 오래전부터 자살 충동을 느꼈다고 한다. 어느 일요일, 그는 손에 십자가를 쥐고 동네 바위산에 올랐다. 지인들이 밑에서 보니 자살 전에 마지막으로 기도를 드리는 것이 분명했다. 주민 하나가 그의 의도를 눈치채고는 달려가 그를 붙잡았다. 벼랑 끝에서 옥신각신 몸싸움이 벌어졌지만, 결국 어부는 그의 팔을 뿌리치고 추락하고 말았단다.

볼테르도 특이한 사건을 들려준 적이 있다. 하루는 베이컨 모리스라는 영국 장교가 파리에 있는 볼테르를 찾아왔다고 한다. 장교는 치료하기 힘든 지병에 시달리고 있었다. 그는 앞서 몇 번 방문한 뒤, 다음에는 조그만 가방과 두 장의 종이를 갖고 볼테르를 찾아왔다. 그러고는 이렇게 말했단다.

종이 두 장에 각각 유언과 묘비명을 적어 두었고, 가방에 든 돈은 장례를 치를 때 쓰면 됩니다. 혹시라도 몸이 견딜 수 있을 만큼이나마 회복될지 모르니 보름 동안 식이요법과 치료를 받다가 그래도 가망이 없으면 스스로 목숨을 끊을까 합니다. 선생님이 알아서 매장해 주십시오. 묘비명은 짧게 지었습니다.

묘비명은 페트로니우스가 남긴 두 단어가 전부였다.

'근심이여 잘 있거라Valete curae.'

볼테르는 다행히 완치되어 그가 자살을 면했다고 덧붙였다.

한편, 스물여섯의 오귀스트와 열여덟의 앙리에트는 오랫동안 사랑해 왔지만, 앙리에트의 부모는 두 사람의 혼인을 허락지 않았다. 교제가 어려워지자 오귀스트는 앙리에트에게 편지를 띄웠다.

인간은 본디 냉혹한 존재요. 그러니 부모의 뜻을 무시합시다. 신은 전능하시니 그분 앞에서라면 혼인을 치를 수 있을 거요. 나를 사랑한다면 내일 십자가 아래서 혈서로 혼인을 서약합시다.

청년의 프러포즈에 아가씨는 그러겠다고 약속했다. 그날 밤, 두 사람은 십자가가 있는 생드니St. Denis 들로 나왔다. 혼인증서를 쓰기 위해 서로 팔을 그어 피를 받았다.

인류의 운명을 주관하시는 위대한 신이시여, 저희를 거룩한 날 개 아래 보호하소서! 사람은 저희의 혼인을 거부하니, 백년가약을 친히 허락해 주십사 이렇게 무릎을 꿇나이다. 오, 신이시여 당신 의 자녀를 긍휼히 여기소서! 천상의 찬양대를 모으사 황홀한 희열 을 만끽하며 거룩한 즐거움에 참예하는 행복한 날이 되게 하소서. 오, 하느님이시여! 오, 하늘의 천사와 낙원에 거하는 성인이여! 복 을 받은 자마저 흠모할 만한 기쁜 잔치를 내려보소서.

부모의 영이여, 이 감동적인 연회에 오셔서 혼인을 허락하고 마 음껏 축복하소서. 피에르 오귀스트와 마리 앙리에트는 이제 하나 가 되었고, 오직 둘이 하나며, 죽기까지 서로에게 헌신할 것을 증 인 여러분 앞에서 서약합니다. 그렇습니다, 저희는 서약합니다. 한 목소리로 서약하며 여러분이 증인입니다. 죽으나 사나 저희는 하 나가 되었습니다. ─피에르 오귀스트, 마리 앙리에트.

그러나 앙리에트의 안타까운 죽음으로 부부의 연은 무산되고 말았다. 그녀가 돌이킬 수 없는 잘못을 저지르자마자 오귀스트 는 그녀를 떠났고, 가련한 여인은 센 강에 몸을 던졌다. 주검에 붙은 혼인증서에는 앙리에트가 추가한 글이 있었다.

그 악마가 나에게 치욕을 안겨 주었소! 내게 마음이 있는 척하 며 속였지만, 그야말로 더할 나위 없이 불쌍한 자요. 그런 철면피 는 처음 봤소!

완벽해 보이는 사람들의 불행

덕망이 높은 사업가 집안의 며느리도 자살을 택했다. 남편의 존경을 독차지해 왔다는 죄책감 때문이었다. 로잘리는 어릴 적부터 같은 계층의 신사 M. C.의 신붓감으로 지목되었는데, 비록 깨소금이 쏟아지진 않았지만 슬하에 자녀 둘을 두고 그럭저럭 행복한 가정을 꾸리며 살았다.

그러던 어느 날, 그녀는 남편을 파리에 남겨 둔 채 해외로 출장을 가야 했다. 외국에 체류 중이던 그녀는 (구체적인 정황은 밝혀지지 않았지만) 가책에 마음이 괴로웠으나, 귀국한 뒤로는 오랫동안 고민을 거듭하다가 마침내 자살을 결심했다. 세상을 떠나기 전, 그녀는 여동생에게 편지를 보냈는데, 너무 장황하여 주요 대목만 발췌했다.

오늘 목숨을 끊기로 결심했다. 하지만 엄마의 고통을 아직 모르는 철없는 아이를 남겨 두고 가려니 선뜻 내키지가 않는다. … 내가 죽으면 슬프겠지만 용서해 주길 바란다. 훌륭한 남편이 널 추궁해도 용서해다오. … 그이의 진가를 끌어올려 주었다면 내가 이렇게 비참해지진 않았을 거야. 내조를 제대로 하지 못한 것이 문제의 발단이었지. 사르셀레스로 주소를 옮기기 전에는 아무런 문제가 없었지만, 그리로 시집을 온 게 화근이 된 셈이다! … 내 부탁을 들어준다면 나는 세상에서 가장 행복한 여자일 거야. 너무도 생소한 감정에 마음이 곤혹스럽고 죄책감에 정신을 차릴 수가 없구나. 오, 신이시여! 회개하오니 용서하시고, 자비를 베푸셔서 아무것도 모르는 철부지 아이를 남편이 잘 보살필 수 있도록 도우소서. 그들을 보호하소서. 오, 하느님 마음에 죄를 품기도 전에 죄를 짓고만, 불쌍한 엄마의 기억을 저주하지 않게 하소서.

사랑하는 루이, 작별을 고하는 불쌍한 아내를 용서해 주세요.

누구든 짐작하겠지만, 이 편지를 보는 가족의 충격이 이만저만이 아니었을 것이다. 동생은 편지를 받자마자 부예 박사와 함께 서둘러 형부의 집에 달려갔다. 하지만 기회는 이미 지나가고 말았다. 언니는 임종을 앞두고 고통에 신음했고, 천진난만한 아이들은 옆방에서 소꿉장난에 정신이 팔려 있었다.

다음은 퐁탈바라는 프랑스 출신 재력가의 이야기다. 그의 아들은 나폴레옹의 시종이었다가 이후 유능한 장교로서 네이 원수, 엘싱겐 공작의 보좌관으로 활약하였다. 여하튼 그는 알모나스테 부인의 딸과 혼인하여 한동안 행복한 부부 생활을 이어갔으나, 그의 부인은 자신의 어머니가 세상을 떠나자 사치에 빠지기 시작했다. 퐁탈바 가문의 막대한 재산으로도 이를 감당하기 버거웠다고 한다. 그녀는 이 일로 남편과 다투다가 어느 날 소리소문 없이 호텔을 떠났다. 남편과 자녀는 이튿날 아침이 될 때까지도 부인의 행방을 찾지 못했다. 그로부터 수개월 후, 그녀에게서 편지가 한 통이 날아왔다. 뉴올리언스New Orleans 소인이 찍혀 있었는데, 읽어 보니 이혼을 하고 싶다는 내용이었다. 하지만 18개월이 지날 때까지 돈을 뺐다는 사실 외에 아무런 소식이 들리지 않자 그녀는 다시 집에 들어와 가족에 누를 끼치기 시작했다. 생시르 사관학교 생도였던 아들에게 탈영뿐 아니라, 유흥을 부추긴 것이다. 그런 손자를 본 조부는 괴로운 마음에 매년 유증해 온 4000파운드를 취소하기로 했다. 1834년 10월, 당시 82세였던 조부는 몽레베크Mont Leveque에 있는 저택에 살고 있었다. 퐁탈바 부인은 부유한 시아버지와 화해하기 위해 그리로 갔다. 저택에 도착해 보니 아무런 기척이 없어 그녀는 다시 파리로 돌아가려고 채비를 했다. 시아버지인 퐁탈바는 그녀가 방에 혼자 있을 때를 노렸다. 그러고는 2연발 권총을 겨누며 들어가 문을 잠그고는 충격에 휩싸인 며느리에게 다가갔다. 이제 살 시간이 몇 분도채 남지 않았으니 신에게 그녀를 맡긴다는 기도도 덧붙였다. 물론 그는 1분도 허용치 않았다. 즉각 방아쇠를 당기자 총알 두 발이 왼쪽 가슴을 뚫었다. 그녀는 얼른 일어나 벽장 쪽으로 도망쳤다. 피가 사방에 튀었다. 뭐든 시키는 대로 다 할 테니 목숨만은 살려달라고 애원했다.

"아니, 아니야! 넌 죽어야 돼!"

다시 총을 쏘았다. 본능적으로 가슴에 댄 손이 끔찍하리만치

부스러졌지만 심장을 관통하진 못했다. 다른 벽장으로 도망치자 세 번째 총성이 울렸고, 탄알은 빗나갔다. 그녀는 사력을 다해 출입구로 달려가 문을 열었다. 뒤를 좇던 퐁탈바는 이때도 방아쇠를 당겼다. 가족 덕택에 그녀는 목숨을 건졌다. 가족들은 다들 총성에 놀란 기색이 역력했다. 그는 며느리를 놓쳤다는 생각에 방에 들어가 권총으로 자살을 시도했다. 퐁탈바 부인과의 악연을 끊으려 얼마 남지 않은 여생을 바치기로 결심했을 테지만, 그의 뜻은 이루어지지 않았다. 상처는 컸지만 목숨에는 지장이 없어 한 달 안에 건강을 회복했다. 그 후 잔치나 연주회에서 자주 눈에 띄었다.

생드니에 사는 어느 부자가 오랜 여정을 마치고 집에 돌아왔다. 그는 침실 탁자에 권총 몇 정을 장전해 두고는 복귀 축하 파티차 가족과 지인을 불러 모았다. 저녁을 먹자마자, 스무 살 정도 되는 맏딸과 아버지인 부자 사이에서 말싸움이 벌어졌다. 첫째 딸은 늘 동생을 질투했는데, 아버지가 저보다 동생을 더 좋아하는 것을 싫어했었다. 그날도 질투심이 일어 투정을 부리자, 부자는 딸을 타박했다.

"말썽부릴 거면 들어가 자거라."

맏딸은 즉시 일어나 부자의 침실로 가서는 권총 한 정을 골라 자신을 향해 방아쇠를 당겼다. 결국 딸아이는 통증에 신음하다 몇 시간 만에 숨지고 말았다.

다음은 노리치에 주둔한 제14경용기병의 소령이었던 조지 던바 준남작의 이야기다. 하루는 던바 경이 동료 장교와 다툼을 벌였는데, 워낙 다혈질인지라 하마터면 큰일 날 뻔했다고 한다. 잘잘못을 떠나 몸싸움이 어찌나 격렬했던지 집에 돌아와 보니 온몸이 멍투성이였다. 이튿날, 던바 경은 식당에서 장교들에게 이렇게 일렀다.

"그가 또 사병에게 추태를 부리면 어떻게든 사과를 받을 것이고, 좀 미흡하더라도 그에 걸맞게 대우해 줄 거요."

하지만 회의적인 반응만 돌아왔다.

"이미 부대원 전체를 폭행했습니다. 만족스런 대우는 이미 물 건너갔다고 봅니다."

"장교로 20년을 복무했으니 부대에 뼈를 묻을 겁니다. 논란을 잠재우려면 총을 들 수밖엔 없겠지요."

던바 경이 말을 잇자 대화가 그쳤다. 하지만 그들의 대화는 경의 뇌리를 떠나지 않았다. 그는 이틀 내내 먹지도 않고 자지도 않았으며 표정까지 어두워져 식구들을 심히 걱정케 하였다. 던바 부인은 면도칼과 권총 등을 자물쇠로 채우고, 항상 그를 예의주시했다. 어느 날 밤, 그녀는 마음이 심란해 눈물지으며 몸을 뒤척였다.

"마리아, 당신 때문에 잠이 오지 않는군요. 잠시 일어나겠소."

던바 경은 경계용 방풍코트를 입고 아래층으로 내려왔다. 아내는 그의 심기가 불편해질까 싶어 침대에 누워 있다가 어느새 잠에 들었다. 조지 경은 아내가 잠든 것을 확인하고 나서 곧장 집을 나섰다. 그때가 아침 대여섯 시쯤이었다. 마침 눈을 뜬 부인은 옆자리가 빈 것을 보고 다급한 마음에 집사를 찾았다. 남편의 행방을 묻자, 집사는 그가 아침 공기가 두통에 좋을 것 같아 산책을 나갔다고 일러 주었다. 물론 거짓말이었다. 사실 그는 권총 두 자루를 사서 총알을 장전한 뒤 이를 코트에 숨기고 있었다. 집에 돌아오니 부인이 성큼 달려 나와 그의 손을 부여잡았다. 아침을 차리겠다는 부인의 말에 그는 마저 써야 할 편지가 있으니 이를 끝내겠다고 하였다. 그러고는 아내의 손을 꼭 잡아 주고 나서 서재로 걸음을 옮겼다. 그리고 유언장을 쓴 뒤 권총으로 머리를 쏴 자결했다. 총성이 울리자, 급히 서재로 내려간 부인은 바닥에 널브러진 시신을 보고 실신했다. 그녀는 피가 흥건히 묻은 채 들것에 실려 즉각 지인의 집으로 이송되었다. 금실 좋은 부부였고, 부인은 전시에도 내조를 마다하지 않았다고 한다.

세인트 제임스궁에 가던 조지 3세가 마차를 타고 공원을 지날 무렵이었다. 한 중년이 검은 옷을 입고 공원을 서성이다가 가드레일 쪽으로 다가갔다. 그는 왕의 이름을 쓴 종잇장을 급히 꺼내 레일에 붙이고는 모자를 벗어던지며 총을 자신의 가슴에 대고 쐈다. 왕의 행차를 보기 위해 군중이 몰려 있었지만, 총성이 난 뒤에야 그의 자살 의도를 알아챘다. 남자는 현장에서 즉사했는데, 왼손에는 '제임스 서덜랜드를 부검할 검시관에게'라고 쓴 편지가 쥐어져 있었다. 남자는 머레이 장군이 주지사로 부임할 당시 미노르카Minorca[11]에서 법무관으로 일했는데, 장군을 상대로 소송을 제기했다가 기각된 적이 있다고 한다. 머레이가 그를 해임한 뒤로 다른 공직에 지원해 봤지만 번번이 실패해 정신이 이상해졌단다. 품위가 돋보이는 정장을 입고 있었으나, 주머니에는 고작 2펜스와 국무부 비서실에 보내는 쪽지 몇 장이 전부였다. 멀쩡한 정신으로 계획한 행동이었다고 적힌 쪽지도 있었다.

죽기를 작정한 사람들

이번 사례는 톰슨A. T. Thomson 박사가 들려준 일화로, 자살을 작정한 사람에게서 나타나는 특이점을 잘 보여 준다. 어느 중년 신사가 오랫동안 명성을 누려 오다가 지방정부의 재무위원으로 내정되었다고 한다. 하지만 주머니 사정이 어려워진 뒤로 공금을 횡령하는가 하면 지폐 위조도 서슴지 않았다. 당시 지폐 위조사범에게는 실형이 선고되었다. 경찰에 검거된 직후, 그는 자살을 기도했지만 목숨을 끊지는 못했다. 당국은 그간 쌓아온 명성을 참작하여 그를 즉각 교도소로 이송하지 않고 관할 경찰서에 구

---

11) 지중해 발레아릭(Balearic) 군도에 있는 스페인령의 섬.—편집자주

금하기로 했다. 그리고 자살을 기도한 전력이 있으니 목숨을 끊는 데에 사용할 법한 도구는 소지할 수 없도록 조치했다. 그 밖의 상황에서는 가급적이면 자유를 보장해 주었다. 아내도 면회가 허락되었으나 방에 들기 전에 몸수색을 받아야 했다. 매일 밤에는 외부인의 출입이 통제되었고, 아침에는 경찰이 직접 그를 깨웠다. 검거된 지 사흘째 되던 어느 날, 경찰이 어김없이 오전에 독방에 들어가 그를 불렀다. 하지만 묵묵부답이었다. 참상에 가보니 그는 이미 싸늘한 주검이 되어 있었다. 조사 결과, 그는 해부학을 공부한 터라 메스를 다룰 줄 알았던 것으로 밝혀졌다. 조만간 교수형을 당할 거라는 생각에 그는 아내에게 메스를 입에 넣어 오라고 부탁했다. 아내가 다녀간 후, 저녁에 독방 문이 잠기자 그는 옷을 벗고 자신의 대퇴동맥을 끊었다. 대퇴부에서 흘러나온 피는 실내 변기로 흘러 들어갔다. 정신이 몽롱해지자 그는 손수건을 꺼내 허벅지 윗부분을 동여맸다. 그러고는 주검으로 발견된 자세로 침대에 누웠다. 출혈이 심했지만 적당한 양을 넘지 않도록 교묘히 손을 쓴 덕에 바닥에는 혈흔이 보이지 않았고, 침대 시트에도 듬성듬성 묻은 피가 전부였다.

버킹엄셔Buckinghamshire 머슬리Mursley에서 일어난 시녀 자살 사건도 주목할 만하다. 시녀는 주인과 하인이 밭에서 잡초를 제거하는 동안 끈으로 왼쪽 허벅지 윗부분을 맨 뒤, 소의 피를 뽑을 때 사용하는 칼과 막대기로 동맥을 끊었다. 때문에 응급처치를 받기 전에 과다 출혈로 사망하고 말았다.

한편, 우드브리지Woodbridge에 사는 장갑장수 존 업슨이라는 사람은 며칠 전 중죄로 수감되었다가, 독방에서 가터벨트로 목을 매 숨졌다. 옆에 둔 기도책에는 아래의 시가 적혀 있었다.

잘 있거라, 덧없는 세상이여. 살만큼 살았으니
네가 나를 두고 뭐라 하든 신경 쓰지 않으련다
네가 미소 지어도 반갑지 않고 인상을 찌푸려도 두렵지 않다
근심은 이미 지나갔고 마음은 안식을 얻었으니까
내게서 찾은 치부는 가급적 피하되
본향을 바라본다면 소임은 넉넉히 해낸 것이리라
─1774년 6월 26일, 가엾은 장갑장수 존.─

한편, 올더스게이트Aldersgate 거리에서 인쇄소를 운영하는 브라우어라는 사람이 엔필드Enfield로 이어진 도로에서 강도의 습격을 받은 일이 있었다. 그런데 아는 무역업자와 강도의 인상착의가 비슷하여 무역업자의 이름을 한번 불러 보았단다. 그러자 강도는 권총으로 자신의 머리에 구멍을 내고 말았다.

프랑스 일간지에 실린 어느 남성은 소문으로만 듣던 열애를 불태운 인물이었다. 내연녀에게 배신당하자, 그는 하인을 불러 이렇게 주문했다. 조만간 자결할 테니, 자기가 죽고 나면 자신의

지방으로 초를 만들고 그에 불을 붙여 전해달라고 말이다. 그러고는 초가 오래 탈수록 사랑이 진심이었음을 깨닫게 될 것이라고 편지를 썼다. 바로 그 초가 자신의 일부로 만들어졌을 테니까 말이다. 결국 그는 스스로 목숨을 끊었다.

프로이센 경기병의 모트렌 중령은 도박판에서 전 재산을 날리고 말았다. 심지어는 손목시계와 반지마저 털린 채 집에 돌아왔단다. 이튿날 그는 장교직을 팔고 난 후, 그동안 사귀어 온 명망 있는 여성과 백년가약을 맺기로 했다. 청빙한 성직자와 함께 혼인식이 거행되었다. 식이 끝나고 지인들이 축하 인사차 신부에게 몰려든 틈에 신랑은 조그만 방으로 들어갔다. 얼마 후, 총성이 울려 퍼졌다. 사람들이 급히 달려가 보니 중령은 이미 숨져 있었다. 테이블에는 신부에게 보내는 편지가 놓여 있었다. 편지에는 자살한 이유가 적혀 있었고, 장교직을 팔아서 받은 돈이 함께 들어 있었다.

이번에는 프랑스 의사회 회원인 제라르 드 그레이가 읽은 기사를 소개할까 한다. 기사에 따르면, 한 젊은이가 파리에서 돈을 탕진한 후 용돈을 벌기 위해 고향에 돌아왔다고 한다. 하지만 형편이 나아질 기미가 보이지 않자, 그는 스스로 목숨을 끊기로 결심했다. 날짜는 8월 16일로 잡았다. 침실은 3제곱미터에 높이가 2미터 정도 되었는데, 공기가 통할 만한 구멍이란 구멍은 죄다 종이를 붙여 막았다. 오후 5시쯤 되자, 침대 가까이에 둔 석탄

화로에 불을 지폈다. 그러고 나서 조심스레 문을 닫고 집을 나섰다. 6시에는 동네 할머니에게 "화로에 불을 붙였으니 저는 곧 죽습니다"라고 말하고 다녔단다. 이튿날 아침이 돼서야 사태를 눈치챈 식구들이 강제로 문을 열었다. 입구에서 연기가 자욱하게 흘러나왔다. 침대 위에 주검이 사지가 쭉 뻗은 채 누워 있었고, 화로는 바닥에 있었다. 화로에 종이를 태운 듯했다. 시신 곁에는 낡은 백과사전 두 권이 놓여 있었는데, 침대 끝자락에 있던 사전에는 '황홀감'을 상술한 페이지가 펼쳐져 있었고, 또 다른 한 권은 오른팔 가까이에서 '죽음'을 설명하고 있었다. 두 번째 사전에는 연필로 뭔가 적힌 쪽지가 발견되었다.

'평화롭고 행복하게 죽는다.'

또박또박 쓴 글자와 아울러 날짜도 기록되어 있었다. 그 아래에 적힌 글은 알아보기가 쉽지 않았다.

'고통을 겪으니 즐거움이 그립다.'

글을 적자마자 주검으로 발견된 자세로 쓰러진 듯했다. 죽기 전까지 저항한 흔적은 보이지 않았다. 다만 복통을 앓았을 법한 징후와 고통을 언급한 글귀로 미루어 볼 때 통증 없이 목숨이 끊어지지 않은 것 같았다.

로베스피에르가 집권할 당시, 오진 부인이라는 여인이 고인이 된 프랑스 여왕과 한통속이라는 혐의로 처형 위기에 놓였다. 그녀는 체포된 후 여동생인 캄팡 부인에게 처형될 때까지 마냥

기다리진 않을 것이며, 혹시라도 사형집행인의 손에 죽는 날이 온다면 차라리 자결을 택하겠다고 하였다. 하지만 동생은 사람의 도리가 아니니 자결은 포기하라고 설득했다. 마지막으로 찾아온 날, 캄팡은 마치 부인의 운명을 예견이라도 한 듯 이렇게 충고했다.

"미래를 기다리면 절체절명의 순간에도 운명을 뒤엎을 만한 일이 찾아올 거야."

그러나 근위대가 오진 부인을 체포하기 위해 저택을 포위할 때까지 수모를 당하지 않겠다는 그녀의 의지는 확고했다. 결국 그녀는 옥상으로 뛰어가 발코니에서 몸을 던졌다. 얼마 후, 상주와 문상객이 장지로 이동할 무렵, 수레가 하나 지나갔다. 아니나 다를까, 수레에는 형장으로 끌려가는 로베스피에르가 타고 있었다!

1600년 4월 10일, 윌리엄 도링턴이라는 사내가 성묘 교회 옥상에서 투신했다. 그는 지붕에 아래와 같은 글이 적힌 종이를 남겼다.

나의 과실로 애먼 사람이 피해를 입지 않았으면 한다. 존 벙클리와 그의 패거리는 위증과 온갖 술수로 나를 이 지경으로 만들었다. 그러나 하느님이 저들을 용서하시길 빌며, 나 또한 그럴 것이다. 오, 주여, 제 몸을 해한 잔혹한 죄를 용서하소서. 저도 가증스럽기가 짝이 없습니다. 겸손히 구하노니, 시신을 당신 뒤에 가려 주시옵소서. 자비를 지극히 베푸신다면 이뿐 아니라 다른 죄도 용서하시리라 믿습니다. 저는 그동안 그들이 모함을 일삼을 때 하루에도 수백 번씩 죽음의 고통을 감내하며 살았습니다. 치욕과 번민으로 사느니 차라리 죽음을 택하겠나이다. 오, 하늘과 신을 주관하시고, 우리를 치료하시며, 주검을 가볍게 여기시며, 잡신을 흩으시며 죄인을 사면해 주시는 전능하신 하느님. 예수 그리스도의 수난과 자비를 믿고 극악무도한 저의 죄를 자백하오니 저에게 은혜를 베푸소서!

또, 편지처럼 접힌 쪽지에는 '오, 저를 소생시켜 주신다면 당신의 이름을 부르겠나이다!'라는 글귀가 적혀 있었다.

막대한 자금을 들여 템스 강에 보루를 지은 토머스 데이버스 Thomas Davers라는 인물이 있었다. 사람들은 그 보루를 데이버스의 보루라고 불렀다. 하지만 이러한 데이비스조차 몇 차례 비운을 겪고는 스스로 삶에 종지부를 찍었다. 정신이 온전치 못했다는 게 주된 자살 이유였다. 목격자에 따르면, 그는 자살하기 전 카드에 이런 글을 적었다고 한다.

뼈대 있는 가문에서 태어났건만, 지난 15년간 누구보다 가난하게 살아왔다. 지인은 나를 외면했고, 원수는 내게 면박을 주었으며, 천민조차 나를 모욕했다. 이제 몸은 만신창이가 되어, 만인이 공동으로 상속받은 영원한 안식 말고는 남은 것이 없다.

　넉넉한 극약은 현세의 아픔을 누그러뜨릴 것이다.

　그러나 내가 원하는 최고의 극약은 (해결책이 아니라) 총알뿐이다.

　－당부의 말씀: 이를 널리 알려주시오. T. D.－

　노섬벌랜드Northumberland 앨런데일Allandale에 사는 어느 농부의 자살 방법은 이러했다. 먼저 총신에 화약을 넣고 탄환을 장전했다. 그러고는 개머리판을 불에 집어넣으며 총구를 배에 갖다 댔다. 그 자세로 죽음의 순간을 기다렸다. 총열이 가열되면서 화약이 터지자 총탄이 몸을 관통했다. 얼마 전부터 습관적으로 과음을 한 게 뇌에 손상을 입혀 정신이상으로 자살했을 것으로 추정된다.

　미국 버지니아 출신의 헨리 그라임스라는 사람은 정신착란에 시달리다 돌로 자신의 머리를 내리쳐 두개골이 파열되었다. 그러고는 8센티미터 길이에 폭이 5센티미터 정도 되는 머리뼈를 끄집어냈다. 그래도 목숨에 지장이 없자, 이번에는 머리 속에 손가락을 넣어 뇌를 상당 부분 뜯어냈다. 그럼에도 즉사는커녕, 돌연 이성을 되찾고는(!) 집으로 돌아와 이튿날 저녁까지 살았다. 정신을 되찾은 참회자로서 생을 마감할 무렵, 지인에게 이러한 만행을 들려주었단다. 소문에 따르면, 원만치 못한 부부 관계 때문에 정신착란에 빠진 것으로 나타났다. 살아오면서 그가 인격에 오점을 남긴 적은 없었다고 한다.

어느 대장장이가 낡은 총열에 탄환 한 쌍을 장전하고는 대장간에서 쓰는 노에 총의 밑동을 넣어 두었다. 그리고 편한 거리에서도 총을 쏠 수 있도록 풀무 손잡이에 끈을 묶어 놓고 나서, 무릎을 꿇고 총구 가까이에 머리를 댔다. 끈을 당겨 풀무를 움직이자 노에 불이 붙었다. 이때 그는 섬뜩할 정도로 침착하게 머리를 총구에 고정시켰고, 총신 끝의 가열로 화약이 점화되자 폭발 소리와 함께 탄환이 머리를 관통했다. 내가 알기로는 사실이지만 (너무 기괴하고 믿기 힘든 일화이기에) 제네바 주민과 현지 영국인에게 널리 알려지지 않았다면, 나 또한 이 사건을 밝히지 않았을 것이다.

—존 무어John Moore—

스위스 베른 근방의 시골 저택에 사는 여든의 하노버 토박이 노인에게는 다섯 명의 딸이 있었다. 맏딸은 서른 살이고 막내는 열여섯 살이었는데, 가족 모두 내성적인지라 도도하기로 유명했고 무교를 주장하는 맏딸이 가족의 구심점 역할을 해왔다. 비극은 어느 영국인 청년이 이 집에 유숙하다가 한 아가씨를 좋아하면서 시작됐다. 어느 화창한 저녁, 다섯 자매는 마차를 타고 유기 Eugi 거리에 바람을 쐬러 나왔다가, 지인과 함께 이륜마차에 타고 있던 청년을 우연히 만났다. 한동안 마차를 끌고 다니다가 청년 쪽에서 마차를 서로 바꿔 타자는 제안이 나오자, 아가씨들도 이에 흔쾌히 응했다. 한 아가씨가 청년과 함께 이륜마차에 타고, 아가씨의 마차에는 친구가 대신 올랐다. 청년은 점찍어 둔 아가씨가 옆에 탈 때까지 계속 파트너를 바꾸다가 목적이 이루어지자, 즉각 어디론가 떠나 버렸다. 자매들은 두 사람이 다른 길로 올 줄 알고 집에 돌아갔다. 아니나 다를까, 그들은 아무리 기다려도 오지 않았다. 수상한 낌새를 챈 첫째는 동생이 누군가와 가출했다고 경찰에 신고했다. 이튿날 둘이 프리부르Fribourg에 있다는 제보가 들어오자, 그녀는 동생 하나를 데리고 집을 나섰다. 나머지 두 동생에게는 어느 정도까지 돌아오지 않으면 가문의 명예가 실추된 줄 알라며, 그때는 목숨을 끊는 것이 도리라고 단단히 일러두었다. 맏딸은 동생들에게 자신들(첫째와 둘째)이 돌아오지 못하면 강에 투신하겠다는 서약을 강제로 받아냈다. 마침내 그들은 프리부르에 이르러 수소문 끝에 동생을 찾아냈다. 하지만 아무리 설득해 봐도 뜻을 돌이킬 수 없었다. 자매는 자결을 위해 사린 강으로 걸음을 옮겼다. 둑에 이르자 겁에 질린 동생이 절규했다.

"언니가 나를 죽이는 게 낫겠어. 강에는 못 뛰어내릴 것 같아."

맏딸이 단검을 꺼내 들고 동생을 찌르려 하자, 지나가던 농부가 이를 막았다. 정신을 차린 첫째가 농부를 보내 집에 있는 두 동생의 자결을 막으려 했으나 때가 늦어 그럴 수 없었다. 한편, 집에 남은 두 딸은 아버지의 시중을 들고 나서 가장 좋은 옷으로 갈아입었다. 그리고 아레 강둑에 이르러 숄로 서로의 몸을 단단히 묶고는 서로 껴안은 채로 강에 투신했다. 발견된 주검의 자세가 이와 같았다.

죽음에 이르는 다양한 방법

다음은 1823년에 발행된 《연간사록The Annual Register》[12]에 게재된 사건 중 하나다. 어느 날 존 스프링이라는 남성과 그의 내연녀 메리 구치가 동반 자살을 계획했다고 한다. 목적을 위해 아편틴크를 다량 구매했는데, 스프링은 복용한 약물이 치사량에 미치지 못해 목숨을 건진 반면, 내연녀는 숨지고 말았다. 아래는 구치의 사인을 심문한 검시관이 공개한 스프링의 증언이다.

존 스프링이 밝힌 사실은 다음과 같다. 사망자(메리 구치)와 함께 침대에 있었고, 사망 시간은 금요일 오전 7시경이었다. 사망자는 고통스럽게 죽지 않았다고 한다. 수요일 저녁, 사망자와 증인은 아편틴크를 사서 같이 마시자는 데에 합의했다. 그러면 한 침대에서 두 사람이 같이 죽을 줄 알았단다. 목요일 아침, 그는 약국에 가서 아편틴크를 구입했다. 아편티크의 값은 4온스로 기억했다. 집에

---

12) 1758년부터 출간된 정기 간행물로, 유명한 역사적 사건을 기록하여 매년 출간되었다.-옮긴이주

오자 사망자가 "마음이 변했군요. 약을 사오지 않았잖아요"라고 말
하고는 일어나 증인의 주머니에 손을 넣었다. 그러고는 "아, 여기
에 있었군요"라고 했다. 증인은 "그 정도면 둘이 먹어도 충분할 거
요"라고 대꾸했다. 그러자 사망자가 물었다.

"약을 사고 남은 돈이 있나요?"

증인은 "그렇소. 반 펜스 정도 있을 거요"라고 대답했다. 사망자
는 오렌지를 사고 싶다며, 남은 돈으로 사람을 보내려 했다. 그리
고 웹 씨의 아들을 보냈다. 아이는 오렌지 두 개를 사왔다. 사망자
는 오렌지 껍질을 벗겼다. 그리고 찬장에서 와인 잔을 꺼내 텔레비
전 위에 올려 두고 말했다.

"마셔요."

그녀는 아편틴크를 잔에 절반쯤 따르고 나서 증인의 잔에도 반
쯤 따랐다. 하나는 그녀가 쥐고, 다른 잔은 증인에게 주었다. 사망
자가 말했다.

"손잡아요, 우리."

증인은 답했다.

"안되오. 그럼 마실 수가 없으니 등을 대고 마십시다."

두 사람이 아편틴크를 마신 후에 사망자가 말했다.

"병은 어쩌죠?"

증인이 자신이 가서 버리고 오겠다고 하자, 사망자는 그동안 잔
을 씻겠다고 했다. 그가 약병을 버리고 돌아올 무렵, 그녀는 잔을
씻어 두었다.

"이제 침대로 갈까요?"

사망자가 말했다. 둘은 함께 침대로 갔다. 사망자는 얼마 후 침대를 나와 의자로 문을 막고 블라인드를 쳤다. 그러고는 "이제야 행복하게 죽을 수 있겠군요"라고 말했다. 그때가 2~3시쯤이었다. 증인이 아까 준 돈은 어디서 난 거냐고 사망자에게 물었다.

"그게 뭐 대수라고. 별거 없어요."

사망자는 이렇게 대답하고는 증인과 8시까지 이런저런 이야기를 나눴다. 사망자는 그 돈은 고모에게 가운을 보냈을 때 받은 것이라고 말했다. 2시가 지나서야 약효가 나타나기 시작했다. 사망자의 눈이 감겼다. 증인이 4시쯤에 통증을 호소하자 사망자가 잠에서 깼다. 그리고 아무 일 없이 6시에 다시 잠을 청했다. 증인은 6~7시까지도 잠을 이루지 못했다. 사망자는 놀란 기색으로 "눈은 왜 그리 크게 뜨고 있죠?"라고 물었다.

"메리, 아무래도 내가 마신 약은 뭔가 잘못된 것 같소."

증인이 이렇게 말하자, 사망자가 대꾸했다.

"오, 이런! 당신을 놔두고 나 혼자 죽으면 당신이 법정에 서게될 테니 나도 편히 죽진 못할 거예요."

증인은 안심하라고 일렀다. 끝내 죽지 않으면 약을 더 사서 함께 죽으면 그만이라고 했다.

"파란 모슬린 손수건을 주세요. 손수건을 든 채로 세상과 작별하고 싶거든요. 그리고 아무것도 먹지 마세요. 저만 죽으면 모든 게 잊힐 거예요."

사망자는 증인의 어깨에 머리를 기대자마자 숨이 거의 끊어졌다. 그가 8시 반경에 시내에서 돌아올 무렵, 주검은 점점 차가워지기 시작했다. 사망자는 증인과 알고 지내기 전부터 애당초 정신이 온전하지 않았다. 항상 자살을 꿈꿔왔고 자해도 서슴지 않았다. 한 달 전에는 시무룩한 표정으로 집에 들어왔다가, 자정이 되자 널어 놓은 모자를 꺼내 눌러쓰고는 집 밖에 조그만 의자를 둔 적도 있었다. 이때 그녀는 밧줄 끝을 목에 감고 난 뒤 사과나무에 난 가지 위로 줄을 던졌다. 마침 뒤를 밟던 증인이 그녀를 집에 들이고 밧줄을 빼앗았다. 사망자는 수요일 저녁 내내 죽기를 몹시 바라며 증인에게도 동반 자살을 제안했다. 목요일, 그녀는 함께 죽고 싶다는 뜻을 다시 피력했다. 증인은 미카엘 축제 이후에 사망자와 알고 지냈다고 한다. 사망자가 반년 치 월세를 내기 위해 전전긍긍할 때 증인이 대신 돈을 구해줄 수도 있었으나, 그녀는 "당신이 떠나면 영영 돌아오지 않을까 두렵다"고 말했다. 사망자는 가난 때문에 목숨을 끊은 것이 아니라, 그동안 숙고했던 바를 실행한 것이다.

버밍엄Birmingham에 자리 잡은 한 기숙학교에서 있었던 일이다. 다른 학생들은 새 책으로 공부하는데, 자신만 옛날 책을 봐야 한다는 것에 화가 난 여학생이 있었다. 이튿날 여학생은 동네 노파에게 "꿈속에서 시체가 된 자기를 몇 명이 무덤에까지 들고 갔다"며 꿈속에 등장한 친구와 후배의 이름을 밝혔다. 노파는 "꿈에 너무 신경 쓰지 말라"고 대꾸했다. 며칠 후, 아이는 산책을 나온 친구들 뒤에 서성이다가 그곳을 몰래 빠져나와 학교 근방에 있는 연못에 투신했다. 연못가에 남긴 모자에는 부모에게 보내는 편지가 핀에 꽂혀 있었다. 경솔한 행동을 용서해달라는 내용이었다. 아울러 꼬마 아가씨는 며칠 전 꿈속에서 본 학생에게 운구를 부탁하며 우정의 증표로 머리카락 몇 올을 동봉했다. 주검이 된 열한 살배기 학생은 동네에서 존경받는 부모의 딸이었다.

소피아 에드워즈와 메리 웨스트는 켄트 브레스테드에 사는 존 기번스 목사 가정의 여종으로, 부부가 출타한 몇 주 동안 집안일을 거들어 주기로 했다. 그런데 그들은 집안일을 도와준다면서 실수로 가구 몇 개를 망가뜨리는가 하면, 포크와 칼 40여 개를 못 쓰게 만들기도 했다. 녹이 슬지 않도록 하려고 오븐에 넣어 두었는데, 이를 깜빡 잊고 거기에 불을 지핀 것이다. 포크와 나이프를 사서 맞춰놓긴 했지만, 귀가한 기번스 부부에게 심한 꾸중을 들었고, 한 명은 해고되기까지 했다. 이틀 후, 집사는 둘이 마타 바이너에 대해 나누는 이야기를 얼핏 들었다. 마타 바이너는 얼마 전 동산에 있는 연못에서 익사한 여종이었다. 언니뻘 되는 하녀가 말을 건넸다.

"메리, 오늘밤 우리도 수영이나 할까?"

"좋지요."

집사는 장난인 줄만 알고 "나도 끼워줘"라며 너스레를 떨었다. 그러자 소피아 에드워즈가 말렸다.

"그럴 순 없을 걸요. 저희가 물에 들어가고 나면 집사님은 무서워서 혼이 날 거예요."

이런저런 대화가 오가고 난 뒤, 두 사람이 하던 일을 마치려던 차에 어느덧 6시가 되었다. 둘은 집사에게 차를 갖다달라고 부탁했다. 그가 식료품 창고에 들어가자 주방 문이 닫히는 소리가 들렸다. 돌아와 보니 둘은 보이지 않았다. 그는 두 하녀가 위층에 있는 줄 알고 이를 대수롭지 않게 여겼다. 그러나 8시까지 보이지 않자, 주인 부부에게 사실을 알렸다. 그들은 집 안과 정원과 동네를 밤새도록 샅샅이 뒤졌다. 이튿날 아침, 마타 바이너가 물에 빠졌던 연못에서 두 구의 시체가 나란히 누운 채 발견되었다.

존 호킨스John Hawkins 경이 쓴《과학과 음악의 역사History of the Science and Practice of Music》7부를 보면 목숨을 끊는 방법에 관심이 없는 사람도 있었다.

1700년, 세인트폴 성당에서 오르간을 연주하던 제러마이아 클라크Jeremiah Clarke는 당시 친구 집에 잠시 머물러 있었다. 그러다 갑작스레 런던으로 돌아가기로 했다. 매사에 풀이 죽어 보였는데, 알고 보니 실연을 당했다고 한다. 친구는 말 한 필과, 그를 보살필 시종을 덤으로 주었다. 런던에 가던 중 우울감이 솟구치자 클라크는 말에서 내려 들로 갔다. 모퉁이에 나무 몇 그루와 연못이 눈에 띄었다. 목을 매 죽을지, 물에 빠져 죽을지가 고민되었다. 그는 어느 쪽이 나을지 결정할 수 없어 운명이 정하는 대로 죽기로 했다. 그러나 허공에 던진 동전은 반듯이 선 채로 진흙에 꽂혔다. 운명도 둘 중 하나를 정해 주지 않은 것인데, 정신만 말짱했더라면 자살은 금물이라는 암시로 받아들였을 텐데 안타까울 따름이다. 애매하게 죽으라는 뜻은 결코 아니었을 것이다. 그러나 그는 다시 말에 올라 런던에 돌아와서는 얼마 후 권총으로 스스로 목숨을 끊었다.

한편, 팔레트는 어느 약제사가 얽힌 일화를 들려주었다. 그는 아내의 핀잔을 듣자 집에 들어와 총으로 자신의 머리를 쏘았다고 한다. 그가 문에 남긴 글귀는 다음과 같다.

아내의 비위를 맞출 줄 모르는 남편이라면 죽을 방법 정도는 알아 두고 있어야 한다.

서른두 살의 어느 독일인 상인은 숱한 고생 끝에 굶어 죽기로 결심했다. 1818년 9월 15일, 인적이 드문 숲에서 나뭇가지를 쌓아 움막을 만들고는 굶은 채 10월 3일까지 버텼다고 한다. 당시 그는 선술집 주인에게 발견되었고, 기력이나 의식이 매우 미약한 상태였다. 달걀노른자와 수프를 주자 이를 버겁게 삼키다가 결국 숨지고 말았다. 그의 주머니에서는 연필로 쓴 쪽지 한장이 발견되었다. 자신의 감정을 적나라하게 담은 흔치 않은 유서였다.

주검이 된 저를 발견할 인심 좋은 자선가에게 당부하오니, 나를 묻으실 때 옷과 지갑과 칼과 편지 상자도 함께 묻어 주시오. 한 가지 더 일러두고 싶은 것은 나는 자살한 것이 아니라, 극악무도한 사기꾼 탓에 막대한 재산을 잃고 친구에게 부담이 되기 싫어 스스로 굶어 죽는다는 것이오. … 아직도 살아있다니, 밤새 온몸이 축축이 젖었소. 어찌나 추웠던지. 오, 하느님! 육신의 고통은 언제 끝날까요! 새라면 또 모를까, 여기서 사흘을 버틴 사람은 없었건만.

여기까지가 배를 주린 지 이틀째인 9월 17일에 적은 것이다. 다음의 내용은 이러했다.

사흘이 또 지나갔다. 어젯밤에도 몸이 흠뻑 젖어 아직까지도 마르지 않았다. 누구도 실감할 수 없을 만큼 크나큰 고통을 감내하고 있으니, 최후의 순간은 조만간 임박할 것이다. 폭우가 쏟아질 무렵, 조금은 목을 축일 수 있었다. 빗물로 갈증이 모두 해소되지 않았지만, 엿새 동안 이렇게나마 목을 축인 적은 없었다. 운신할 수 없었기 때문이다. 어제는 (아쉽게도 지금은 지나갔지만) 영원에 발을 들은 듯했는데, 처음으로 어떤 사내가 여덟이나 열 걸음 만에 내게 다가왔다. 그는 틀림없는 목자였다. 내가 조용히 목례하자 그도 똑같이 답례했다. 아마 내 주검은 그가 발견할 것이다!

생을 마감하기에 앞서, 전지하신 하느님 앞에서 항변하노라. 소싯적부터 숱한 고생을 감내해 왔건만, 내 뜻대로 죽지도 못하는구

나. 물론 상황이 나를 이 지경까지 몰고 갔지만 말이다. 그래도 기도하련다. 아버지여, 그를 용서하소서. 제가 하는 짓을 알지 못하나이다! 의식이 흐릿하고 사지가 욱신거려 더는 쓰지 못하겠다. 이 글이 마지막일 듯하다.

　　-1818년 9월 29일 고트 선술집 인근 숲에서, J. F. N.-

유서로 미루어 볼 때, 글을 쓸 만한 기력과 의식이 '14일차'까지는 남아 있었던 것으로 보인다. 정신적 고통과 악천후로 굶주림은 임종을 가속화시켰고, 때문에 가장 극심한 고통에 시달린 듯하다. 기력이 다하고, 허기를 채우고픈 마음이 간절해지자 육신은 한기를 감내해야 했고, 추위와 굶주림 끝에 경련이 일어나고 의식도 흐릿해졌을 것이다. 염증으로 나타나는 증상은 없었다. 주요 사망 원인으로는 혈액의 양과 질이 모두 부족하여 정신력이 다한 점을 꼽을 수 있다. 기력이 떨어질 대로 떨어진 위를 수프로 압박했으니 결국 종지부를 찍고 만 것이다.

자살 기도에 얽힌 이 희한한 일화에서 주인공은 인간이 영양을 섭취하지 않고 얼마나 견딜 수 있는지 그 힘의 한계를 여실히 보여 주었다. 결국 스스로 정한 원칙은 깨졌지만 말이다.

마지막으로 억울한 일을 당해 크나큰 실의에 빠진 장교가 있었다. 그는 굶어서 세상을 뜨겠다는 결심으로 45일을 진득하게 버텼다고 한다. 단식한 지 닷새째 되던 날, 그는 아니스 열매로 만든 술이 100밀리리터 정도 들어간 증류수를 마시고 나서 사흘을 더 견뎠다. 술의 양이 너무 많다 싶어 이번에는 물을 마실 때마다 세 방울만 떨어뜨렸다. 알코올이 약간 섞인 물로 39일을 버틴 셈이다. 마지막 엿새 동안은 물도 입에 대지 않았다. 36일째가 되자 기력이 다하여 소파에 누워 있었다. 설득은 통하지 않았고, 살고자 하는 욕구를 갖기에는 이미 늦은 것 같아 지인들도 그를 포기했다. 그러나 아이가 손에 든 버터빵을 보자, 그의 식욕은 흥분하기 시작했다. 그는 즉각 수프를 부탁했다. 두 시간마다 미음을 몇 숟가락씩 먹고, 그 다음 영양가 높은 음식을 먹고 나니 기력이 회복되었다고 한다.

비난은 해결책이 아니다

범죄 예방만이 처벌의 타당한 목적이 될 수 있다.

"양을 훔쳤다는 이유로 교수형을 당해야 한단 말입니까?"

런던의 중앙 형사 법원Old Bailey 법정에서 한 피고가 이렇게 물었다. 그러자 판사는 우습게도 이 같이 답변했다.

"아니오. 양을 훔쳐서가 아니라, 훔쳐서는 안 되는 양이었기에 교수형을 선고한 것이오."

이탈리아 법학자인 베카리아Cesare Bonesana Marchese di Beccaria는 절대적으로 필요하지 않은 형벌은 모두 부당하다고 주장했다. 범죄와 형벌은 서로 균형을 이루고 있어야 한다. 범죄란 사회에 피해를 주는 행위를 가리키고, 추가 범죄와 모방 범죄를 예방하는 것이 처벌의 목적이다.

자살은 범죄가 아니다

자살을 법적 정의에 따른 '범죄'로 간주해선 안 된다. 치안판사가 심리할 수 있는 죄가 아니기에 그렇다. 사악하고 잔인한 짓이 맞긴 하지만, 그래도 자살을 범죄로 간주하여 처벌하는 것은 명백한 위법이다. 자살을 택한 사람들은 법의 처벌을 받지 않는다. 비록 최고위 재판소(창조주의 법정)는 면할 수 없겠지만, 법령으로 규정된 형벌은 적용받지 않을 것이다. 그렇다면 자살 사건에서 법은 어떤 역할을 해야 할까? 자살한 피고에 대한 평결이 이루어지고 무고한 유가족이 치욕을 당한다면, 그처럼 일방적인 재판도 없을 것이다. 정신을 놓은 채 불행한 삶을 끝낸 사람의 가족을 처벌하는 것은 부당하고 잔인할 뿐 아니라, 기독교 정신과 상식에도 어긋난다. 자살 관련법이 수정되기 전에는 자살자의 시신을 교차로에 묻거나 몸에 말뚝을 박았는데, 이렇게 공포감을 조성해도 자살 건수는 감소하지 않았다. 이따금씩 자살자인 피고에 대한 평결을 내리기도 했는데, 그래 봐야 유가족의 상처만 더 깊어질 뿐 별 소득이 없었다.

법을 어기는 것이라면 범죄에 따른 처벌에 두려워 감히 일을 벌이지 못하겠지만, 절망으로 부득이 삶을 끝내는 사람은 처벌이 두렵지 않을 것이다. 온 정신이 불행에 쏠려 있는데다, 조만간 뜨고 말 세상에서 인연을 모조리 끊을 테니 말이다. 사랑하는 아내와 소중한 가족이 자살을 막는 데에 아무런 도움이 되지 않는다면, 법을 적용하는 것이 무슨 소용이 있겠는가?

필자의 자살의 원인에 대한 견해가 옳다면, 자발적으로 죽으려는 사람에게 법이라는 무기를 드는 것만큼 부당한 처사는 없다. 아무리 강조해도 모자란 주장이다. 대다수의 사례에서 보듯, 감당키 어려운 고난이 머리를 옥죄면 사기가 극도로 떨어지게 마련인데, 이때 만족과 희망을 잃고 절망만 가득해지면 죽음만이 그를 위로할 것이다. 대개 배심원에게 제출하는 증거 자료는 미흡한 편이다. 온전한 정신으로 목숨을 끊었고, 당시 냉정하고 차분했다는 정황이 드러나더라도 정신이상이 아니라고 단정해서는 안 된다.

매튜 하일Mathew Hail 경의 말마따나 '심신의 고통이나 노환이나 사고로' 정신이 맥을 못 추면, 법에서는 일단 정신이상을 의심해야 한다. 일시적으로 흥분하면 이성을 억제하는 이상 증상이 일어나기 때문이다. 정신이상을 입증하기 위해서 그가 착란에 시달렸다는 점을 보여 줄 필요는 없다. 어떤 대상에 상상력을 집중하다가 그것이 비정상적으로 지각을 점령해 버리면 목숨을 포기해도 괜찮다는 확신으로 자살을 감행하기 때문이다. 이성이 왜곡되어 이성의 판단을 무시한 채, 어떤 행동을 해도 무방하다는 생각을 자신에게 주입한다면, 이는 정신이 온전치 못하다는 증거이다. 법으로 인정되지 않는 상황이라도 살인이 정당하다고 스스로 최면을 거는 사람도 있다. 자신에게 자살을 설득한다는 게 언뜻 보기에도 온전한 정신이 아닌 듯싶지만, 적어도 정신력이 떨어진다는 점은 분명하다. 자살이 언제나 정당하다고 믿으려는 사람은 인간으로서 지켜야 할 도리에 대한 의식이 아직 미숙하여 그럴 것이다.

필자가 자살에 대한 주제를 적잖이 살펴본 까닭은 법정에서 (지각을 장악하는) 감정의 영향력을 배심원이 충분히 감안하지 않는다는 인상을 받았기 때문이다. 자살을 시도할 때, 자살자의 지각이나 정신력이 왜곡된다는 점이 널리 인정된다면, 자살자를 둘러싼 평결제도는 성립될 수 없다. 배심원이 자살자에게 정신이상이 있었을지도 모른다는 의구심이 든다면(명백히 드러나는 경우도 더러 있다) 영국 법의학 원칙에 따라 미심쩍어도 일단 그것을 믿고, 양심적으로 정신이상을 전제로 한 평결을 내려야 할 것이다.

법보다 우선해야 할 것

자살을 막는 데에 법이 아무런 보탬이 되지 않는다는 점은 이미 입증되었다고 본다. 첫째로 자살자의 범죄로 무고한 사람이 불이익을 당하기 때문이고, 둘째로 정신이 온전치 못한 사람은 자살을 결심하면 행동의 결과에는 관심이 없기 때문이다. 사회의 근간과 행복을 저해하는 자살을 제지할 다른 수단을 강구해야 한다.

자살을 막기 위해서는 무엇보다 감정과 지성이 골고루 함양될 수 있도록 규칙적이고 철저한 범교육제도를 도입하는 것이 매우 중요하다. 감정을 제외하고 지성만 강조하는 교육은 엄청난 피해를 초래하게 되어 있다. 인지적·반성적 사고에 특화된 수업은 정서적 혹은 정신적 인성을 끌어올리는 교육이 아니다. 또한 내세를 마음에 품게 하는 교육(기독교 교육)은 현실을 전전하는 것보다 수준이 월등히 높다. 필자는 지식 보급 자체가 아니라, '내세가 아닌 현실'만 운운하는 지식을 반대한다. 현실만 지향하면 교육이 편파적으로 작용하여 그에 따른 결함이 불가피하기 때문이다. 신과 이웃에 대한 의무를 가르치고, 생명이 자신의 소유가 아니라는 믿음을 심어 주라. 원죄 사상에 따르면, 불만과 불행은 아담의 죄에서 비롯된 결과며, 이를 면할 사람은 아무도 없다. 무엇보다도 신의 법에 따르겠다는 자세를 각인시키라. 사는 게 버겁고 불행에 억눌려 정신이 흐려지고 앞날의 희망이 보이지 않을 때, 감정은 이렇게 주문한다.

"스스로 목숨을 끊어 비참하고 불행한 세상에서 탈출하라."

그러나 이성은 "끝까지 살아라! 너를 억누르는 고통을 의연히 견뎌 내는 것이 네가 감당해야 할 의무다! 모범을 보여 주변 사람에게 좋은 영향을 미쳐라"라고 촉구한다.

자살이 대개 정신 건강이 망가진 데서 비롯된다는 주장이 옳다면, 인격을 끌어올려야 자살을 막을 수 있을 것이다. 이 같은 입장은 정신이상이 문명·개화와 밀접한 관계가 있다는 주장과 일맥상통한다. 종교 여부와 상관없이 어떤 공동체라도 저 나름의 언어로 문명과 개화를 이룩했을 것이다. '가슴' 교육과 '머리' 교육을 병행하고, 자신이 아니라 타인을 위해 산다는 숭고한 사상을 심어 주라. (예를 들어, 상대가 기독교를 믿는다면) 삶의 역경에 맞서고, '오만불손한 사람의 자만과 위정자의 부정과 세월의 채찍과 조소'를 감내하도록 하는 원동력이 진정한 크리스천의 용기라는 점을 일러 주라. 정신력만 회복된다면 신과 인간의 법에서 혐오하는 자살을 하고픈 마음이 들 때, 이를 극복할 수 있을 것이다.